权威·前沿·原创

皮书系列为
"十二五""十三五""十四五"时期国家重点出版物出版专项规划项目

BLUE BOOK

智 库 成 果 出 版 与 传 播 平 台

北京经济蓝皮书
BLUE BOOK OF BEIJING'S ECONOMY

北京平台经济发展报告（2022）
ANNUAL REPORT ON BEIJING'S PLATFORM ECONOMY (2022)

平台经济2.0时代：强监管与促发展

对外经济贸易大学北京对外开放研究院
顾　问／王　强　王　颖
主　编／邓慧慧
副主编／薛　熠　蓝庆新

社会科学文献出版社
SOCIAL SCIENCES ACADEMIC PRESS (CHINA)

图书在版编目（CIP）数据

北京平台经济发展报告：平台经济2.0时代：强监管与促发展.2022/邓慧慧主编.--北京：社会科学文献出版社，2022.10
（北京经济蓝皮书）
ISBN 978-7-5228-0711-9

Ⅰ.①北… Ⅱ.①邓… Ⅲ.①网络经济-研究报告-北京-2022 Ⅳ.①F492

中国版本图书馆CIP数据核字（2022）第170560号

北京经济蓝皮书
北京平台经济发展报告（2022）
——平台经济2.0时代：强监管与促发展

| 顾　　问 / 王　强　王　颖 |
| 主　　编 / 邓慧慧 |
| 副 主 编 / 薛　熠　蓝庆新 |
| 出 版 人 / 王利民 |
| 组稿编辑 / 恽　薇 |
| 责任编辑 / 颜林柯 |
| 责任印制 / 王京美 |

出　　版 / 社会科学文献出版社·经济与管理分社（010）59367226
　　　　　　地址：北京市北三环中路甲29号院华龙大厦　邮编：100029
　　　　　　网址：www.ssap.com.cn
发　　行 / 社会科学文献出版社（010）59367028
印　　装 / 天津千鹤文化传播有限公司
规　　格 / 开　本：787mm×1092mm　1/16
　　　　　　印　张：22.25　字　数：332千字
版　　次 / 2022年10月第1版　2022年10月第1次印刷
书　　号 / ISBN 978-7-5228-0711-9
定　　价 / 168.00元

读者服务电话：4008918866

版权所有 翻印必究

本书获对外经济贸易大学北京对外开放研究院首都高端智库试点单位蓝皮书项目资助

编委会

顾　　　问　王　强　王　颖
主　　　编　邓慧慧
副　主　编　薛　熠　蓝庆新
撰　稿　人　（以姓氏笔画为序）
　　　　　　支　晨　邓慧慧　刘宇佳　李　婷　李慧榕
　　　　　　杨露鑫　张　元　周梦雯　国慧霄　赵宇欣
　　　　　　赵晓坤　徐　昊　郭　琳　曾庆阁　程钰娇
　　　　　　蓝庆新　潘雪婷　薛　熠
编辑组组长　邓慧慧　张　焕
成　　　员　赵晓坤　周梦雯

主要编撰者简介

王　强　对外经济贸易大学副校长，管理科学博士，教授，博士生导师，享受国务院政府特殊津贴专家，国家"百千万人才工程"人选。兼任政协北京市朝阳区第十四届委员会副主席，九三学社北京市委员会委员，九三学社朝阳区委员会主委，北京市欧美同学会（北京市留学人员联谊会）常务理事。

主要研究领域为服务贸易、国际运输与物流、全球供应链管理、产业经济学。在国内外重要学术刊物上发表论文数十篇，北京市服务业扩大开放等相关领域研究成果曾被党中央、国务院等部门采纳。2009年入选教育部"新世纪优秀人才支持计划"，2013年被授予"北京市优秀教育工作者"称号。获全国商务发展研究成果奖、第六届高等学校科学研究优秀成果奖（人文社会科学）、第七届高等学校科学研究优秀成果奖（人文社会科学）、北京市第十四届哲学社会科学优秀成果奖等。

王　颖　对外经济贸易大学国家（北京）对外开放研究院常务副院长，经济学博士，研究员。兼任全国国际商务专业学位研究生教育指导委员会秘书处办公室主任、中国国际贸易学会常务理事，受聘为北京市人民政府研究室合作外脑专家。

主要研究领域为对外开放政策实践、中美经贸关系、国际贸易理论与政策。出版专著《美国产业地理与对中国贸易政策制定》，参编著作多部，在核心期刊上发表论文20余篇，主持1项国家社会科学基金项目、1项教育部人文社会科学青年基金项目，参与国家级、省部级重大、重点项目10余项。研究报告曾获国家级领导人批示，多项成果被内参采用上报。获北京市优秀教育教学成果二等奖。

邓慧慧 对外经济贸易大学北京对外开放研究院研究员，国家对外开放研究院国际经济研究院教授，博士生导师，国家社会科学基金重大专项首席专家。美国密歇根大学访问学者。入选对外经济贸易大学杰出青年学者人才支持计划，担任"双循环新格局与高质量发展"青年学术创新团队带头人，曾获得对外经济贸易大学科研标兵、优秀研究生导师、北京市大学生社会实践先进个人、优秀指导教师等称号。

主要研究领域为数字经济，区域、城市与产业发展。主持国家自然科学基金面上项目、省部级重大项目、教育部人文社会科学项目及北京市社会科学基金项目等10余项，出版专著3部，在国内外权威期刊上发表学术论文40余篇，多篇研究报告发表在北京市社科《成果要报》、《参考消息》、《北京日报》（理论周刊）、教育部专报等，并得到北京市领导多次批示和部委决策采纳。获得教育部高等学校科学研究优秀成果奖（人文社会科学）2次、北京市哲学社会科学优秀成果奖2次、国家一级学会年度最佳论文奖4次。担任国家自然科学基金、国家社会科学基金、教育部基金、北京自然科学基金、教育部学位中心通讯评审专家，以及《经济研究》、《中国工业经济》、《经济学》（季刊）、《世界经济》等权威期刊的匿名审稿人。

薛 熠 对外经济贸易大学北京对外开放研究院研究员，国际经济贸易学院教授，博士生导师，校科研处处长，校学术委员会秘书长，高水平金融开放与金融创新研究中心副主任，国家社会科学基金重大专项首席专家。

2009年于加拿大西蒙弗雷泽大学获得经济学博士学位。主要研究领域为科技金融、金融开放理论与政策。主持国家社会科学基金项目、国家自然科学基金项目及其他课题10余项，在国内外一流期刊 *European Economic Review*、*Journal of Banking and Finance*、《金融研究》、《财贸经济》上发表学术论文

30 余篇。多篇研究报告获得国家社科《成果专报》、《人民日报》、新华社、《光明日报》、教育部、北京市社科《成果要报》等采纳。

蓝庆新 对外经济贸易大学北京对外开放研究院研究员,长三角贸易研究院(筹)院长兼国际经济贸易学院副院长,教授,博士生导师,北京市习近平新时代中国特色社会主义思想研究中心研究员,金砖国家研究中心主任,国家社会科学基金重大专项首席专家。

主要研究领域为"一带一路"、开放经济理论与政策。主持国家社会科学基金、国家自然科学基金、教育部基金及北京市社会科学基金、自然科学基金项目及其他课题 30 余项,出版专著多部,在国内外发表学术论文 50 余篇,6 篇研究报告获得中央领导批示,研究成果获得全国政协、工业和信息化部、商务部、国务院研究室、国务院发展研究中心采纳。获得教育部人文社会科学一等奖 1 次、商务部全国商务发展研究成果奖 5 次、北京市哲学社会科学优秀成果奖 2 次。

摘　要

《北京平台经济发展报告（2022）》的年度主题是"平台经济2.0时代：强监管与促发展"。近年来，平台经济飞速发展，在覆盖消费者生活方方面面的同时滋生出数据和算法安全、领域垄断、不正当竞争等问题，引发社会各界的广泛关注。2022年4月29日，中共中央政治局明确提出要"促进平台经济健康发展，完成平台经济专项整改，实施常态化监管，出台支持平台经济规范健康发展的具体措施"，意味着平台经济发展与规范监管并行，即将步入全新的健康持续发展新阶段。

《北京平台经济发展报告（2022）》对北京市平台经济的总体发展状况进行了全方位、多视角的分析，对不同类型平台的发展趋势和模式进行了深度解析，并对国内外平台经济的监管和治理经验进行了系统梳理。报告认为，当前北京以互联网平台企业为代表的平台经济发展态势良好，平台企业数量和行业规模在国内位居前列。北京率先关注到平台经济发展中存在的监管问题并积极采取措施，对国内其他城市发展平台经济产生了辐射、引领和示范作用。在反垄断监管方面，《北京市平台经济领域反垄断合规指引》的发布，为平台经济规范发展提供完整和系统的政策框架，并通过构建联防联控机制、力推公平竞争政策和开展专项治理等措施对平台经济反垄断情况进行监管，为北京平台经济的规范健康发展筑牢了根基。未来北京平台经济治理可以从建立以竞争创新为导向的反垄断体系、强化政府公共服务职能、创新平台监管工具等方面进一步展开。

在数字经济蓬勃发展的时代背景下，北京平台经济发展既蕴含重要机

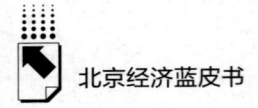

遇，也面临多重挑战。从行业层面来看，北京平台经济与各行业的融合程度正在加深，为医疗、养老、文旅、物流、教育、互联网金融、工业制造等行业注入了新的发展活力、提供了新的发展模式，但也衍生出新的监管问题。从企业层面来看，北京平台企业在行业中占有重要地位，有良好的发展环境和各自的发展特色，但也存在一些行业中的共性和个性问题。"十四五"期间，"反垄断"、"事前监管"和"规范健康"将成为北京市平台经济发展的关键词，在政策环境利好可期、新基建技术支撑、云消费习惯养成和行业规范健康发展的推动下，北京平台经济的发展将迎来新一轮机遇期。

关键词： 平台经济　平台监管　平台治理　反垄断　行业融合

目 录

Ⅰ 总报告

B.1 2021年北京平台经济发展形势与2022年展望
………………………… 邓慧慧　薛　熠　蓝庆新　杨露鑫 / 001

Ⅱ 行业篇

B.2 北京互联网金融平台的发展机遇与监管体系构建
………………………………………… 薛　熠　国慧霄 / 019
B.3 医疗平台转型之路："互联网+医疗健康" …… 曾庆阁　刘宇佳 / 037
B.4 北京工业云平台新业态
——工业互联网平台发展趋势及提升路径 ……… 徐　昊 / 052
B.5 北京智慧养老平台运营机制、模式创新与前景展望 …… 曾庆阁 / 067
B.6 北京文旅平台融合创新发展研究 ……………………… 程钰娇 / 081
B.7 北京平台经济赋能现代物流业：典型平台与前景展望
………………………………………………………… 周梦雯 / 093

001

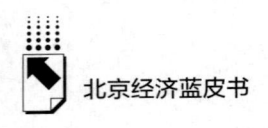

B.8 "双减"背景下北京在线教育平台的转型与突围之路
.... 支 晨 / 107

Ⅲ 监管篇

B.9 北京平台经济反垄断监管的挑战及应对
.... 邓慧慧 赵晓坤 / 124
B.10 平台经济治理的国际经验及对北京的启示 .... 赵晓坤 / 137
B.11 网约车平台风险及其监管信息交互平台建设 .... 杨露鑫 / 153

Ⅳ 比较篇

B.12 北京平台经济与国内其他区域比较分析 .... 李 婷 / 164
B.13 北京平台企业与国外典型平台企业比较分析 .... 赵宇欣 / 177
B.14 北京平台经济与国外平台经济服务模式比较分析 ..... 程钰娇 / 197

Ⅴ 案例篇

B.15 网约车平台的运营模式及安全防范
——以滴滴出行为例 .... 支 晨 / 209
B.16 "短视频+"行业的全新业态
——以抖音短视频为例 .... 郭 琳 潘雪婷 / 224
B.17 即时物流平台如何改变人们生活
——以闪送为例 .... 李慧榕 / 241
B.18 外卖平台的发展特征与趋势
——以美团外卖为例 .... 张 元 / 254

B.19 在线旅游平台的转型之路
　　——以同程旅行为例 ……………………………………… 周梦雯 / 266
B.20 社交平台多途径赢利机制探析
　　——以新浪微博为例 ………………………………………… 支　晨 / 280
B.21 物流平台如何融入科技与智慧
　　——以北京普田为例 ………………………………………… 杨露鑫 / 296

Ⅵ　附　录

B.22　附录1　北京市平台经济领域相关政策梳理 ……………… / 307
B.23　附录2　2021年北京市平台经济领域十大事件 ……………… / 309

Abstract ……………………………………………………………… / 315
Contents ……………………………………………………………… / 317

总报告

General Report

B.1

2021年北京平台经济发展形势与2022年展望

邓慧慧　薛　熠　蓝庆新　杨露鑫*

摘　要： 平台经济作为以"互联网+"和新兴信息技术为支撑的新经济，已成为推动经济发展的新引擎。2021年，北京市在国际形势复杂、国内新冠肺炎疫情多点散发等诸多挑战下，平台经济的发展逆势上扬，平台企业数量和行业规模实现快速增长，成为推动首都经济数字化转型、提升国际竞争力的重要力量。"十四五"期间，"反垄断"、"事前监管"和"规范健康"将成为北京市平台经济发展的关键词，北京平台经济步入常态化监管阶段。在政策环境利好可期、新基建技术支撑、云消费习惯养成和行业规范

---

* 邓慧慧，对外经济贸易大学北京对外开放研究院研究员，国家对外开放研究院国际经济研究院教授、博导，主要研究方向为数字经济、区域、城市与产业发展；薛熠，对外经济贸易大学国际经济贸易学院教授、博导，主要研究方向为科技金融、金融开放理论与政策；蓝庆新，对外经济贸易大学国际经济贸易学院教授、博导，主要研究方向为"一带一路"、开放经济理论与政策；杨露鑫，南京信息工程大学江北新区发展研究院讲师，研究方向为世界经济、区域经济。

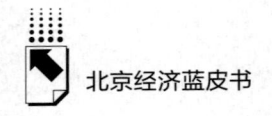

健康发展的推动下，北京市平台经济的发展将迎来以公平竞争促进规范健康发展持续发展的新一轮机遇期。

关键词： 北京　平台经济　规范经营　常态化监管

平台经济是指以数字技术为基础，依托网络平台的新型经济形态，是资源配置的一种新方式，是基于数字平台所产生的各种经济关系的总和。简单地说，所谓平台是指一个可以交易的场所，运营商可以通过这个交易场所赚取利润，同时也可以吸引更多的市场主体，各市场主体的行为紧密联系，从而形成平台经济。随着平台经济的飞速发展，平台所涵盖的内容除了电子商务外，还涉及社交、外卖、旅游、直播、短视频等各个领域，几乎覆盖了人们生活的各个方面。头部平台公司的发展规模越来越大，经营模式越来越多样化，并逐渐形成了平台经济的闭环。北京拥有政策、资源、技术等多方面的综合优势，在数字技术快速发展和产业融合的大环境下，以网络平台企业为代表的平台经济快速发展起来。

近几年，北京平台经济的发展势头很好，平台公司数量和行业规模都在迅速增长，尤其是在新冠肺炎疫情发生后，大量的线下经济开始向网上流动，大数据和人工智能等新技术的迅猛发展，助推北京的平台经济得到了快速发展。以2021年为例，北京限额以上批发零售业、住宿餐饮业实现网上零售额5392.7亿元，比上年增长19.0%，占社会消费品零售总额的36.3%，比上年提高4.1个百分点。① 平台经济在优化资源配置、促进跨界协同发展、促进"双创"、推动产业升级、扩大消费市场、促进就业等方面发挥着举足轻重的作用。在北京经济社会向数字化、智能化转型的过程中，平台经济的作用越来越明显，已经成为北京经济转型、提高国际竞争力的关键。

---

① 数据来源于《北京市2021年国民经济和社会发展统计公报》。

一 北京市平台经济发展现状

（一）主要发展指标位居国内前列

根据国家统计局公布的《数字经济及其核心产业统计分类（2021）》，从数字经济总体发展情况来看，排前5位的城市为北京、上海、杭州、深圳、广州。这5个城市作为第一梯队，在政策与环境、产业化规模、头部企业数量以及产业创新能力等各个维度上都领先于其他城市，是数字经济产业化的领头羊。2021年，北京市数字经济的增加值为1.6万亿元，较上一年度增长13.1%，同时，数字经济对北京市GDP的贡献度达到40.4%，居全国领先地位。其中，核心产业的增加值为8918.1亿元，较上一年度增长16.4%，对北京市GDP的贡献度为22.1%。以互联网和信息技术服务业为例，2021年该行业全年营业收入高达2.2万亿元，继2018年突破万亿元规模后，仅用3年时间即实现翻一番，占全国比重达到25.7%，居全国首位。此外，在服务业领域，数字化升级速度进一步加快。《北京数字经济研究报告（2021年）》发布的数据显示，2021年，在线游戏、在线娱乐、在线体育企业收入同比增幅均达20%以上；第三方移动支付金额同比增长16.3%；网上支付跨行清算系统业务量为97.6万亿元，约为2018年的2倍。

根据中国互联网协会发布的《中国互联网企业综合实力指数（2021）》，2021年，在中国互联网综合实力百强企业名单中，排在前10位的互联网企业分别为阿里、腾讯、百度、京东、美团、字节跳动、拼多多、网易、快手和360。在这份百强互联网企业榜单中，北京市互联网企业所占的席位最多，共计33家企业上榜，占据了1/3的份额。此外，按市场价值进行排名的互联网榜单中，排名前30的企业中有11家互联网企业总部在北京，其中包括美团、京东、百度、字节跳动等头部企业。综上所述，北京市的互联网企业在综合竞争力上排名靠前，在全国处于领先地位。

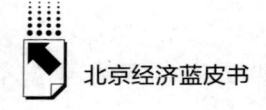

此外，中国（深圳）综合开发研究院新经济研究所于2021年9月发布的《中国平台经济健康指数》中选取了26家互联网平台企业，并对各企业的健康指数进行评估，数据显示阿里巴巴、腾讯、字节跳动、京东、美团位列健康指数第一梯队（见表1），其中，北京市互联网平台企业占50%以上。互联网平台企业的健康发展不仅能够体现出平台企业在发展中重视治理，更为整个北京市的平台产业发展营造了健康生态，也提供了有益探索和积极示范。

表1 互联网平台总体健康区间分布

排　　序	平　　台
前20%（5家平台）	阿里巴巴、京东、美团、腾讯、字节跳动
20%~50%（8家平台）	爱奇艺、百度、哔哩哔哩、滴滴、饿了么、拼多多、360、苏宁
后50%（13家平台）	贝壳找房、叮咚买菜、国美在线、快手、每日优鲜、蘑菇街、搜狗、同程、唯品会、小红书、携程、新浪微博、云集网

资料来源：《中国平台经济健康指数》。

（二）平台经济基础设施不断完善

1. 传统基础产业蓬勃发展

（1）基础电信业务持续快速增长

2019年北京市电信业务总量仅为2681.6亿元，按2015年可比价格计算，同比增长51.4%；2020年北京市电信业务总量为3251.1亿元，按2015年可比价格计算，同比增长21.2%；2021年北京市电信业务总量已达到509.6亿元，按2020年可比价格计算，同比增长30.2%（见表2）。根据中国互联网协会发布的《中国互联网发展报告(2021)》，在互联网发展综合指数排名榜单中，北京市的互联网发展指数居全国首位。同时，在各分项评价指标中，北京市的数字经济指数、互联网应用指数和网络安全指数也均居全国首位。

表 2　北京市电信业务发展情况

指标	2019 年	2020 年	2021 年
电信业务总量（亿元）	2681.6（2015 年不变价格）	3251.1（2015 年不变价格）	509.6（2020 年不变价格）
电信业务增长率（%）	51.4	21.2	30.2
固定电话主线普及率（线/百人）	25.8	22.5	22.4
移动电话普及率（户/百人）	186.7	178.5	181.5
固定互联网宽带接入用户（万户）	687.6	747.4	806.3
移动互联网接入流量（亿 GB）	30.6	38.4	51.0

资料来源：《北京市国民经济和社会发展统计公报》（2019~2021 年）。

（2）软件和信息服务业快速增长，企业规模效应突出

近年来，北京市软件和信息服务业的总体增加值呈现持续快速发展的态势。2018 年，北京市软件和信息服务业的总规模为 10913.3 亿元，到 2021 年达到 22415.7 亿元，约是 2018 年的 2.05 倍，首次突破了 2 万亿元的总规模。从增加值来看，2018 年软件和信息服务业增加值达到 3859 亿元，占 GDP 的比重达 11.7%；2021 年增加值为 6535.3 亿元，同比增长约 18%，占 GDP 的比重达 16.2%（见图 1）。各细分行业的数据显示，以大数据、人工智能、区块链为代表的新一代信息技术正加快实现与实体经济的高度融合，这将推动地区经济增长，带动地区产业不断升级。

从企业数量来看，北京市软件企业、互联网企业数量均居全国首位。由中国互联网协会发布的《中国互联网企业综合实力指数（2021）》数据显示，2021 年，在中国互联网综合实力百强企业名单中，北京市上榜的互联网企业共计 33 家，在全国处于领先地位。同时，在互联网百强企业前 10 名中，2018~2021 年均有半数或以上企业是北京企业。在独角兽企业方面，《2021 全球独角兽榜》的数据显示，北京市独角兽企业数量较为可观，2021 年北京市拥有独角兽企业 91 家（见图 2），位列全球第二，占全国独角兽企业的比重为 30.2%。

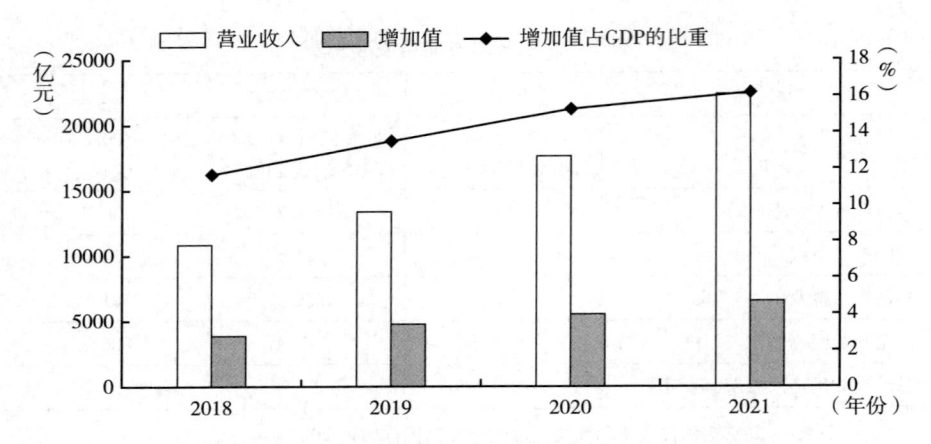

图 1　2018~2021 年软件和信息服务业营业收入与增加值

资料来源：北京市经济和信息化局发布的《北京软件和信息服务业发展报告》（2019~2022 年）。

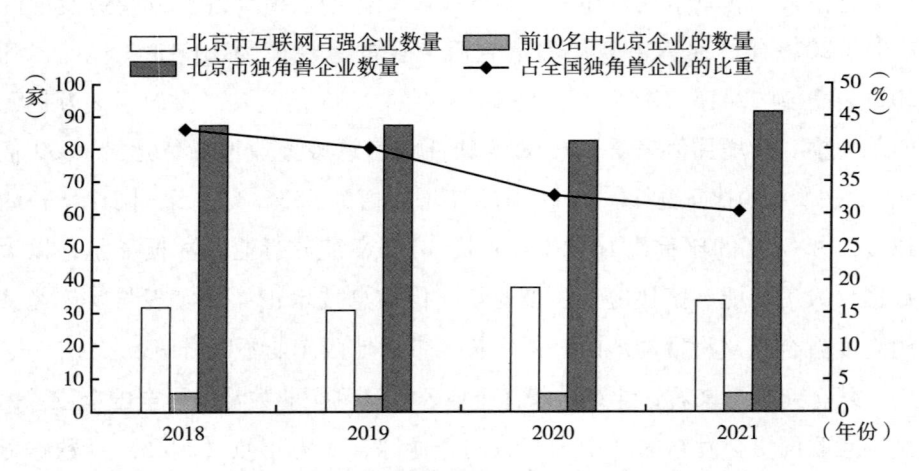

图 2　北京市互联网百强企业及独角兽企业

资料来源：《中国互联网企业综合实力指数（2021）》和《2021 全球独角兽榜》。

2. 新型基础设施建设进程加快

5G、大数据、区块链、人工智能等新型基础设施的加快推进不仅为平台经济的发展提供了强有力的技术支撑，更为平台经济的升级带来了颠覆性的影响。2021 年，北京市 5G、车联网、工业互联网等新型基础设施的建设稳步推进，目前在建项目有282个，同比增长26.4%，总投资额占全市投资总规模的9.1%，比2020年增加了1.5个百分点。2021年建成约5.2万个5G基站，万人基站数量居国内首位，五环范围内、五环以外的重点地区、典型场景均能得到精准覆盖。①

近年来，北京市相关部门出台了一系列政策，旨在加快北京市新型基础设施建设，并为其提供相应的政策指导。以5G产业为例，2021年8月，中共北京市委办公厅和北京市人民政府办公厅联合发布了《北京培育建设国际消费中心城市数字消费创新引领专项实施方案（2021~2025年）》，提出力争到2025年末，北京5G网络建设规模持续扩大，千兆光网覆盖率达到世界城市前列，数字消费设施保障基本完善。这是北京市对5G发展建设的顶层设计，从宏观层面给予该产业大力的政策扶持。

此外，区块链是支持数字经济、平台经济的重要基础性技术，与人工智能、量子计算、5G、云计算、物联网等技术深度融合，正在加快各行各业的数字化转型，有力地驱动数字经济发展。2021年，中共北京市委办公厅、北京市人民政府办公厅联合印发了《北京市关于加快建设全球数字经济标杆城市的实施方案》，该实施方案针对北京市数字经济发展做出了明确规划和部署，为北京市数字经济未来10年的发展描绘了蓝图。同时，该实施方案还提出要重点布局新一代数字技术领域，特别是区块链产业要超前布局，以区块链的高性能、安全性、隐私保护、可扩展性等特征为核心，加快共识机制、分布式存储、跨链协议、智能合约等技术突破。当前，北京正在建设全球性能领先的区块链算力平台，以满足未来各类场景对大规模区块链网络日益增长的算力需求。

（三）平台经济发展的制度和市场环境持续优化

1. 平台经济发展的顶层设计和政策框架日益完善

平台经济是北京市数字经济的重要组成部分，按照党中央、国务院数字

---

① 数据来源于北京市统计局网站：http://www.beijing.gov.cn/gongkai/shuju/sjjd/202204/t20220410_2670717.html。

经济发展战略部署，北京市强化数字经济发展的顶层设计，深化完善政策体系，为数字经济的高质量发展夯实了制度基础。相关部门为实现数字经济的创新发展制定了具体、可操作性强的行动纲领，并提出要"体系化构建数字经济发展体制机制"，这意味着北京市数字经济创新发展的重点领域主要包括基础设施保障、数字技术创新、数字产业协同提升、产业数字化转型、数字贸易发展、数据要素交易等。同时，相关部门还专门针对新型基础设施建设提出了具体措施，并确立了"新网络、新要素、新生态、新平台、新应用、新安全"的发展思路，以加快新场景建设，催生数字经济新业态。在智慧城市、在线服务、产业升级等领域实施应用场景"十百千"工程，在这种融合发展中实现对数字平台企业的带动作用。

2. 平台经济发展的市场环境不断优化

突如其来的新冠肺炎疫情对人们的生活方式和消费方式都产生了重大影响，人们不仅增加了对网络服务的需求，对互联网的要求也越来越高。北京市统计局数据显示，截至2021年底，北京市固定网络宽带用户已达806.3万户，同比增长7.8%；移动互联网接入流量达51亿GB，同比增长33.1%。与此同时，互联网和信息技术服务业也取得了较好的成绩，2021年营业收入2.2万亿元，在2018年突破千亿元规模后，仅3年就增长了一倍，占全国总规模的25.7%，居全国首位。

同时，北京市还出台了多项政策旨在支持平台企业的发展，特别是为平台企业的融资提供了便利。例如，北京市金融监管局、北京银保监局等多部门联合印发了《关于加大金融支持科创企业健康发展的若干措施》，其中包含了一系列支持平台科创企业发展的融资政策，目的是通过金融机构联动，创新试点，完善担保体系，共同扶持企业在京发展、壮大。

二 北京市平台经济的发展特色

（一）线上经济需求激增，平台经济增速加快

平台经济是一种新型的生产力组织形式，它在推动产业升级、优化资源

配置、促进经济循环中发挥着越来越大的作用，为应对新冠肺炎疫情冲击和经济复苏提供了新的动力。在线数字娱乐和服务实现了对传统线下娱乐和服务方式的替代，90%以上的互联网用户都在使用在线数字娱乐和服务平台。受强劲的市场需求拉动，2021年，北京市与数字内容相关的新闻信息服务和内容创作生产行业表现抢眼，营业收入分别为5124.9亿元和3912.8亿元，与2020年同期相比分别增长了21.5%和30.8%，仅新闻信息服务和内容创作生产两个行业的总收入就超过当期文化产业总收入的五成，数字内容成为支撑城市文化和技术发展的支柱产业。①

（二）依托北京创新资源汇聚优势打造综合性科技服务平台

北京市在要素集聚和辐射方面表现出了显著的优势。北京是中国的政治中心、文化中心，也是国际交流中心和科技创新中心，因此，北京具有独特的科技创新优势。平台企业特别是互联网领域的头部企业要根据自身的优势，搭建属于自己的产业平台。

百度的百度大脑搭建了AI核心技术和开放平台，并为公众提供自然语言处理、深度学习等服务。百度的飞桨所搭建的是一个产业级深度学习平台，该平台功能完备，以技术研究和应用为核心。Apollo平台是百度发布的自动驾驶计划，面向所有开发者提供开放、完整、安全的自动驾驶开源平台。字节跳动主要依托抖音短视频平台和今日头条通用信息平台的入口优势，基于海量数据资源，深度挖掘分析用户习惯和行为，同时发展直播购物、在线教育等新业务。京东数字金融平台主要是依托京东商城的海量数据而建立的，基于京东商城的消费、物流、供应商等数据，不断推出消费金融、农村金融、保险证券、供应链金融等新业务。小米集团借助小米在智能制造领域的产业优势，通过电商平台、智能硬件、移动互联网，打造小米智能生态系统，助力智能制造企业的发展。美团借助生活服务的门户和数据优势，提供全方位的生活服务，成功打造吃、喝、行、游、购、娱一站式生活服务平台。

---

① 数据来源于《北京市2021年国民经济和社会发展统计公报》。

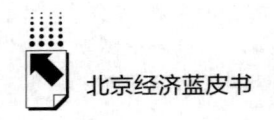

（三）以龙头企业带动中小企业构建平台经济生态

首先，龙头企业通过搭建网络平台，迅速聚集小型、微型企业，引入产品开发者、服务开发者、渠道供应商、技术开发者等多种类型的市场主体，从而形成集群效应。比如，阿里巴巴通过搭建一个电子商务平台，吸引了9158、网易考拉、卷瓜科技、网盛科技、浙江盘石等电子商务服务公司。

其次，产业内的平台经济系统逐步向价值链的全链条转变，形成包括设计、研发、生产、销售、流通的完整价值体系。比如，腾讯利用微信、QQ等社交媒体平台，打造一个涵盖内容提供和内容发行的完整的数字创意平台。小米科技凭借其在研发、销售等方面的优势，构建了智能家居、智能金融等平台。

（四）构建平台经济创新发展与反垄断平衡的监管体系

《北京市平台经济领域反垄断合规指引》（以下简称《指引》）是由北京市市场监管发展研究中心与中国政法大学竞争法研究中心共同起草的。《指引》在《反垄断法》的基础上，参照国家市场监管总局颁布的行业标准，并在此基础上根据《关于平台经济领域的反垄断指南》以及相关实践，对《反垄断法》中的垄断行为进行了分类，对垄断行为的构成要件及认定思路进行论述，以指导企业建立和强化监管体系，自觉规范经营行为，防范反垄断法律风险，确保持续健康有序发展。

《指引》根据平台经济的竞争特征和发展趋势，积极应对"二选一"和"大数据杀熟"等网络行业的不正当竞争行为，以提高经营者的垄断风险防范意识。《指引》针对平台公司的特征，总结了平台经营者的垄断行为，对其影响因素进行了分析，并针对15项风险对平台经营者做出了预警，以提高其反垄断合规和风险预警能力。《指引》针对网络商业模式的特征，从基本内容、行为表现、风险提示等方面阐述了《反垄断法》规制下的反垄断行为，并通过具体实例对平台企业进行反垄断监管。

三 平台经济发展面临的主要问题

平台经济的兴起，也给社会带来了一系列管理问题，包括法制、法规和公众安全问题。北京市平台经济的管理需要统筹协调发展与安全的关系，更要统筹协调国内与国际多重约束目标，这就需要积极探索并建立一套完备的平台经济管理制度，以适应北京平台经济发展的需求。

（一）平台运营层面面临的主要问题

1. 赢利模式缺乏创新

在中国互联网百强企业名单中，北京市排名前五的互联网企业分别为百度、京东、美团、字节跳动和快手，这五大互联网企业虽然不断有新业态、新场景快速崛起，但主要仍依靠佣金、会员费和广告等方式赢利，赢利模式比较单一。以主营业务相似的百度和谷歌为例，2021年，谷歌搜索的收入为1490亿美元，占总营收的58%，是谷歌的主要收入来源。此外，谷歌网络、YouTube广告、谷歌其他、谷歌云的收入分别为317亿美元、288.4亿美元、280.3亿美元、192.1亿美元，占总营收的比重分别为12.3%、11.2%、10.9%、7.5%，可见谷歌的收入来源较为多元化。百度的收入来源以百度核心和爱奇艺的收入为主，相对谷歌而言，其赢利模式较为单一（见图3）。

2. 数字人才外流且需求缺口较大

北京市高等学校林立、科研院所众多，创新人才众多、科研实力雄厚，充足的人才资源是数字经济发展的重要保障。近年来，北京市数字人才规模增长较快，但是仍然存在数字人才外流的现象。根据2019年清华大学经济管理学院互联网发展与治理研究中心和领英联合发布的《数字经济时代的创新城市和城市群发展研究报告》，与世界主要城市群的核心城市相比，北京和天津都属于数字人才净流出区域，数字人才流出要大于数字人才流入，相反，上海、杭州、苏州等城市对数字人才的吸引力更强（见图4）。随着

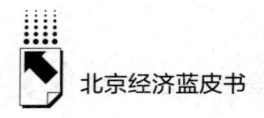

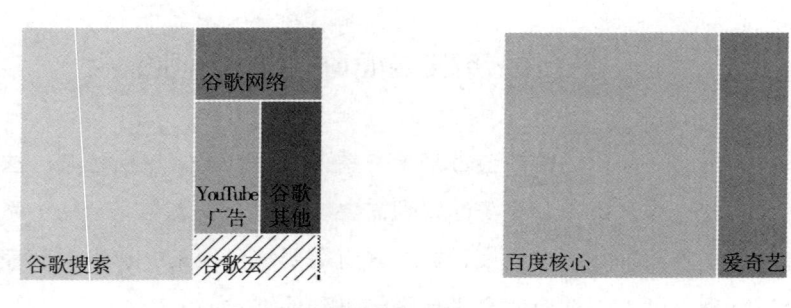

图 3　谷歌与百度的营业收入结构对比

资料来源：东方财富网。

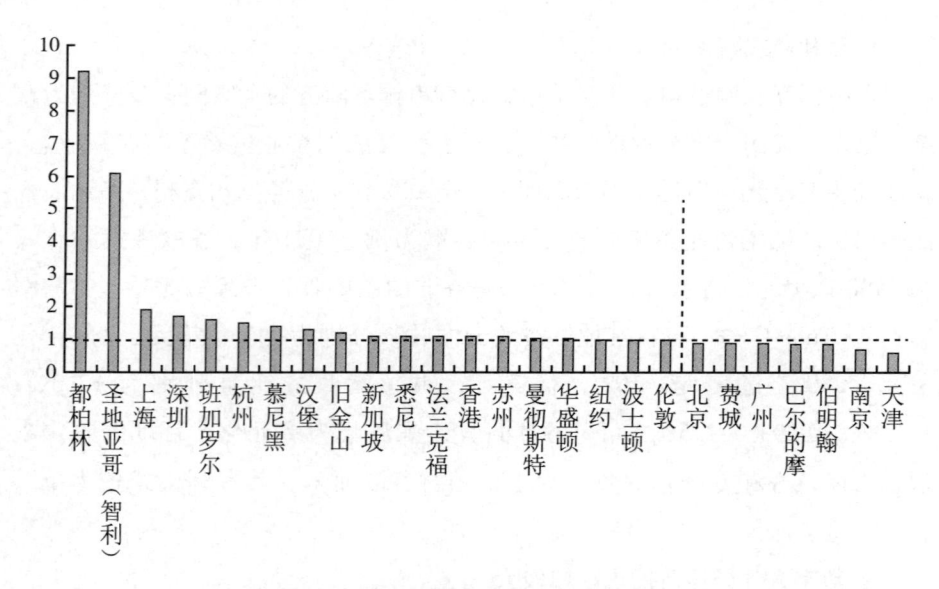

图 4　各城市群城市的数字人才吸引力

资料来源：《数字经济时代的创新城市和城市群发展研究报告》。

数字经济红利从需求端向上游供给端发展，北京对新型交叉领域复合型人才的需求量不断增加。但目前我国的高等教育和职业培训往往只培养单一专业的人才，因此还不能满足平台型企业对复合型人才的要求。专业技术人才的缺乏也将制约平台经济的快速发展。

3. 短视频行业快速增长，版权保护困境显现

近几年，各大商业巨头纷纷逐鹿短视频市场，竞争格局越发鲜明。随着一系列新政策的出台，短视频行业迅猛发展。其中，抖音、快手等头部平台发展强势，用户群体的特征也较为固定。如图5所示，2021年，腾讯系和百度系平台的用户时长占比较2020年均有不同幅度的下降，而字节系和快手系的用户使用时长占比较2020年均有不同幅度的提升，市场格局逐步改变。

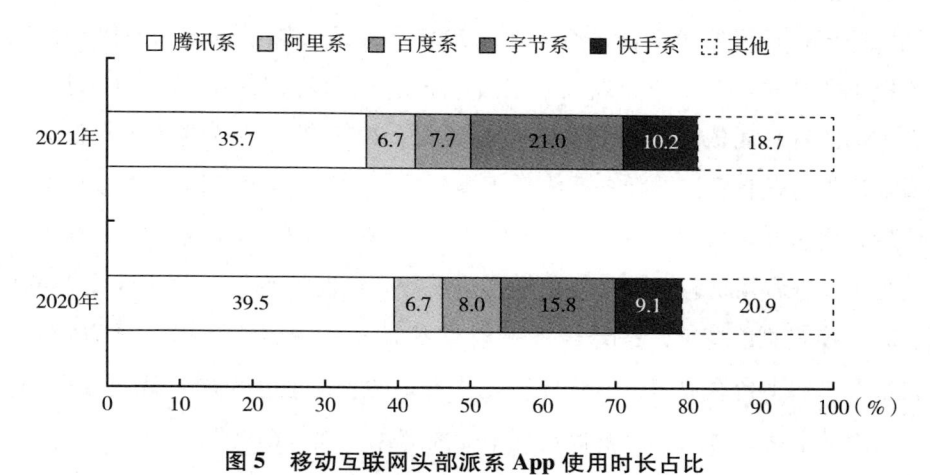

年份	腾讯系	阿里系	百度系	字节系	快手系	其他
2021年	35.7	6.7	7.7	21.0	10.2	18.7
2020年	39.5	6.7	8.0	15.8	9.1	20.9

图5 移动互联网头部派系App使用时长占比

资料来源：QuestMobile Truth中国移动互联网数据库，2021年12月。

在短视频行业迅猛发展的过程中，版权保护的困境也开始显现出来。在短视频行业中，版权保护是维护行业规范和持续发展的重中之重，若缺少对版权保护的重视、缺乏行之有效的配套管理，势必不利于该行业的长远发展。不可否认，在短视频行业近几年的发展演变中，国家、各级政府以及行业都制定了一系列的政策法规，企业也进行了自我约束，对短视频内容的版权保护取得了一定的效果。但是，由于短视频行业发展过快，许多已有的约束和规制不足以解决现在短视频内容确权、保护和维权过程中出现的新问题，如相关证据难收集、用户的维权成本高等。如何保护原创用户的合法权益，为原创用户提供良好的创作

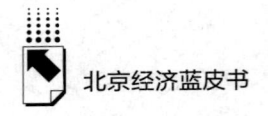

和传播环境，是在实现短视频行业长远发展过程中亟待解决的现实问题。

（二）平台监管层面面临的主要问题

1. 平台经济面临转型时期的"阵痛"，亟待持续的规范化发展

2021年，国家针对平台经济发展过程中的一系列不正当竞争行为以及信息、数据等风险问题进行了监管升级。国家高度重视垄断问题，通过行政处罚等形式督促外卖平台进行整改。2021年4月，饿了么因为对平台内商家提出"二选一"要求，获取不正当竞争优势而被罚款；2021年10月，国家市场监管总局依法对美团做出行政处罚。2021年，字节跳动在广告业务增长遇阻、教育和游戏业务受挫等因素影响下，经历连续几年的营收倍级增长后，增速开始放缓。北京市为响应国家政策，发布"双减"政策具体实施措施，教育培训行业的市场规模迅速下滑。同时，流量红利减弱、"烧钱引流"模式难以持续，平台经济在规范发展过程中的"阵痛"难以避免。北京市头部平台企业多，监管环境变化带来的企业业务发展不确定性增加，亟须推动平台经济在规范发展过程中探索"第二增长曲线"。

2. 助力平台经济健康发展的治理模式滞后

现有的平台经济治理模式，主要是借鉴对传统经济的治理模式，平台经济与传统经济之间必然存在着冲突，两者如何相互融合又各自稳定持续健康发展，是亟待解决的问题。平台经济与传统经济相比的特殊性主要表现为其载体的虚拟性、交易的远程性以及风险的多样性等。平台经济是互联网时代经济发展的主要趋势之一，大量平台经济快速崛起，在提升经济发展效率、增加社会福利的同时也带来了新的反垄断与治理挑战。一般而言，基于平台经济的数字化变革应充分体现社会责任、满足可持续发展要求，并以此来弥补传统经济的治理缺失，但事实上平台经济并未按照这一"轨迹"发展。针对平台经济不断出现的新问题加强治理，才能充分发挥平台经济的正外部性。

3. 头部平台形成结构意义上的垄断

《中国网络零售 B2C 市场季度监测报告 2021 年第 2 季度》的数据显示，在市场份额方面，2021 年第 2 季度，京东成交总额较 2020 年同期增长 26.9%，市场份额为 27.9%，排名第二，仅次于天猫（市场份额为 63.6%），其他所有企业市场份额之和仅为 8.5%。QuestMobile 数据显示，截至 2021 年 12 月，字节系在用户时长上，进一步抢占腾讯系、百度系的地盘，总时长占比达到 21.0%，仅次于腾讯系的 35.7%，远超快手系（10.2%）、百度系（7.7%）和阿里系（6.7%）。从上述数据可以看出，头部平台企业的市场集中度较高，在结构意义上已经形成了垄断。与传统行业相比，平台经济的结构垄断主要呈现以下两个特征：一是头部平台的垄断主要通过不断地投资和并购来实现，平台行业的发展是高度动态变化的，也就是说单个平台很难长时间维持某一市场占有率，而头部平台以其强大的资本优势通过不断投资和并购来巩固其垄断地位；二是头部平台通过"跨界竞争"来实现范围经济，头部平台不断探索新的市场和增长点，吸引资本的青睐，在不断扩张中也伴随资本的无序流动，不仅损害竞争秩序，还影响消费者福利。

4. 平台垄断呈现隐蔽性和复杂性特征

垄断的隐蔽性、复杂性给政策制定者带来新挑战。平台经济下的垄断行为具有隐蔽性，相应的识别、认定更具复杂性。例如，平台可以进行默认项目设置，以此来影响用户的行为选择，从而达到平台企业强化其垄断能力的目的。在默认项目设置的前提下，用户通常不会向下滚动来查看更多搜索结果，用户相对认同平台给予的搜索结果排序，这无形中形成了用户对单一平台的深度依赖，并在用户与平台之间形成了较强的利益互动。这样，作为福利受损方的用户通过自己的行为选择，设立了该平台所属行业的隐性壁垒，使得其他竞争平台难以进入。另外，平台企业还可以将自身作为"基础设施"，发挥数据、用户、技术等综合优势，诸如许多数字化平台企业在毗邻的多边市场上运营，将不同类型的服务捆绑或者连接在一起，向其他市场渗透，即所谓的"杠杆"或者跨市场集成，从而形成了在新市场领域的竞争优势。那么，政策制定者不得不适应新形势并制定新规则。

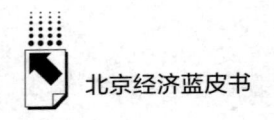

四 2022年北京市平台经济发展展望与政策建议

平台经济不仅在一定程度上改变了企业的生产和运营模式，也在一定程度上改变了人们的生活习惯，并成为北京经济发展的新动力。当前，北京正处于经济转型和高质量发展的紧要关头，如何探索构建一套北京特有的平台经济监管体系、充分发挥平台经济的经济"加速器"功能，已经成为北京数字经济发展面临的一个重要挑战。

（一）北京市平台经济发展形势展望

1. 平台经济反垄断依然是监管"主旋律"

平台企业的垄断行为会引发很多诸如不正当竞争、分配失衡等社会问题。这一方面不利于整个行业的健康可持续发展，另一方面会使消费者的福利受到损失。因此，在平台经济快速发展的同时，世界各国对平台经济的反垄断问题也给予了高度关注。2021年多数国家的实体经济陷入困境，线上经济却逆势上扬，平台经济也快速发展。当然，在这一过程中，平台经济的垄断问题被进一步放大。在全球政治、经济多重问题叠加的当口，平台经济等数字经济领域成为推动经济增长和平衡的新引擎，可以预见的是，相应的反垄断、强监管将成为今后世界各国对平台经济监管的"主旋律"。

2. "事前监管"成为平台反垄断的新趋势

平台经济的特点比较复杂，一方面，它是以互联网为基础的，它的发展具有虚拟化以及综合传导等特点；另一方面，平台经济的发展依赖于大量的数据，即平台经济的运行以数据为主导。平台经济的复杂性，要求中国的相关监管部门提高监管的能力和效率。从英国、欧盟、日本、澳大利亚和美国等西方国家与地区的监管实践来看，与对传统产业的监管方式不同，这些国家往往采取"事前监管"的手段对平台经济领域实施监管。虽然"事前监管"方式的规制有效性还尚未得到确定性的检验，但是可以预见，今后将会有越来越多的国家和地区采取类似的方式来规范平台经济的发展。基于此，通过监测平台企业的市场占有率、总交易规模等指标来直接锁定某些潜在的或准垄断平台企业，制定负面清单来规范这些平台企业的市场行为，或将成为平台反垄断监管的一个重要方向。

3. 平台经济将实现规范健康持续发展

平台企业在发展的过程中，充分发挥数据、用户、技术等综合优势，实现了规模经济和范围经济，为自身谋取了超额利润。各级监管部门不断加强的全方位干预，必然会对平台经济的发展产生深远的影响并规范平台经济未来的发展方式。比如，头部平台企业希望深度挖掘并整合其多业务领域的用户数据来对用户需求进行精准刻画，以便对用户实现精准的广告推送，这一行为将很可能被监管部门视为剥削性滥用行为。同时，平台广告交易的透明化也会打破网络广告的暗箱，从而对企业平台的主要利润来源造成一定的冲击。另外，针对大型平台并购活动的严厉监管，也会抑制平台的生态扩张。在未来，平台经济将实现规范健康持续发展。

（二）推动北京市平台经济发展的政策建议

建立健全监管制度，适应平台经济的高技术特征，抓住市场的关键性机遇，在规范电子商务平台的基础上，制定针对平台经济各细分领域的市场调查监测制度。加强数字化基础设施建设，加大政策扶持力度，促进传统服务业向新经济、新业态转型升级，同时促进线上和线下服务的融合，共同打造北京现代服务业的新品牌。首先，根据北京经济的发展特征以及现有的资源配置情况，有针对性地建立健全治理平台经济的体制机制，并进一步完善北京的相关法律法规及其配套措施。其次，创新是平台企业发展的重要驱动力，这就需要政府加强政策引导，通过政策扶持助力平台企业的创新孵化，特别是围绕关键软硬件技术、人工智能等方面加大资金投入力度，在推动线上、线下经济深度融合的同时加大监管力度，规范平台企业行为，避免平台企业出现恶性不正当竞争、泄露和过度使用个人信息、"大数据杀熟"等问题。最后，整合资源力量，形成协调统一的监管模式。综合运用各种手段，探索建立具有北京特色的灵活响应、协同治理模式。一方面，加强中共中央、国务院等部门的顶层设计；另一方面，协调各地方政府部门、各平台领域的相关政策，优化自上而下的政策衔接，同时鼓励社会群体参与监督，在政府、企业、公众之间形成监督的联动机制。对于公众参与社会监督，国家要制定完善的法律法规来保护"吹哨人"和举报人，强化社会监督与政府监管的相互协调。

行业篇

Industry Reports

B.2 北京互联网金融平台的发展机遇与监管体系构建

薛熠 国慧霄[*]

摘 要： 互联网金融平台作为平台经济的重要组成部分，对于降低市场主体的交易成本、提高经济效益、培育全新的经济发展动能以及实现普惠金融有着重要作用。北京市金融科技实力雄厚，政策优势突出；监管水平及金融基础设施建设全国领先；金融服务平台在助力北京"两区"建设及普惠金融发展方面卓有成效。针对目前互联网金融平台发展存在的垄断风险、伦理风险、系统性金融风险等问题，要建立系统的金融科技监管体系；加强平台治理，培育互联网金融配套服务体系；夯实互联网金融发展基础，为实体产业保驾护航；坚持创新驱动发展战略，提升核心竞争力。

---

[*] 薛熠，对外经济贸易大学国际经济贸易学院教授、博导，主要研究方向为科技金融、金融开放理论与政策；国慧霄，对外经济贸易大学国际经济贸易学院博士研究生，研究方向为金融开放。

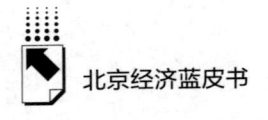

关键词： 互联网金融平台　金融监管　创新发展

一　北京互联网金融平台的发展机遇及主要商业模式

（一）北京互联网金融平台的发展机遇

互联网金融平台是一种虚拟的交易平台，主要为支付、借贷、理财、投资等提供线上金融服务。互联网金融平台是一种新型的金融业务模式，它可以为交易双方提供大量低成本的信息数据，方便用户之间的信息沟通。因此，互联网金融平台的构建可以降低市场主体的交易成本，促进双方交易的达成，并在一定程度上解决传统金融市场中的信息不对称问题，有利于推动产业结构优化升级，促进金融创新，培育新的经济发展动能。当前，北京市的互联网金融平台快速发展，这主要得益于以下机遇。

1. 以"科技+金融"为特征的数字金融成为首都经济社会发展的新引擎

北京"科技+金融"的叠加优势促进了互联网金融平台的发展。一方面，近年来，北京市软件和信息服务业快速发展，产业贡献度不断提高。根据北京市经济和信息化局统计，2021年，北京软件和信息服务业实现营业收入2.2万亿元，规模居全国首位；软件和信息服务业增加值占全市GDP比重从2017年的11.3%上升至2021年的16.2%，引领作用进一步显现，对经济发展的贡献度日益提高，具有国际竞争优势的产业生态体系正在加速形成。北京市经济和信息化局统计资料显示，当前，北京拥有18家百亿元规模的软件企业，一些头部互联网平台汇聚了数以亿计的活跃用户，深刻影响着居民的生活和工作方式。数字技术渗透率显著提高，数字基础设施使个人和企业几乎可以在任何地方连接到大科技平台。应该说，数字技术为互联网金融平台的崛起提供了硬件支持。另一方面，北京的金融要素集聚与辐射能力突出。根据北京市地方金融监督管理局相关领导在2021中国货币经纪论坛上的讲话，北京拥有超过170万亿元金融资产，超过全国金融资产的一半；持牌金融法人机构超过 900 家，位居全国第一。2021 年，首都金融业实现增加值 7603.7 亿元，同比增长 4.5%，占地区生产总值的 18.9%，金融业的带动作用进一步凸显。[①］"科技+金融"成为北京互联网金融平台快速发展的独特优势。

2. 大量的市场需求未被满足

中国金融抑制程度较高，政府对金融体系的干预相对广泛。比如，在资金配置中对民营企业申请贷款存在限制，普惠金融市场存在很大的缺口。由于传统金融市场对低收入家庭、中小企业和农村经济主体的服务供给不足，新兴的互联网金融活动面临众多机遇。过去，相对于美国等发达国家而言，以银行卡、银行账户为主的传统支付手段在中国并未广泛普及，甚至可以说是十分落后，大多数中国人除了现金之外几乎没有其他支付方式。因此，移动支付服务一经诞生，便以方便、覆盖率高、安全性强和成本低等优势，迅速受到了市场的热烈欢迎。许多在线投资产品特别是货币基金和线上保险产品也满足了一定的市场需求。低收入家庭、中小企业和农村经济主体，也可以通过大数据和大科技平台获得一定的信贷额度。

互联网金融平台的发展会使低收入家庭、中小企业和农村经济主体获得更多金融服务，从而提高资金分配效率，促进经济发展。北京各个区经济基础不同，基础设施建设水平不一，金融业整体呈现西高东低、内高外低的发展特点，朝阳、西城、东城、海淀四区金融业 GDP 占全市比例较高，其他各区金融业 GDP 较低。截至 2021 年底，北京市共有在营中小微企业 169.4 万家，比 2020 年底增加 12 万家。截至 2021 年末，北京地区普惠小微贷款余额为 6378.6 亿元，同比增长 24.3%；全市小微企业有贷户数为 50.4 万户，同比增长 23%。2021 年 12 月，北京地区普惠小微贷款加权平均利率为 4.81%，同比、环比分别下降 11 个、12 个基点。[②]

3. 相对宽松的监管环境

很长一段时间以来，或许是因为看到了平台金融业务中普惠金融的价

---

① 数据来源于北京市地方金融监督管理局。
② 数据来源于北京经济和信息化局发布的《2021 年北京市中小企业发展报告》。

值，监管机构对平台金融的监管是相对宽松的，这使得互联网金融平台得到了迅速发展。但一大批互联网金融平台的涌现严重威胁了首都的金融安全，如何实现互联网金融创新发展与监管规制之间的良性互动逐渐被提上日程。2021年4月，为坚决维护首都金融安全稳定，北京市金融监管局推动出台《北京市地方金融监督管理条例》，严格防范、有序处置重点领域金融风险，为首都经济高质量发展提供保障。

（二）北京互联网金融平台的主要商业模式

互联网金融平台的发展主要源于第三方支付。当前，互联网金融平台已形成包括第三方支付平台、P2P网络信贷、互联网理财、大科技信贷等诸多模式。

1. 第三方支付平台

近年来，我国以移动支付为代表的网络支付业务快速发展。中国支付清算协会发布的《中国支付产业年报2022》显示，截至2021年底，我国共有法人支付机构224家，共设立分公司1569家，为客户开设在用支付账户57.00亿个。2021年，我国银行机构共处理网上支付业务1022.78亿笔，金额2353.96万亿元。移动支付业务增速迅猛，2021年国内银行处理的移动支付业务笔数和金额都较2012年翻了200多倍。2016~2025年中国第三方支付规模及增长情况如图1所示。

当前，我国的第三方支付平台主要有支付宝、微信支付、云闪付、百度钱包、PayPal、财付通等。第三方支付使用时支付成本较低，而且使用非常方便，使用过程中也较为安全，可以有效避免个人信息的泄露。

2. P2P网络借贷

P2P网络借贷是一种民间小额借贷模式，它省掉了金融中介的角色，将小额资金汇聚起来进行借贷以获得更高的投资回报。2007年，中国第一家P2P借贷公司——拍拍贷创建。在2007年之后的几年里，P2P借贷的业务体量一直非常小。直到2013年，随着金融创新的重要性开始被强调，P2P因为被公认为推行普惠金融的重要模式而流行起来。这种个人对个人的借款

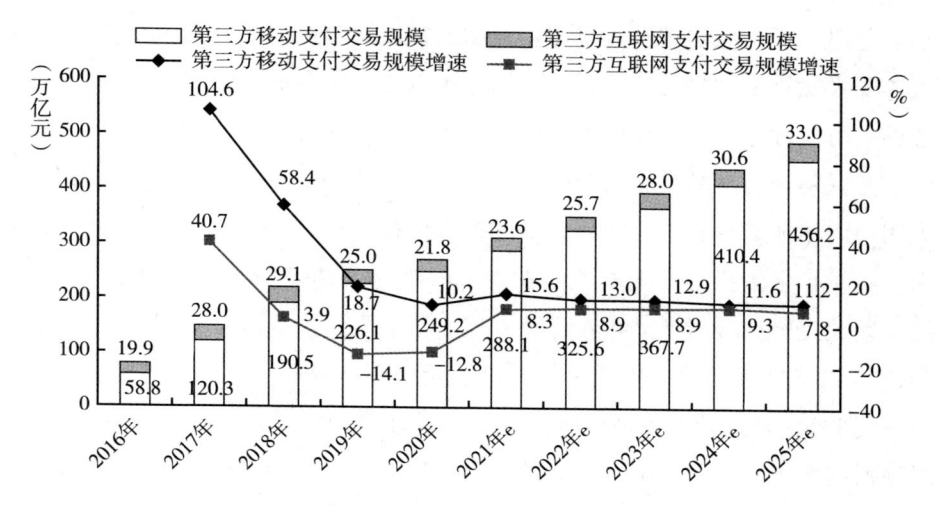

图 1　2016~2025 年中国第三方支付规模及增长情况

资料来源：《2021 年中国第三方支付行业研究报告》。

方式，省掉了金融中介的角色，听上去更为高效、普惠。与此同时，通过P2P借贷，投资人可以获得更高的回报，未被银行贷款业务覆盖的人也可以从平台获得借款。此后，全国各地的P2P借贷平台如雨后春笋般涌现。伴随P2P的野蛮生长，一些风险也逐渐暴露，平台经营不善导致借出去的钱不能及时收回，以及平台挪用投资人的资金来炒股炒币，甚至平台采取假标募资等，都不能被及时监管。2015年，1000多家P2P平台倒闭。2015年12月，中国银监会发布了相关监管政策草案，后又于2016年8月发布了暂行监管框架。监管框架中最重要的一点是，明确了P2P借贷平台只能作为信息中介。实际上，这相当于间接关闭了中国P2P借贷行业的大门。目前，中国P2P借贷机构已经"不复存在"，近6000家P2P网络借贷机构被关闭，全国实际运营的P2P网贷机构完全归零。

3. 互联网理财

互联网理财是指银行或非银行金融机构通过互联网销售理财产品或保险产品，个人或家庭通过互联网购买这些理财产品或保险产品，以实现个人或家庭资产收益最大化的一系列活动。长期以来，中低端投资者往往被投资市场所忽略，而互联网理财可以通过互联网技术将分散的小额资金汇聚起来使之享受大额资金的投资待遇，从而满足中低端投资者的投资需求，有效提升金融的可得性，在一定程度上实践了普惠金融的理念。

互联网理财产品具有低门槛、高收益和高流动的特点，可以有效聚合个人用户的零散资金，使之获得更高的投资回报，更加符合普通大众的理财需求。其发行多依托用户规模大、发展成熟的第三方支付平台，购买渠道便捷，因此互联网理财产品得到迅速发展。数据显示，我国互联网理财用户自2015年以来持续增加，从2.4亿人增加至2021年的6.3亿人，增长超1.6倍。[1] 另外，新冠肺炎疫情也进一步催动了理财的线上化。研究发现，互联网理财的发展还培养了下沉人群的理财习惯，三、四线城市及农村的理财人数显著上升。据估计，2022年，下沉人群的可投资金融资产规模有望达到101.7万亿元，互联网理财在下沉人群中的市场规模有望达到4.7万亿元。[2]

4. 大科技信贷

大科技信贷是指大型科技企业利用自己独特的平台及数据优势提供金融服务，中国的典型案例是蚂蚁集团、腾讯微众银行以及百度度小满等。大科技信贷在客户基础、品牌效应、借款人信息等方面具有广泛的优势。

大科技信贷能够取得初步成功的关键在于其创造性地形成了一个新的管理投资风险的手段，有效解决了传统金融市场上信息不对称的问题，解决了中小微企业的融资难题，促进了普惠金融的发展。大科技信贷借助数字技术手段，创新信用风险管理手段，利用大科技生态系统和大数据风控模型，有效识别市场中存在的信用风险。大科技平台用大数据来替代抵押品做信用风险评估的方式，目前来看效果不错。比如微众银行、网商银行的平均信贷不良率远低于传统商业银行同类贷款，说明这种信用风险管理方式效果较好。

---

[1] 数据来源于艾媒咨询。
[2] 数据来源于中国人民大学财政金融学院与蚂蚁集团研究院于2020年9月4日联合发布的《互联网理财与消费升级研究报告》。

二 北京互联网金融平台发展现状

（一）北京金融科技实力雄厚，政策优势突出

北京是全国重要的金融管理和科技创新中心，金融、科技的深度融合是北京金融业发展的突出优势。北京市积极推进金融与科技融合应用，促进金融业数字化转型和高质量发展，更好地服务人民群众生活和实体经济发展。《2021全球金融科技中心城市报告》显示，北京金融科技综合实力连续三年排名第一。北京拥有19家金融科技上市企业，87家金融科技高融资未上市企业，金融科技高融资未上市企业的融资总额达462.4亿美元。[①] 北京是"国家首批综合型信息消费示范城市"（2019年）、"国家人工智能创新应用先导区"（2021年），已形成涵盖基础软件、应用软件、信息技术服务、互联网信息服务等领域的完整产业链，成为全国创新创业最活跃、软件信息服务产品体系最完整的城市。北京资本市场金融科技创新试点如表1所示。

表1 北京资本市场金融科技创新试点

项目名称	牵头申报单位
中国结算"e网通"	中国证券登记结算有限责任公司
证券行业数字人民币应用场景创新试点	中国银河证券股份有限公司
基于人工智能的单账户配资异常交易监测系统	信达证券股份有限公司
证券交易信用风险分析大数据平台	中证数据有限责任公司
基于信创的金融混合云构建项目	中信建投证券股份有限公司
基于区块链和隐私保护技术的行业风险数据共享平台项目	中国证券业协会
基于区块链的客户交互行为体系管理系统项目	中信建投证券股份有限公司
基于区块链的证券业务电子签约与存证服务平台	中证机构间报价系统股份有限公司
基于隐私计算的债券估值体系建设项目	中诚信国际信用评级有限责任公司
投研服务数字化解决方案Ⅰ期——机构间数据流通解决方案	嘉实基金管理有限公司
销售清算自动化项目	工银瑞信基金管理有限公司

---

① 数据来源于《2021全球金融科技中心城市报告》。

续表

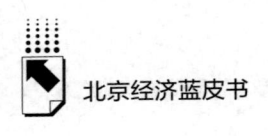

项目名称	牵头申报单位
智能排雷项目	华夏基金管理有限公司
基于大数据的智能投资与风险管理平台	鹏扬基金管理有限公司
基于零售业务敏捷化的云原生架构实践	中国国际金融股份有限公司
基于区块链的私募基金份额转让平台	北京股权交易中心有限公司
基于联邦学习技术的强监管营销模型的探索	建信基金管理有限责任公司

资料来源：中国证券监督管理委员会。

另外，作为首都，北京在制定互联网金融政策方面具有较强的前瞻性，政策优势突出，能够较快出台一系列政策鼓励和支持互联网金融平台的发展。北京在互联网金融产业园区的建设方面走在全国前列，2013年8月30日，北京市首个互联网金融产业基地落户石景山；2013年12月13日，国内首个互联网金融产业园——中关村互联网金融产业园挂牌成立。金融支持实体经济体制机制加快完善，对重点发展领域和薄弱环节的金融支持力度进一步加大。2021年，印发《进一步完善北京民营和小微企业金融服务体制机制行动方案（2021~2023年）》，持续优化北京地区民营和小微企业的融资环境，全年新增普惠小微贷款1248亿元；2021年，印发《金融支持北京市制造业转型升级的指导意见》，引导金融机构加大对制造业转型升级的支持力度，全年新增制造业中长期贷款1048亿元。近年来北京市出台的互联网金融相关政策如表2所示。

表2　北京市互联网金融相关政策

年份	政策名称
2013	《石景山区支持互联网金融产业发展办法（试行）》
2013	《海淀区关于促进互联网金融创新发展的意见》
2013	《关于支持中关村互联网金融产业发展的若干措施》
2016	《北京市互联网金融风险专项整治工作实施方案》
2021	《北京市地方金融监督管理条例》
2021	《北京市关于加快建设全球数字经济标杆城市的实施方案》

续表

年份	政策名称
2022	《关于对科技创新企业给予全链条金融支持的若干措施》
2022	《石景山区推进国际科技创新中心建设加快创新发展支持办法》

资料来源：根据公开政策文件整理。

（二）"监管试点"及金融基础设施全国领先

早在2019年12月，在中国人民银行的支持指导下，北京就在全国率先启动了金融科技创新监管试点，也就是俗称的"沙箱监管"。当前，北京已累计公示了3批次共计22项应用，在创新应用数量、技术应用场景及申请主体多元化方面保持全国领先。"沙箱监管"机制的不断完善必将为新业态、新科技的发展提供更广阔的空间，促进金融创新与金融安全的协调发展。另外，北京建设了全国首个国家级金融科技示范区，集聚了一批金融科技领域的顶级智库和龙头企业。截至2021年12月，我国互联网上市企业总数为155家，其中工商注册地位于北京的互联网上市企业数量最多，占互联网上市企业总体的34.2%；我国互联网独角兽企业总数为219家，较2020年底增加12家，增幅为5.8%，其中，北京互联网独角兽企业数量为84家，占总体的38.4%。互联网上市企业和互联网独角兽企业的地区分布分别如图2和图3所示。

此外，中国人民银行数字货币研究所、北京国家金融科技认证中心有限公司、北京国家数字金融技术检测中心有限公司、北京国家金融标准化研究院有限责任公司、金融网关信息服务有限公司、网联清算有限公司等一批重要基础设施机构在北京落地。下一步，北京将继续以监管科技、数字金融等为发展重点，不断完善金融基础设施和监管体系的建设，为北京互联网金融平台提供更市场化、更具包容性的发展环境。

（三）互联网金融平台助力北京"两区"建设

2021年多项首创改革和高水平开放试点政策率先在北京落地，形成首

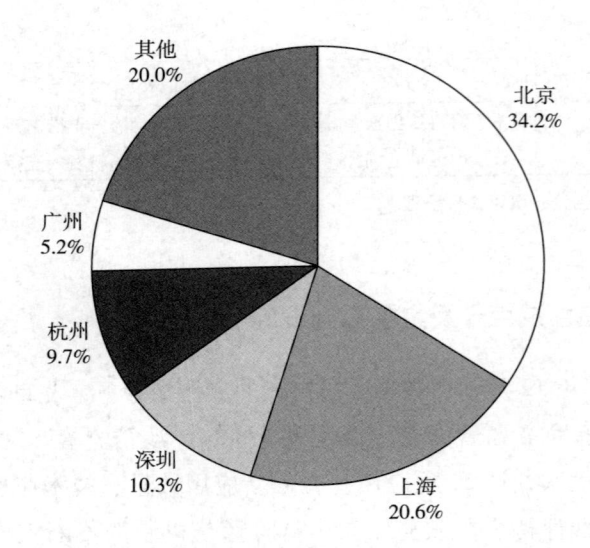

图 2　互联网上市企业地区分布

资料来源：CNNIC。

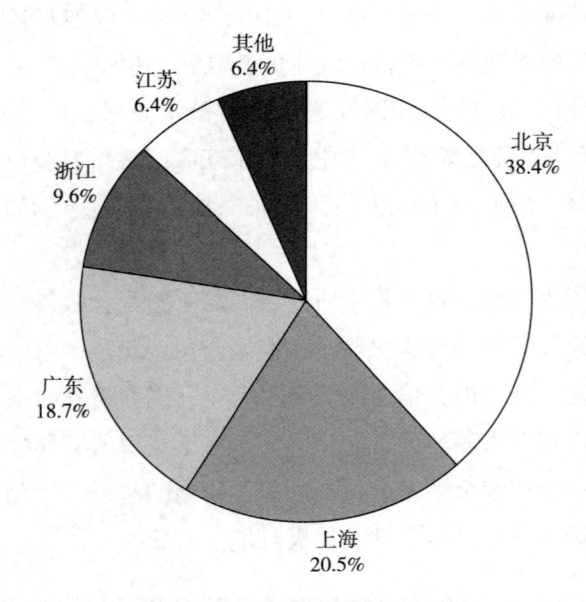

图 3　互联网独角兽企业地区分布

都金融对外开放新格局。推出跨国公司本外币一体化资金池试点等一批首创性金融创新服务，创设"京津冀征信链"等一批创新性金融服务平台，形成金融科技创新监管试点等一批引领性金融科技项目，助力北京"两区"建设跑出"加速度"。2021年，北京"两区"建设金融领域102项任务落地94项，完成92%，出台配套政策52项，形成了多个可在全国复制推广的创新实践案例，多个重点领域取得突破性进展。北京设立了股权投资和创业投资份额转让试点平台、国际大数据交易所、北京绿色交易所等金融市场平台，这些金融市场平台的建立和完善必将推动北京高水平金融开放的发展。

百信银行与朴道征信有限公司合作开发的"京津冀征信链"首款产品成功上线，标志着京津冀地区信用信息的互通共享工作迈出重要一步，对区域经济金融一体化发展具有重要意义。区块链技术作为数字经济的底层支撑技术，在征信领域发挥着日益重要的作用。京津冀地区9家征信机构共同建设"京津冀征信链"，旨在推动区块链技术和征信深度融合，有效促进京津冀地区信用信息的互联互通，实现数据要素资源的跨区域流动，为区域经济金融一体化提供高质量征信服务。"京津冀征信链"首款产品上线6天内，实现超8万次调用，支持贷款8万余笔。

根据《北京市金融运行报告(2022)》，2021年北京市社会融资规模持续扩大，信贷对实体经济的支持实现"量增、价降、结构优"。2021年，北京地区社会融资规模增加1.5万亿元，较疫情前（2019年）多706.1亿元，人民币贷款余额同比增长6.2%，其中，企业中长期贷款自2020年11月以来连续13个月保持13%以上的较高增速，对实体经济的中长期投融资支持力度显著加大。① 北京正在深化落实"两区"政策，着力打造面向未来的数字金融新基建。在5G时代，我们要以金融科技为核心加快构建首都新型金融基础设施，深化数据、信息等全要素融合，加强5G与人工智能、区块链等技术的融合应用，加速互联网金融平台的创新发展，助力北京实现更高水平的金融开放与实体经济的高质量发展。

---

① 数据来源于中国人民银行营业管理部发布的《北京市金融运行报告(2022)》。

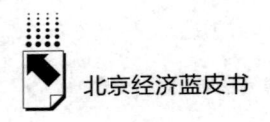

（四）互联网金融平台助力北京普惠金融——小微企业金融综合服务平台

在普惠金融应用层，围绕首都中小微企业特点和普惠金融发展目标，北京金控集团探索建成并上线全国首家小微企业金融综合服务平台，取得了积极的成效。北京小微企业金融综合服务平台突破以往普惠金融服务平台功能单一的现状，创新打造集"征信、投资、信贷、担保、保荐、处置、服务"于一体的金融服务平台，提供"助贷""助投""助保""助扶"等全周期、全方位功能，构建面向小微企业的智慧金融服务体系。2021年，平台新增注册企业6.8万余家，新增放款156亿余元。截至目前，平台注册企业已超过11万家，合作机构350多家，对接融资需求1500多亿元，实现放款超过400亿元。

北京小微企业金融综合服务平台致力于打造一个普惠金融服务生态圈，推动金融服务重心不断下沉。为进一步优化服务，北京小微企业金融综合服务平台上线"智慧融资一体化服务系统"，支持小微企业快速获取定制化的金融服务方案。注册企业在北京小微企业金融综合服务平台上一键发起融资申请，"智慧融资一体化服务系统"可以实现自动推荐，从而在一定程度上解决了小微企业融资难的问题。北京小微企业金融综合服务平台为北京实现普惠金融的建设目标做出了有益的尝试和探索，具体情况见表3。

表3　北京小微企业金融综合服务平台助企抗疫纾困

场　景	实现途径
创线上"金融诊室"，引金融活水精准滴灌	在新冠肺炎疫情期间，有很多小微企业通过平台获得免费金融问诊服务。为了满足差异化融资需求、畅通银企对接渠道、引导金融活水服务实体经济，北京小微企业金融综合服务平台联合多家金融机构创新设立线上"金融诊室"，为小微企业免费提供一对一金融问诊、融资对接等服务。在金融诊室里，来自银行、保险机构、担保机构等的金融医生大显身手，从各自专业角度出发，全方位把脉企业需求，并结合北京小微企业金融综合服务平台提供的企业画像，为企业量身定制专属融资方案。此外，平台通过实地走访、线上日志，实时了解和跟进融资进展，推动普惠金融服务落到实处

续表

场　景	实现途径
设特色平台专区，助市场主体纾困展业	2022年6月初，东城区财政拨付3000万元风险补偿专项资金，通过提供贷款贴息、担保费补贴等支持，帮助区域内遭受新冠肺炎疫情冲击的小微企业降低融资成本、稳定生产经营。北京小微企业金融综合服务平台与东城区金融办联合制定了专项资金申请方案，从可得性、便捷度、覆盖率等多个维度，推动惠企纾困政策切实落地，帮扶小微企业渡过新冠肺炎疫情难关。依托金融科技优势和丰富的服务经验，平台迅速开发纾困资金申请专区，并于东城区平台上线，为企业及时享受政策利好开辟快捷通道
造"智慧政策罗盘"，促惠企政策扎实落地	北京小微企业金融综合服务平台开发"智慧政策罗盘"功能，运用深度学习、自然语言处理、大数据等技术方式，实现政策信息和企业画像的高效智能匹配。平台构建了包括政策类型、适用行业、适用时限、适用范围等在内200余个政策类标签，注册企业只需根据业务实际完善经营分类标准，系统即可自动匹配企业可获得的扶持资金额度，为其推出一组量身定制的"政策套餐"。此外，"智慧政策罗盘"还提供从政策发布、筛选到申报、咨询等一站式、全流程、全线上的政策服务。注册企业通过平台直接发起政策申报申请后，平台将根据企业需要答疑解惑、解读政策、辅导申报。在新冠肺炎疫情期间，"智慧政策罗盘"及时收录更新有关部门扶助市场主体、稳定经济发展的相关政策，向符合条件的注册企业进行精准推送，帮助企业了解、吃透、用足政策。截至2022年6月，平台已汇聚国家级政策700余条，市级政策近2000条，区级政策460条，为平台11多万家企业进行政策推送

资料来源：根据公开资料整理。

（五）北京的头部金融平台——京东金融

京东金融是京东数字科技集团旗下个人金融业务品牌，已经成为众多用户选择的个人金融决策平台。京东金融以平台化、智能化、内容化为核心能力，与银行、保险公司、基金公司等近千家金融机构合作，共同为用户提供专业、安全的个人金融服务。

作为"超级数字科技独角兽"，京东金融的技术实力及商业模式创新受到行业广泛认可。根据胡润研究院发布的《2018第二季度胡润大中华区独角兽指数》榜单，京东金融以千亿元估值列总榜单第七位（见表4）。京东金融CEO陈生强表示，京东金融会继续坚持数字科技战略，继续加大对数据和技术的投入。在互联网金融平台未来的发展中，京东金融一定会涉足更多领域，为金融创新提供更多思路，为金融发展提供更多便利。

表4 胡润大中华区独角兽指数

排名	企业名称	企业估值范围(亿元)	总部
1	蚂蚁金服	10000	杭州
2	滴滴出行	3000	北京
3	小米	3000	北京
4	今日头条	2000	北京
5	美团点评	2000	北京
6	腾讯音乐	1500	深圳
7	京东金融	1000	北京
7	菜鸟网络	1000	杭州
7	大疆	1000	深圳
7	快手	1000	北京
7	陆金所	1000	上海

资料来源：《2018第二季度胡润大中华区独角兽指数》。

三 北京互联网金融平台的监管

互联网金融平台是虚拟化的金融交易平台，其在为交易双方提供便捷服务的同时，也不可避免地存在一些问题，需要监管部门加以规范和整治。

（一）互联网金融平台的监管历程

2013年被视为"中国互联网金融元年"，出现了首只互联网基金——余额宝。2014年，"互联网金融"被首次引入政府工作报告，报告中提到要"促进互联网金融健康发展"，表明监管部门鼓励金融创新、推动互联网金融健康发展的态度。从2015年开始，互联网金融风险事件频发，P2P平台涉嫌非法融资和自融，多起"爆雷"事件发生，引发社会和监管部门的极大关注，互联网金融正式进入监管年。2016年，监管部门开始专项整治互联网金融。2014~2018年，互联网金融连续五年被写入政府工作报告，从一系列措辞上可以看出政府对行业发展的态度，也反映了互联网金融行业从高速发展到规范整治的历程。2019年，我国互联网金融风险专项整治成效显著，风险形势得到根本好转。2020年，监管部门明确了"金融业务一定要持牌经营"的总体要求，接下来对互联网金融平台的监管将定位于建立长效监管机制，以实现金融创新与金融安全的协调统一。互联网金融平台监管历程如图4所示。

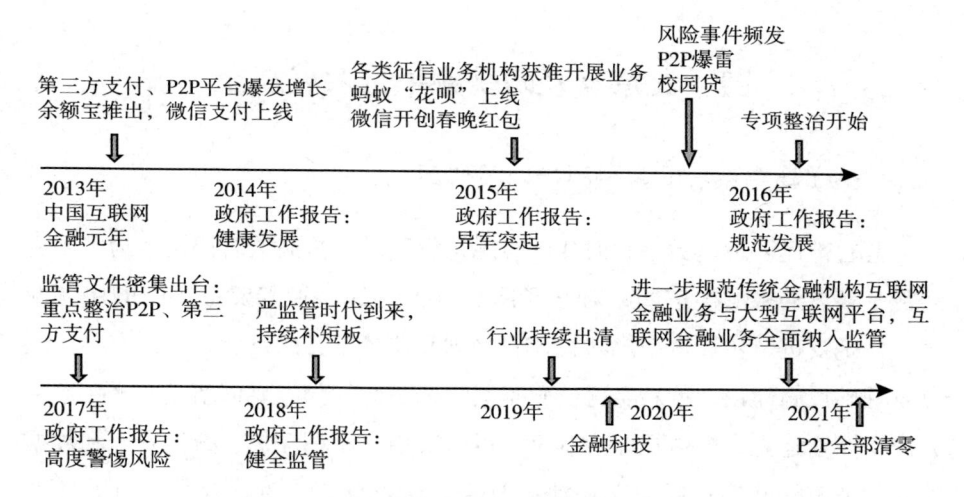

图4 互联网金融平台的监管历程

资料来源：个人整理。

（二）互联网金融平台发展存在的问题

互联网金融平台快速发展的背后隐藏着一系列风险隐患，给中国监管当局带来了新挑战。一是要防止一些互联网金融平台通过垄断地位开展不正当竞争。国内部分互联网金融平台滥用市场支配性地位进行价格欺诈、掠夺性定价以及捆绑销售等，甚至实行排他性政策，排斥竞争对手进入平台，从而引发市场垄断，降低创新效率，不利于金融市场的健康发展。二是要注意保护个人隐私和信息安全。个人信息数据的安全是互联网金融平台发展过程中

033

面临的重要问题，一些互联网金融平台可能存在未经允许收集消费者信息的行为，在此过程中极易泄露消费者个人隐私。因此，需要特别关注互联网金融平台发展过程中的数据保护问题。三是要防止出现系统性金融风险。一方面，互联网金融平台公司往往会在同一个平台下提供借贷、理财等金融服务，一旦中间某个环节出现错误，就会导致金融风险的跨市场传播；另一方面，互联网金融平台的支付环节往往与上百家银行连接，放大了系统性金融风险出现的可能性。

四 北京互联网金融平台发展展望

（一）建立系统的金融科技监管体系

监管部门要适应数字化时代的金融监管要求，提高监管协调能力。平台经济是多方连接的生态圈，对互联网金融平台的监管需要各部门的协调配合。一是要进一步促进金融科技监管规则和监管工具的发展，不断完善金融科技基础设施建设，创新金融监管工具。二是监管部门要创新金融平台监管方法，探索建立个人数据账户制度，以解决用户隐私保护、数据安全和数据挖掘的平衡等问题；要加大"沙箱监管"试点推广力度，提高试点的效率和适应性，以监管创新促进金融创新。三是要制定统一的监管标准。虽然互联网金融得到了迅速发展，但相关行业的规范及标准都尚未统一，要在国家层面和行业层面统一制定互联网金融发展标准，营造安全、高效的互联网金融环境。

（二）加强平台治理，培育互联网金融配套服务体系

一是要推动完善平台的信用体系建设，加大全国信用信息共享平台的开放力度，加强对平台内失信主体的约束和惩戒，保障平台稳定、可信运行。二是要加强互联网平台相关标准和法律法规的细化研究，平台公司开展金融业务应遵循"同样业务，同样治理"原则。政府部门可以与平台企业合作，

联合建设大数据监管平台,以促进对整个平台的系统管理。三是要营造良好的金融平台政策环境,破除阻碍平台经济发展的体制机制障碍。相关部门要充分听取平台参与者建议,有针对性地研究解决方案。鼓励银行等金融机构利用互联网、大数据等科技手段参与平台经济,创新金融产品,提高金融服务水平与服务效率。四是要积极完善互联网金融配套基础设施建设,为平台经济的发展提供良好的外部环境。

(三)夯实互联网金融发展基础,为实体产业保驾护航

要充分发挥互联网金融的优势,促进实体经济的创新发展。一是要充分利用大数据为实体经济保驾护航。大数据的发展使金融机构在进行借贷时不必依赖传统的抵押担保等方式,而可以基于大数据进行信用分析,有效识别更具投资价值的企业,从而有利于中小微企业获得资金支持,促进实体经济的发展。二是要积极利用互联网技术的发展促进实体经济的产品创新和产业升级。信息技术的发展可以带动产业技术的革新,促使企业提高生产效率,培育经济发展新动能。三是要鼓励互联网平台培育新的经济增长点,积极探索新业态、新模式。支持互联网金融平台进一步拓宽服务范围,在医疗健康、教育培训等领域发展便民服务新业态,满足群众的多层次、多样化需求,从而延伸产业链和带动就业,促进实体经济的发展。

(四)坚持创新驱动发展战略,提升平台核心竞争力

互联网金融平台要坚持创新驱动发展战略,培育自身的核心竞争优势。一是要致力于金融产品与金融服务的创新,在实现产品多样性的同时加强风控体系建设,实现多维度发展。随着区块链、云计算、人工智能、大数据等金融科技的不断深入,互联网金融平台只有顺应平台经济发展趋势,积极进行技术创新,提升平台科技含量,提高金融服务效率,保障金融安全,才能提升核心竞争力。二是互联网金融平台应时刻关注用户的使用体验,只有及时了解用户需求,进行服务创新,为用户提供优质的互联网金融服务和有效

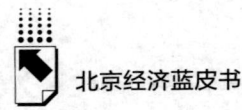

的保障，才能提升平台自身的竞争力。三是要加大对互联网金融平台领域的人才引进力度。可以充分发挥北京在教育科研领域的优势，加大对互联网金融、平台经济等领域专业人才的培养力度，鼓励高校依托重大科研项目进行科研成果转化。

B.3 医疗平台转型之路:"互联网+医疗健康"

曾庆阁 刘宇佳[*]

摘 要: 新冠肺炎疫情的暴发推动了市场对"互联网+医疗健康"的需求,提升了公众对互联网医疗、智慧医疗的认知,北京市"互联网+医疗健康"的政策效益日益显现。一方面,北京市"互联网+医疗健康"具有良好的发展环境和稳定的发展前景;另一方面,由于发展阶段的限制,北京市在医疗健康行业转型的过程中面临信息互联互通、数据安全与管理、行业政策法规、服务供给水平、人才队伍建设等方面的问题和挑战。因此,为促进"互联网+医疗健康"可持续、高质量发展,北京市应高位统筹,多点发力,提升"互联网+医疗健康"服务供给质量,加快构建健康医疗大数据治理体系,健全完善"互联网+医疗健康"服务保障机制,切实解决人民群众的看病就医问题。

关键词: "互联网+医疗健康" 健康医疗大数据 智慧医疗

一 北京市"互联网+医疗健康"发展环境分析

(一)经济基础扎实,社会健康需求旺盛

首都北京具备雄厚的经济基础,并在近年来加大了对医疗健康行业的投

---

[*] 曾庆阁,对外经济贸易大学国家对外开放研究院国际经济研究院博士研究生,研究方向为区域经济、世界经济;刘宇佳,对外经济贸易大学国家对外开放研究院国际经济研究院博士研究生,研究方向为数字经济、区域经济。

入。根据国家统计局数据，2020年北京市医疗卫生支出达605.64亿元，与2016年相比增幅超过了50%，占地方财政一般预算支出的8.51%（见图1）。政府卫生支出和个人现金卫生支出占卫生总费用的比重总体均呈下降趋势，2020年分别为26.74%和13.40%，以商业健康保险费为代表的社会卫生支出比重则升至59.86%（见图2），个人及家庭的负担明显减轻。北京市科委、中关村管委会发布的数据显示，2020年底北京市医药健康产业规模达2200亿元，发展和引进了如百济神州、诺诚健华、腾盛博药、联影医疗等潜力巨大的创新企业，获批上市的创新药械数量居全国领先地位。此外，北京市居民的健康状况持续向好，对健康保健的重视程度逐渐提升。据北京市卫生健康委员会统计，2021年北京市户籍居民婴儿死亡率、孕产妇死亡率和甲乙类传染病发病率等主要健康指标分别为1.44‰、2.22/10万和108.1/10万，下降趋势显著。根据健康北京行动指标监测，2021年北京居民重大慢性病过早死亡率降至10.6%，居民健康素养水平达36.4%，居全国之首。户籍居民平均期望寿命为82.47岁，较2020年上升了0.04岁，高龄老年人不断增加，长寿特征明显，表现出较强的就诊需求。

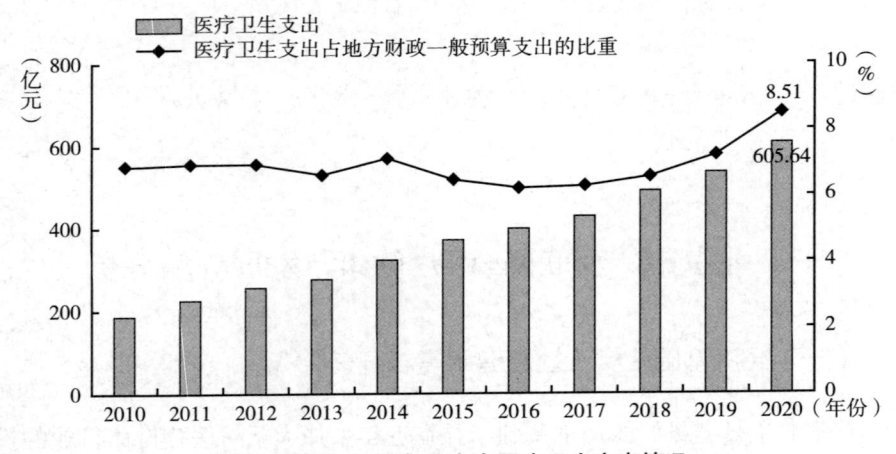

图1　2010~2020年北京市医疗卫生支出情况

资料来源：国家统计局。

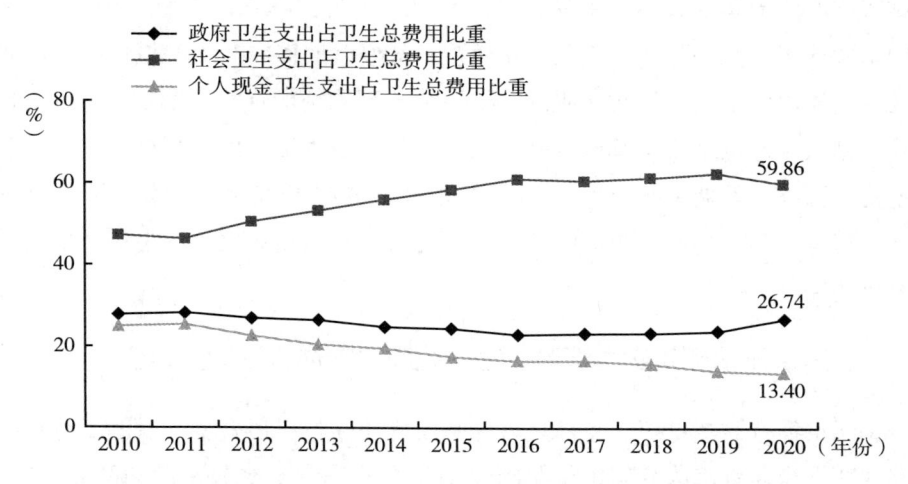

图 2 2010~2020 年北京市卫生费用各项筹资占卫生总费用的比重

资料来源：国家统计局。

（二）医疗卫生服务供给能力增强，资源配置水平需提高

一方面，"十三五"以来，北京市医疗卫生服务供给保障体系日趋完善。北京市卫生健康委员会统计数据显示，2021年北京市共有医疗卫生机构11727家，其中医院总数为733家，基层卫生机构10684家，专业医疗卫生机构107家，其他机构203家。2021年，北京市卫生人员数量达39.0万人，是2010年的1.74倍。2021年，医疗卫生机构总诊疗人次数达2.43亿人次，出院397.2万人次。2021年，北京市医疗机构编制床位数和实有床位数分别为141128张和130259张，使用率分别为62.9%和71.0%，数量和使用率都较2020年有所增长。另一方面，结合群众对医疗卫生资源的实际需求和期待，北京市医疗卫生建设有进一步完善的空间。2021年，北京市每千常住人口医疗机构实有床位数为6.0张，与全国6.77张的平均水平有一定差距。同时，北京市重点医疗机构多建成于20世纪50~70年代，多分布在三环以内，具有区域聚集性的特征。根据《2020年北京市卫生工作统计资料》，北京市医疗卫生机构、医疗机构实有床位数和卫生人员等资源在

城市中心集聚程度较高，主要聚集在朝阳、海淀、昌平等城区，由中心向外围呈圈层式递减趋势，尤其是三甲医院，80%以上集中在中心城区，外围地区的优质医疗卫生资源相对匮乏，资源分布不均衡的现实问题依然存在。此外，基层医疗卫生机构基础设施、人才队伍和技术能力的短板同样需要得到重视。因此，发展突破空间限制、服务全市的"互联网+医疗健康"新业态，有望成为优化北京市医疗卫生资源配置、提升整体医疗卫生服务能力的重要途径。

（三）技术创新实力强劲，医疗健康数字化转型动力足

北京拥有基建优势、总部经济优势及优质高校科研资源，有利于进行技术创新，为北京市医疗健康行业的数字化发展提供了物质基础和智力支撑。从科研创新水平来看，根据中关村论坛发布的"自然指数-科研城市2021"，自2016年起北京始终稳居全球科研城市榜首，同时列"国际科技创新中心指数2021"第四名，原始创新策源能力突出，在数字技术前沿创新孵化领域也走在全国前列。"两区"建设推进以来，北京市积极探索布局6G网络、量子科技、算法创新、区块链等新一代信息技术和技术创新体系，加速建设5G、车联网、工业互联网等新型基础设施。北京市统计局数据显示，2021年北京市数字经济实现增加值16251.9亿元，同比增长13.1%，在北京市地区生产总值中的占比达40.4%。在新一代信息技术与医疗健康相融合的"双发动机"产业领域，北京市关于国际科技创新中心和全球数字经济标杆城市的建设规划中都着重强调了底层核心技术、应用技术和融合创新技术的重要性，在医疗健康产品研发上加大支持力度。此外，医药、器械、保险等各类型的企业也纷纷助力医疗健康产业数字化技术创新，东城区国际数字健康应用创新中心、昌平区中关村生命科学园、大兴区临空经济区与生物医药产业基地、潞县镇医药健康产业集聚区等建设为北京市"互联网+医疗健康"领域的技术研发和孵化提供着源源不断的动力。

（四）政策支持体系不断完善，产业发展迎来机遇

近年来，作为我国新业态的重要领域，"互联网+医疗健康"的发展方

向与风险挑战逐渐清晰,新冠肺炎疫情的冲击更是加快了医疗健康行业信息化、数字化转型的政策部署,政策支持体系的不断完善有利于营造适合"互联网+医疗健康"产业健康发展的外部环境。如表1所示,一系列政策措施从服务体系、支撑体系和监管保障等方面规范和支持"互联网+医疗健康"新业态,为其发展划定了快车道。

表1 "互联网+医疗健康"相关政策

层面	年份	政策	相关内容
国家	2018	《关于促进"互联网+医疗健康"发展的意见》	健全"互联网+医疗健康"服务体系;完善"互联网+医疗健康"支撑体系;加强行业监管和安全保障
		《关于深入开展"互联网+医疗健康"便民惠民活动的通知》	各级医疗卫生机构要加快创新应用互联网信息技术,提升便民服务能力,进一步优化服务流程,改善就医体验
	2019	《关于开展"互联网+护理服务"试点工作的通知》	坚持"线上线下,同质管理"的原则;统筹发展机构护理、社区护理和居家护理服务;创新护理服务模式,探索培育护理服务新型业态
	2020	《关于推进新冠肺炎疫情防控期间开展"互联网+"医保服务的指导意见》	将符合条件的"互联网+"医疗服务费用纳入医保支付范围;鼓励定点医药机构提供"不见面"购药服务
		《关于深入推进"互联网+医疗健康""五个一"服务行动的通知》	推进"一体化"共享服务;推进"一码通"融合服务;推进"一站式"结算服务;推进"一网办"政务服务;推进"一盘棋"抗疫服务
	2021	《"十四五"优质高效医疗卫生服务体系建设实施方案》	深度运用5G、人工智能等技术,打造国际先进水平的智慧医院,建设重大疾病数据中心;支持开展"互联网+医疗健康"服务,提高中医特色医疗资源可及性和整体效率
北京	2018	《关于发展和规范互联网居家护理服务的通知》	鼓励医疗机构依托互联网技术,将护理服务从机构延伸到社区、家庭,提供连续性护理服务
	2020	《关于制定互联网复诊项目价格和医保支付政策的通知》	制定互联网复诊项目及价格;互联网复诊项目纳入本市基本医疗保险支付范围
		《北京市关于加强医疗卫生机构研究创新功能的实施方案(2020~2022年)》	加强信息化、数字化建设;推进电子病历影像共享;鼓励引导互联网医院和智慧医院建设

续表

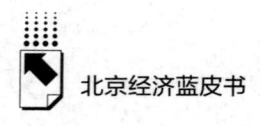

层面	年份	政策	相关内容
北京	2021	《北京市深入推进医养结合发展的实施方案》	通过医联体、"互联网+医疗健康"、远程医疗等将医疗机构内医疗服务延伸至居家
		《关于北京市互联网医院许可管理有关工作的通知》	鼓励三级医院通过互联网医院与偏远地区医疗机构、基层医疗卫生机构实现数据资源共享和业务协同,促进优质医疗资源下沉
		《北京市加快医药健康协同创新行动计划(2021~2023年)》	大力推动医药健康产业与人工智能、区块链、大数据、5G等新兴技术领域融合发展,提升研发效率,加速培育形成新一轮产业增长点
		《北京市关于加快建设全球数字经济标杆城市的实施方案》	推动医学知识AI化、医疗信息云化、医疗资源网络化、健康服务远程化;加快建设数字化医院,推动实体医院医疗资源在线化发展;推动可穿戴设备和诊疗设备普及化应用

资料来源:中华人民共和国国家卫生健康委员会和北京市人民政府政策文件。

二 北京市"互联网+医疗健康"发展现状

近年来,北京市积极推动"1+N+1"互联网医院综合平台建设,即构建"1个互联网诊疗服务监管平台+N个互联网医疗子平台+1个互联网医院公共服务平台"的平台建设模式。平台要素的进一步完善促进了北京市"互联网+医疗健康"平台的迅猛发展。

(一)互联网医院建设取得积极进展

2015年,互联网医院的概念在"互联网+千行百业"战略的推行中首次出现,这是实体医疗机构通过自行或与第三方合作形式搭建信息平台开展互联网诊疗业务的第二名称。随着指导类、监管类和支付类政策相继出台,互联网医院相关政策实现了从方向性到操作性的演进,互联网医院在探索中逐步建立起来。新冠肺炎疫情突袭而至,出于规避感染风险的考虑,居民对在线医疗的需求量迅猛增长,尤其是对于慢性病、常见病的诊疗,大量医疗机构和企业加快了建立互联网医院的步伐，也推动互联网医院的准入管理更加规范。《北京市卫生健康委员会2021年度绩效管理工作自查报告》显示，截至2022年1月，北京市共有互联网医院32家，131家医疗机构提供互联网诊疗服务，2021年在线服务患者约30万人次，影响力大大提升。从现有互联网医院的运营主体来看，医院主导型互联网医院占多数，尤其以公立医院为主，将线下医院服务互联网化，同时也不乏"好大夫在线"和"京东健康"等企业平台型互联网医院，以差异化定位提供价值医疗。此外，根据《北京市加快医药健康协同创新行动计划（2021~2023年）》，北京市会在计划期内试点建设1~2家智慧医院，进一步布局培育数字医疗新业态。

（二）健康医疗服务逐渐向院外延伸

北京市各医疗机构积极运用微信公众号和App平台，积极开展健康知识科普、健康咨询、健康管理等在线服务，实现就诊咨询、预约挂号、检查结果查询、缴费支付、用药指导、药品配送、慢病随访和复诊等诊前、诊中、诊后环节线上线下全方位一体化。一方面，北京市各三级医院候诊、就诊秩序在信息平台的支持下全面改善，分时段预约挂号精确到30分钟以内，整体医疗体验得到改善。另一方面，通过电子病历共享等院内外数据联通方式，医疗机构将常见病、慢性病的诊疗下沉至基层社区，智慧护理、慢病管理等服务在标准流程和标准操作的规范下逐步实现院内院外同质化，整体诊治效率得到提升。针对基层医疗机构规模限制下药品品种缺失的问题，朝阳区将台社区卫生服务中心试点推出"缺药即送"服务，探索运用"社区移动药房"模式解决居民用药"最后一公里"问题。对于部分老年人行动不便、使用智能技术困难的难题，各医疗机构开通"无健康码"绿色通道，发放"助老号"和"现场号"，便利老年患者就诊，并推进老年人家庭医生定制签约服务，推行"极简取药""虚拟处方""远程结算"，有效实现对老年人病情的早期介入，减少老年人外出就诊次数。

（三）远程医疗持续优化区域医疗资源配置

作为全国优质资源集聚地，北京长年承担着较大的医疗服务供给压力。

如何有效提升优质医疗资源利用率，为异地患者提供更高质量的医疗服务成为"互联网+"时代的热点问题。北京各三级医院积极运用远程医疗合作平台，加强对外省市医疗机构的技术支持，积极发展远程会诊中心，通过互联网医院在线复诊、远程会诊、远程心电诊断、远程影像诊断、远程查房、视频探视和双向转诊等方式，指导患者就近就医，减少往返成本，降低路程中感染新冠病毒的风险，实现患者的合理分流。同时，远程医疗也是北京市各医联体内上级医疗机构与基层医疗机构加强合作和信息共享的重要途径。通过增加专家与基层医生之间点对点的医疗交流，探索远程信息咨询、远程义诊等服务，服务范围不断扩大，提高了医疗服务的可及性，将技术渗透远郊、农村和偏远地区医院，进而强化北京市高水平医疗服务的辐射带动力，缓解优质医疗卫生资源的供需矛盾，这一作用在京津冀协同发展过程表现得最为显著。

（四）医疗健康智慧化建设进程大大加快

当前，北京市政务外网已经实现了各级政府卫生部门与基层医疗卫生机构、疾控中心的网络连接，也构建了较为完备的二、三级医院医保连接网络和涉农基层医疗卫生网络，逐步进入由信息化向智慧化升级的关键时期。在《北京市关于加快建设全球数字经济标杆城市的实施方案》等政策支持下，AI、5G、云计算、区块链、物联网、医用机器人、可穿戴设备等新技术在医疗健康领域的研发应用取得积极进展。根据国家卫健委医院管理研究所发布的《关于2019、2020年度医院智慧服务分级评估3级及以上医院结果公示的通知》，在全国通过评估的29家医疗机构中，北京占5家，其中包括一家唯一被评审为4级的医院。北京市各医疗卫生机构纷纷"上云"构建信息共享、资源整合、功能全面、运行灵活的互联网医疗服务平台，推动实现多终端全场景应用，进一步推进北京市健康云建设。新冠肺炎疫情暴发以来，数字医疗平台和产品设备在疫情监测预警、影像筛查诊断、临床辅助诊疗、健康管理服务等领域的耕耘更加深入，北京市共有涉及9个方向的128个项目入选2021年国家卫健委、工信部联合发布的"5G+医疗健康应用试点项目"名单。同时，北京健康宝、AI辅助医学影像诊断、AI红外测温、AI识谣、新冠肺炎筛查系统等创新应用纷纷涌现，支持医疗诊治和全民抗疫。百融云创智能语音机器人也通过实现对疫情通知、疫情排查、健康回访等多种社区工作外呼场景的人工替代，在东城区、朝阳区和石景山区疫情排查工作中发挥重要作用。

（五）互联网诊疗监管平台建设稳步推进

互联网诊疗监管平台是北京市"1+N+1"互联网医院综合平台建设的重要组成部分，也是互联网医院建设审批的前置条件。2020年4月，在市区两级卫生健康委的支持下，北京市互联网诊疗监管平台建设正式启动。2021年4月，北京市卫健委发布《关于推进北京市互联网诊疗监管平台应用工作的通知》，要求开展互联网诊疗服务的医疗机构与监管平台完成对接。截至2021年11月底，北京市共有44家取得互联网诊疗资质的医疗机构和企业完成了监管平台接入，其中包括审批通过的30家互联网医院。[①] 北京市互联网诊疗监管平台的构建实现了对互联网医院准入与接入、人员资质、处方核验、临床诊疗、数据安全和隐私保护等全流程、多要素的实时监管，能够满足管理部门和各类从业者不同的监管需求。构建包含资质、运行和监管三大类42个项目的监管指标体系，对互联网医院当日的整体运行情况进行合规性分析，以总积分的形式给出反馈，便利医疗机构进行针对性整改。互联网诊疗监管平台的建设和完善在一定程度上缓解了内外部医疗管理体系运营混乱导致的医疗效率低下的问题，为居民的互联网就诊提供了安全保障。

三 北京市"互联网+医疗健康"发展面临的问题与挑战

从国际上看，我国"互联网+医疗健康"的起步相对较晚，在经历漫长探索后，近十年进入高速发展期，尤其是对于北京来说，"互联网+医疗健

---

① 数据来源于https：//chima.org.cn/Html/News/Articles/9532.html。

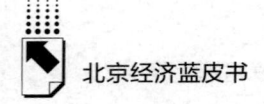

康"服务逐步走向世界前列。在高速发展的过程中，一系列问题与挑战也不容忽视。

（一）"信息孤岛"问题尚未解决

信息共享是"互联网+医疗健康"实现跨时空发展的前提和基础。虽然近年来政府部门频频施策逐步建立起卫生部门、公共卫生机构与医疗机构之间的信息共享渠道，但出于各方利益考虑，区域医疗信息尚未实现真正的互通共享，医疗机构之间缺乏相对统一的软件管理模块和信息化互通平台，"信息孤岛"现象仍然存在，"各自为政"的信息系统带来的数据屏障成为"互联网+医疗健康"加速发展的主要障碍。北京市各医疗机构并未在系统开发商选择上达成一致，在数据评价标准、采集程度、描述方式等方面存在差异，同时软硬件资本投入差异使信息化、数字化水平参差不齐，容易造成机构自建系统与居民健康档案、医保支付系统和其他系统之间的信息共享和服务对接难题，数据资源共享、整合、汇编困难。许多三甲医院的电子病历、健康档案等医疗服务数据并不对外公开，大中小医院之间、上级医院与社区卫生服务中心等基层医疗机构之间的信息壁垒仍未完全打破，使得随后复诊、健康管理等下沉基层服务面临障碍，造成数据资源的浪费。

（二）数据管理应用有待进一步创新

作为平台运行的基本要素，医疗服务数据本身也面临两方面问题。一方面是数据的质量问题。与基层医疗机构相比，医院的数字化程度较高，医护人员可通过手持智能终端进行患者院内信息的采集、录入等工作，以此来辅助医生诊疗。但就院外数据而言，由于患者对数据采集的主动性与基层数据采集人员的专业性相对较弱，因此数据的连续性难以保证，整体使用效率偏低，在数据精确采集以及人工智能算法院外场景应用上有待突破，健康医疗数据的标准化建设也滞后于多态融合需要。另一方面是数据的充分利用问题。虽然北京市大部分医院已实现电子病历互联互通，但由于责任划分问题，在推进医院间的临床检验项目结果互认的过程中依然面临挑战，医疗服务数据在收集共享后的实际利用程度需要进一步提升。同时，目前医疗卫生机构和企业在智慧化、信息化建设上以系统建设和运维智能建设为主，数据分析运营仍然属于短板，在公共卫生应急管理、公共卫生决策等方面的应用价值尚未充分挖掘。

（三）数据安全风险长期存在

随着健康医疗大数据应用价值的提升，信息共享过程中的安全风险增加，用户隐私保护受到考验，数据安全技术和政策规制面临挑战。作为收集处理数据的主体，医疗机构和企业既要承担前期成本，又要处理第三方使用这些信息时的授权问题。如果对数据安全建设的重视程度和投入不足，就可能导致数据利益相关方的隐私受到侵害，也可能给特殊群体带来歧视或生命安全威胁。然而，目前我国法律在健康医疗大数据的权属界定上尚且存在模糊之处，并未对医疗大数据的保护机制和路径机制予以明确规定，其风险可能转嫁给医疗消费者。此外，数据产权化可能会对公共卫生应急管理监测带来一定的干预。因此，如何平衡好挖掘健康医疗大数据的巨大社会效益与用户隐私保护的成本投入之间的矛盾有待进一步探讨。

（四）行业规范化建设滞后

当前针对"互联网+医疗健康"出台的政策法规大多是一些法律效力层级较低的部门规范，与相关产业发展和技术应用创新速度相比较为滞后，监管存在盲区。互联网医院的行业准入标准和硬件设施标准不健全，以企业为主导的"互联网+医疗健康"平台在诊疗过程监管、医疗广告、处方审核、定价机制、医保支付及信息安全等方面缺乏明确的规范。平台上医生资质的参差不齐、信息的冗杂难辨、虚假广告的泛滥以及过度开药和过度医保都会降低公众信任和积极性。由于互联网平台具有虚拟性、隐蔽性和复杂性，由患者对自身病情描述不准确带来的诊断偏差，进一步导致的互联网医疗健康事故法律责任认定问题成为解决难点。不完善的事后纠纷解决机制，加上互联网保险电子保单效力的模糊性，可能使得医患矛盾加剧。

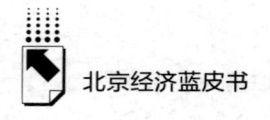

（五）服务广度和深度不足

一方面，由于互联网医疗健康的定位问题还未厘清，其实际运营并不乐观。部分互联网医院连接机构数量较少且实际开展的线上业务量不大，远程影像系统、远程诊断系统、远程病理系统等在二级医院与三级医院的建设差距较大。产品趋同而缺乏特色，互联网医疗平台建而不用的现象普遍，业务模式较为单一。另一方面，5G、人工智能、VR、机器人、可穿戴设备等先进技术在互联网医疗服务领域的普及速度较慢。对先进技术认知的有限性导致用户产生关于数字医疗产品和设备使用安全的顾虑。同时，数字医疗产品和设备相对高昂的成本也阻碍了智能产品消费和研发的积极性。

（六）高素质复合型人才相对匮乏

从需求端来看，随着数字技术在公共卫生、医院管理、医学影像、医疗机器人、药物研发、健康管理、精准医疗和医疗支付等细分领域的应用不断增加，落地场景不断增多，对新型交叉领域复合型人才的需求也不断增加。从供给端来看，当前我国的"互联网+医疗健康"发展还处于初级阶段，医疗健康领域普遍面临复合型人才短缺、跨学科专业人才梯队建设不完备、人才培养与使用的衔接不足等问题。虽然部分高校开设了智能医学工程等技术创新与医疗应用相结合的专业，但在课程设置、师资配备和评价体系建设等方面还缺乏经验，与社会需求的联系不够紧密，对技术研发创新、技术运用维护和数据分析运营等方面人才的培养投入并不均衡。此外，从地域上来看，相较于上海、杭州和深圳等地区，北京地区复合型专业人才的缺口更为明显。

四 北京市"互联网+医疗健康"发展的对策建议

（一）提升"互联网+医疗健康"服务供给质量

做好顶层设计，引导行业主体有序参与"互联网+医疗健康"发展。结合北京市发展实际和资源现状，做好对"互联网+医疗健康"发展中长期目标、时间路线、规范标准和保障措施的规划。完善互联网医疗健康服务监管平台功能，鼓励并引导医疗机构、互联网企业与符合条件的外资企业等市场主体有序参与医疗健康行业数字化布局和互联网医疗健康服务互联互通统一大平台建设。打破部门利益壁垒，避免重复建设和无效建设，通过把控项目审批，合理推进医疗健康平台由信息化向智慧化升级。依托现有龙头企业，发挥其引领作用，促进协同合作和链条配套。鼓励市场主体通过市场融资、企业并购、申请政府专项资金等方式获取资金支持。鼓励公立医疗机构积极与第三方机构开展业务合作，明确机构间关于互联网医疗服务项目的收费渠道、利益分配与权责划分。鼓励医药供应商参与处方药配送等环节，促进服务模式创新。

充分挖掘市场潜力，拓宽服务广度，提升服务深度。依托互联网医疗"1+N+1"模式，完善"医疗+医药+医保"生态体系构建。以"智慧服务"建设为抓手，在推动公立医疗机构院内服务智能化、人性化的基础上，规范检查检验结果互认、医保支付等医疗服务标准，提升检查检验的同质化水平，增强远程医疗、药品配送、慢性病管理等院外服务能力。加强对既有互联网医院使用状况的摸排监测，建立合理的付费和激励机制，构建常态化的诊疗服务机制。支持基层医疗卫生机构开展智慧妇幼、智慧家医、智慧院前急救等惠民服务和健康云应用体系建设，以患有慢性病的老年群体为重点，开展智能医疗终端使用知识的相关培训。总结推广"移动药房"等智慧服务经验，积极探索常见病互联网医疗首诊、互联网医疗服务异地就医直接结算等新模式。鼓励市场主体开展医疗健康智能产品差异化研发，深入挖掘蓝海市场，细分消费市场与目标人群，确定多样化服务内容和服务价格，打造特色品牌服务。整合横向和纵向健康医疗大数据，提升居民健康电子档案与疾病防控、传染病防治、疫苗管理、公共卫生应急管理等系统的融合应用效率。完善北京市医疗机构远程医疗平台与基层、异地系统的对接，进一步下沉优质资源。积极构建智慧医疗服务用户评价体系，依据评价结果动态调整平台服务内容与模式。

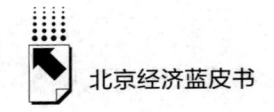

（二）加快构建健康医疗大数据治理体系

加强健康医疗大数据安全和隐私保护机制建设，保障使用者的合法权益。健全健康医疗大数据确权、开放、流通、交易和产权保护等方面的政策法规，从官方网站、App等入手，制定数据收集、保存、使用、公开、再循环等全流程信息安全和数据保密规范，加大侵害用户线上就诊隐私权的责任处罚。加强数据经手相关方的隐私保护意识，鼓励医疗机构定期开展信息系统应用安全理论和应急技能常态化培训。完善在线知情同意告知机制，通过新媒体推送培养公众的个人信息安全保护意识。支持医疗机构和企业实现统一标识数字身份和一人一号实名制诊疗方式，对数据输入及时跟踪反馈。强化对互联网医生、医疗机构和患者的身份认证及对其医疗服务信息的定期安全审查，建立信息泄露责任追溯和问责制度。探索建立个人健康医疗信息转码储存库，通过转码算法对个人信息进行加密保护。

加强互联网医疗健康信息标准化建设。吸收借鉴国际前沿标准研制经验，推动互联网医疗健康信息术语标准、信息模型标准、数据元标准、分类与编码标准等建设，促进健康医疗数据格式、描述方式以及统计口径等实现统一。制定并执行系统功能和系统建设技术规范，解决系统兼容以及存储问题。支持医疗机构、行业协会、技术联盟等多方市场主体共同制定满足市场发展和创新需要的标准框架，以优化组织管理、促进技术创新、消除技术壁垒和提升产品竞争力等内容为重点，在保障标准有效供给的同时保障市场活力。在信息工具更新、数据安全纠纷解决等过程中动态制定标准，促进应用与标准协调发展。

（三）健全"互联网+医疗健康"服务保障机制

强化"互联网+医疗健康"行业规范和监管机制建设。积极发挥行业协会等社会主体的作用，建立"互联网+医疗健康"多元监管机制，由专业性较强的行业协会组织讨论制定互联网医疗具体诊疗规范，基于线下诊疗行为质量管控标准，就在线问诊、处方审核、医保支付、药械销售流通等互联网医疗服务环节建立更加清晰的操作标准和行为准则，解决多部门监管不明确和互联网管辖权冲突的问题。明确并严格执行互联网医生、医疗机构、互联网企业等的市场准入门槛，通过人脸识别等人体特征识别技术加强服务主体管理，探索不同级别的医疗机构互联网诊疗服务范围设置，保障线上医疗服务安全和质量。加强"互联网+医疗健康"与商业保险的结合，完善"互联网+"医疗责任保险和信息安全保险规范。健全互联网医疗服务过程中各个环节主体的责任分担机制和责任追究制度，强化互联网医疗服务提供者在服务信息发布前的审查义务和纠纷发生后的举证责任。

加大科研投入力度，注重复合型专业人才队伍建设。依托首都高校的人才资源和国家重点实验室，加大对手术机器人、移动医学影像设备、智能感知辅助诊断设备等高端医疗设备与辅助系统关键技术和产品的研发力度。鼓励在高校、科研院所、医疗卫生机构、科技企业间开展跨专业创新团队建设与创新项目合作，充分利用北京原始创新孵化加速平台、药物递送与复杂制剂技术平台、北京生物药代工生产服务平台、医疗器械研发测试及工程化技术平台、细胞与基因治疗创新平台、北京创新医疗器械推广平台、高分辨冷冻电镜药物发现平台七大医药健康产业服务平台，发挥各方优势，加速协同创新和成果转化，释放人才集聚效应。支持高校院所紧密结合行业发展需求，制定与时俱进的人才培养课程和培养计划。积极引进挖掘医学、数学、统计学、管理学、信息学、工程学等多学科交叉领域的高素质人才，建立完备的人才激励机制。组建首都"互联网+医疗健康"专家委员会，形成企业、院校、医疗机构和协会的良性互动，为"互联网+医疗健康"建设提供决策支持和人才保障。

参考文献

［1］毛振华主编《中国互联网医疗发展报告（2020~2021）》，社会科学文献出版社，2021。

［2］艾媒咨询：《2021年中国互联网医院行业发展研究报告》，2021年11月16日，https：//report.iimedia.cn/repo3-0/40015.html。

B.4 北京工业云平台新业态

——工业互联网平台发展趋势及提升路径

徐 昊*

摘 要： 工业互联网平台作为计算应用类平台的重要组成部分，既是实现人与平台算力连接的核心，也是推动工业全要素连接的枢纽。我国工业互联网平台发展迅速，成为工业与互联网深度融合的新焦点、新抓手，亟须进一步基于工业互联网平台的制造业生态发展打造新型工业体系，加快培育形成经济增长新动能。北京市在打造高水平工业互联网双跨平台，推动工业互联网平台创新升级，应用工业互联网平台助力新冠肺炎疫情防控与复工复产等方面卓有成效。针对目前工业互联网平台发展存在的环境、标准、安全、生态建设等问题，要以"建平台""用平台""筑生态"为实际推进路径，加强集成"5G+工业互联网平台"，构建创新领航示范平台基地，继续打造高水平工业互联网平台，加强平台治理，推动工业互联网平台可信发展。

关键词： 工业互联网平台 平台治理 创新升级

---

* 徐昊，对外经济贸易大学国家对外开放研究院国际经济研究院博士研究生，研究方向为数字经济、区域经济。

一 工业互联网平台发展机遇与政策背景

（一）工业互联网平台的发展机遇

在全球金融危机发生后，发达国家纷纷推行"再工业化"战略提振实体经济，比如美国先进制造业伙伴计划、德国工业4.0、法国新工业计划等，力图维持并提升经济竞争优势。与此同时，数字经济浪潮席卷全球，带动制造业发展重点转向传统工业化生产模式与新兴技术的融合，智能制造逐渐成为国际制造业竞争的聚焦点，比如美国智能制造产业政策的本质是促进制造业与多元知识的深度融合，德国工业4.0提出要实现工业发展网络化、智能化趋势。

随着制造业转型升级的需求与物联网、大数据、人工智能等新兴技术的结合日益加深，工业互联网应运而生。工业是国民经济的基石，而工业互联网则是工业数字化、网络化和智能化发展的重要引擎，其中平台体系在工业互联网中占据中枢地位，是构建新时代工业新业态的重要基础。

中国在发展工业互联网平台方面具备两个显著优势。首先，中国是世界上制造业第一大国，也是唯一拥有联合国产业分类中全部工业门类的国家，市场十分广阔。工业互联网发展与中国经济转型升级阶段相契合；其次，中国互联网创新活跃，有力推动了数字经济的繁荣发展。当今世界正经历百年未有之大变局，国内发展环境经历深刻变化，新一代信息技术加速在制造业全要素、全产业链、全价值链渗透融合，持续引发技术经济模式、生产制造方式、产业组织形态的根本性变革，为我国工业互联网平台发展提供了良好的产业环境。

（二）工业互联网平台的政策背景

我国政府高度重视工业互联网的布局和发展，形成了较为明确的工业互联网产业发展方向和发展目标（见表1）。

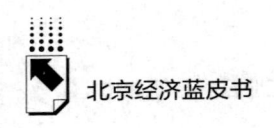

表 1　工业互联网国家层面相关政策

发布时间	政策文件名称	相关核心描述
2017 年 10 月	《中国共产党第十九次全国代表大会报告》	加快建设制造强国，加快发展先进制造业
2017 年 11 月	国务院印发的《关于深化"互联网+先进制造业"发展工业互联网的指导意见》	加快工业互联网平台建设……提升平台运营能力
2019 年 11 月	工业和信息化部印发的《"5G+工业互联网"512 工程推进方案》	高质量推进 5G 与工业互联网融合创新
2020 年 3 月	工业和信息化部印发的《关于推动工业互联网加快发展的通知》	提升工业互联网平台核心能力
2020 年 3 月	工业和信息化部印发的《关于推动 5G 加快发展的通知》	加快垂直领域"5G+工业互联网"的先导应用……打造一批"5G+工业互联网"内网建设改造标杆网络、样板工程
2020 年 12 月	工业和信息化部印发的《工业互联网创新发展行动计划（2021~2023 年）》	滚动遴选跨行业跨领域综合型工业互联网平台……建设面向重点行业和区域的特色型工业互联网平台
2021 年 11 月	工业和信息化部印发的《"十四五"信息化和工业化深度融合发展规划》	完善工业互联网平台体系……加快工业互联网平台融合应用
2022 年 4 月	工业和信息化部印发的《工业互联网专项工作组 2022 年工作计划》	平台体系壮大行动

资料来源：根据公开政策文件整理。

北京市立足首都城市战略定位，出台各项产业规划和指导意见引导工业互联网发展方向，积极建设世界级工业互联网发展高地。2020 年 9 月 10 日，北京市经济和信息化局发布的《2020 北京工业互联网发展报告》指出，北京市将重点实施"工业互联网行动计划升级版"、"优化工业互联网区域布局"、"工业互联网平台性能测评"和"工业大数据分级分类试点"四大任务，打造辐射津冀两地、服务全国的国家级工业互联网产业集群。《北京工业互联网发展行动计划（2021~2023 年）》提出"将北京建设成为引领全国、影响世界的工业软件创新高地、工业互联网平台赋能高地、工业互联网安全服务高地和工业互联网产业发展高地"，具体发展规划与目标如表 2 所示。

表 2　北京市 2023 年工业互联网发展目标

发展方向	目标
面向重点行业的国内一流工业互联网平台	10 个以上
具有全国影响力的系统解决方案供应商	50 个以上
工业互联网安全关键技术产品	50 个以上
具有核心竞争力的网络安全企业	50 家

资料来源：根据北京市公开政策文件整理。

二　工业互联网平台整体态势与技术体系

（一）工业互联网平台的内涵

工业互联网主要是指通过计算机软件和大数据系统，支撑工业智能化发展进而实现人机连接的关键基础设施。在《工业互联网产业经济发展报告（2020 年）》中，中国信息通信研究院将工业互联网核心产业分为工业互联网平台与工业软件产业、工业互联网网络产业、工业数字化装备产业、工业互联网安全产业、工业互联自动化产业五部分。其中工业互联网平台与工业软件产业是指应用于工业领域或工业场景下的各类工业互联网平台和软件，其范围较广，工业互联网平台涉及工业资源配置、生产优化执行、经营管理等功能，而工业软件具体是指基于工业互联网平台开发的应用于各种工业场景下生产经营管理的工业 App。

中国信息通信研究院对工业互联网核心产业规模的测算结果显示，我国工业互联网平台与工业软件产业存量规模由 2017 年的 1490 亿元增长至 2019 年的 2486 亿元，年均增长 29.2%，2019 年占工业互联网核心产业存量规模的比重约为 46.4%。可见，工业互联网平台在工业互联网产业体系中占比较大，是工业互联网的重要工具，也是工业互联网推动工业协同化、智能化转型的重要基础设施。

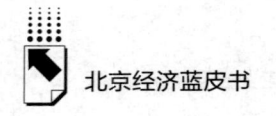

（二）工业互联网平台的定位与组成

工业互联网平台既是工业互联网发展的核心之一，也是实现数字化、智能化工业全要素连接的枢纽。工业互联网平台的显著特征是以数据要素来驱动平台载体的发展，是数字时代下打造国家制造业竞争新优势的关键。

首先，工业互联网平台是传统工业云平台的迭代升级，强化了工业制造力、知识经验复用与开发者集聚的功能性，形成了工业App不断迭代升级的生态体系。其次，工业互联网平台是新工业体系的"操作系统"，向下可以对接工业组件、设备等工业化元素，向上可承接数智化工业App的开发与应用拓展。最后，工业互联网平台是实现多类生产要素集聚的架构载体，通过打造"工业互联网平台+智能化设备+工业App开发"运营模式，可推动形成区域工业一体化的协同生产与组织模式。

工业互联网平台的具体功能架构可归纳为四层。第一层是边缘层，基于通信技术接入海量设备，依托数据协议转换异构数据，利用边缘计算设备实现数据的集聚处理，实现大范围、深层次的数据集成，实现数据要素的整合。第二层是由软件和信息技术企业主导建设的云基础设施IaaS层，其主要功能是将信息技术基础设施作为一种服务通过网络对外提供，企业可以租用服务器，进而减少成本。第三层是由工业企业主导建设的工业PaaS平台层，工业PaaS平台是整个工业互联网平台发展的核心层，该层主要是基于工业大数据系统进行工业数据清洗、管理、分析等，依托机理建模、机器学习、可视化实现工业数据建模分析，将相关模型与算法等封装成工业微服务模块，结合开发工具与微服务框架供工业App开发者调用。第四层是由开发者、协作企业、消费者、供应链主体企业等多主体参与的工业SaaS层，其核心业务是开发适用不同场景的各类工业App，可针对多行业、多场景开发在线设备运营状态监测、供应链管理等具体应用服务，有助于企业实现智能化生产管理。

三　北京市工业互联网平台发展现状

中国工业互联网平台发展迅速，中国互联网络信息中心（CNNIC）发布的《中国互联网络发展状况统计报告》的数据显示，截至2021年12月，国内具备广泛影响力的工业互联网平台已有150多个，实现工业可接入设备总量超过7600万台套，全国在建"5G+工业互联网"项目超过2000个，"5G+工业互联网"融合水平全面提升。

北京市立足首都城市战略定位，积极建设世界级工业互联网发展高地，在国内工业互联网平台建设发展中处于领先地位。北京市经济和信息化局发布的《2020北京工业互联网发展报告》中的数据显示，截至2020年7月，北京市规模以上工业企业上云、上平台率超过40%，中小企业上云、上平台用户超20万家。截至2020年9月，北京市已上线运行工业互联网标识解析国家顶级节点，并实现总接入17个二级节点，位居全国第一。北京市经济和信息化局科技标准处发布的数据显示，截至2020年底，北京市规模以上工业企业的生产设备数字化率达到65%，关键工序数控化率达到70%，数字化生产设备联网率达到60%。工业互联网平台应用不断提升北京市综合治理能力，在新冠肺炎疫情防控、数字化管理、网络化协同、智慧城市建设等方面发挥着重要作用。

（一）打造高水平工业互联网双跨平台，培育壮大领军企业

平台作为工业互联网体系的核心起到了极为重要的支撑作用，而跨行业、跨领域平台又是工业互联网平台的头部企业阵营。双跨平台设计层级多，业务范围广，涵盖多个工业行业，正逐步成为工业互联网平台技术突破、应用赋能的标杆，形成了全面连接、供给、配置多种工业要素的技术体系。当前北京市进一步培育形成"平台+5G""平台+AI""平台+区块链"等新模式、新业态，有力带动了中国平台创新向更广范围、更深层次发展。

北京市正处于构建高精尖经济结构的关键时期，北京市高度重视发展工

业互联网，落实工业互联网创新发展战略，积极建设全国一流工业互联网平台。工业和信息化部信息技术发展司发布的2021年全国十五大双跨工业互联网平台清单与2022年新增双跨工业互联网平台清单显示，北京市共有5个工业互联网双跨平台入选，具体平台名称与单位名称如表3所示。与2019年和2020年全国双跨工业互联网平台清单对比可知，2021年北京市入选的双跨工业互联网平台未发生变化，包括东方国信Cloudiip工业互联网平台、用友精智工业互联网平台和航天云网INDICS工业互联网平台。2022年，北京又新增2个双跨工业互联网平台，包括百度开物工业互联网平台和京东JD工业互联网平台，北京市工业互联网平台市场前沿格局基本形成。

表3　截至2022年北京市双跨工业互联网平台清单

平台名称	所属单位名称
东方国信Cloudiip工业互联网平台	北京东方国信科技股份有限公司
用友精智工业互联网平台	用友网络科技股份有限公司
航天云网INDICS工业互联网平台	航天云网科技发展有限责任公司
百度开物工业互联网平台	北京百度网讯科技有限公司
京东JD工业互联网平台	京东科技控股股份有限公司

资料来源：根据中华人民共和国工业和信息化部相关公示材料整理。

双跨平台作为我国工业互联网平台的第一梯队，代表着国内工业互联网平台的最高发展水平。东方国信Cloudiip工业互联网平台汇聚海量数据和产业需求，集成开发大量微服务、微应用，基于多元模块大数据与工业机理模型，面向多个行业提供开放、云化的软件环境。用友精智工业互联网平台融合数十个工业大类与应用领域，提供工业设备安全运营模式与接入规范，支持百万级用户并发，同时具备PB级工业大数据存储处理能力。航天云网INDICS工业互联网平台结合工业大数据，基于平台架构开发平台产品与服务，建设了"1+4"智能制造发展体系，为工业企业提供全阶段、智能化应用服务。百度开物工业互联网平台基于自主研发的"昆仑+飞桨"算力与算法软硬件，可实现核心技术全栈自主可控，为制造、能源、电力等工业企业、产业链和区域产业发展提供"AI+工业互联网"和智能制造等整体方案。京东JD工业互联网平台重点打造了开放的工业PaaS平台，从数智采购、数智能源、数智运维三大业务板块出发，打造了京采云、能碳云、京碳链、京备云，以及IHP解决方案、数智能源解决方案、数智运维解决方案、运维托管一体化解决方案、"工业互联网+园区"等一系列产品和解决方案。

（二）推动工业互联网平台创新升级，领航新兴业态

北京市扎实推进5G、千兆光网、数据中心、工业互联网等建设，加大移动通信、关键软件、大数据、人工智能等领域的技术攻关力度。北京市企业的技术创新意识不断增强，能力不断提升，以企业为主体的技术创新体系逐步完善，推动企业实现新技术与生产管理的融合，带来新竞争优势，形成了新方案、新模式、新业态。

2019年工业和信息化部发布的全国工业互联网平台创新应用的35项示范案例中，有5项来自北京市企业（如表4所示），分别聚焦于数字化协同制造、网络化协同管控、大数据应用等方面。2021年工业和信息化部发布的工业互联网平台创新领航示范案例中，北京市共有21家企业分别在平台化设计、数字化管理、智能化制造、网络化协同、服务化延伸方面具备引领和示范作用（如表5所示）。

表4　2019年北京市工业互联网平台创新应用案例

案例名称	平台服务商
高端电子元器件精益柔性协同制造应用案例	航天云网科技发展有限责任公司
基于数字孪生的石化行业网络化协同管控应用案例	石化盈科信息技术有限责任公司
汽车零部件行业网络化协同应用案例	用友网络科技股份有限公司
三维一体化光伏大数据应用案例	北京东方国信科技股份有限公司
基于5G的通用设备智能运维应用案例	中国移动通信有限公司政企客户分公司

资料来源：根据中华人民共和国工业和信息化部相关公示材料整理。

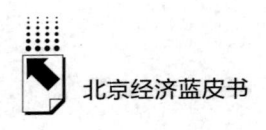

表5　2021年北京市工业互联网平台创新领航应用案例

方向	案例名称	平台服务商
平台化设计	基于数字孪生的航天电气系统高效设计与仿真验证创新应用	北京中诚仁和科技有限公司
	企业级材料数字化研发平台创新应用	中国钢研科技集团有限公司
	杰克智能缝制产业工业互联网平台创新应用	北京树根互联科技有限公司
	基于产品仿真管理系统（SDM）的创新应用	诺世创（北京）技术服务有限公司
	双星胎联网"智慧云"平台创新应用	网伦天下（北京）智能科技有限公司
	生产运营协同调度系统创新应用	国能信息技术有限公司
	航空发动机综合设计平台创新应用	北京索为系统技术股份有限公司
	面向新能源汽车的智慧充换电运营解决方案创新应用	国网电动汽车服务有限公司
数字化管理	基于大数据的家居产业数字化转型创新应用	金电联行（北京）信息技术有限公司
	新能源云构建新能源工业互联网平台创新应用	国网新能源云技术有限公司
	基于工业互联网的流域水电企业全设备在线数据智能分析系统创新应用	北京奥技异电气技术研究所有限公司
	铁路货车造修工业互联网平台创新应用	用友网络科技股份有限公司
	基于工业互联网的企业运营管理分析创新应用	北京国信会视科技有限公司
智能化制造	中科（广东）炼化有限公司智能工厂创新应用	石化盈科信息技术有限责任公司
	基于工程用高性能碳纤维复合材料智能制造新模式应用的工业互联网平台创新应用	建筑材料工业信息中心
	特变电工云集5G智慧工厂XR多人协作平台创新应用	北京亮亮视野科技有限公司
	基于工业互联网的首钢京唐热轧智慧管控平台创新应用	北京首钢自动化信息技术有限公司
	基于工业互联网的炼铁智能工厂创新应用	北京智冶互联科技有限公司
	基于工业互联网的露天煤矿综合预警平台创新应用	北京东方国信科技股份有限公司
网络化协同	能源工业智慧供应链协同平台创新应用	国家能源集团物资有限公司
服务化延伸	海天神康精准智慧康养服务平台创新应用	北京神康云科技有限公司

资料来源：根据中华人民共和国工业和信息化部相关公示材料整理。

第一，在平台化设计方面，中国钢研科技集团有限公司、北京中诚仁和科技有限公司、北京树根互联科技有限公司等平台服务商通过工业互联网平台汇聚多行业、多领域的研发设计资源，推动研发设计流程的并行交互化与模块化，推动用户与供应商共同参与设计，实现产品设计环节降本增效，有效解决了工业设计资源分散和研发效率低等问题。第二，在数字化管理方面，北京国信会视科技有限公司、国网新能源云技术有限公司等平台服务企业通过平台应用开发有效推动全链条数据整合、利用与综合分析，促进动态精准服务、辅助管理决策等管理模式创新，提高工业管理决策效率。第三，在智能化制造方面，石化盈科信息技术有限责任公司、北京智冶互联科技有限公司等企业基于工业互联网平台推动工业设备、系统与平台等之间的数据互联互通，提高工业化生产中的实时监测、动态分析与科学预警能力，聚焦解决工业化生产中传统工艺技术落后、生产效率低和管控能力弱等问题。第四，在网络化协同方面，国家能源集团物资有限公司基于工业互联网平台汇聚设计、制造、运维、供应链等各环节主体，实现跨企业、跨地区、跨行业的研发、制造、供应等多环节的网络化协作，以网络与数据的融合为基础，推动产业链延伸与价值链升级，有效解决能源工业存在的产业链结构复杂、协作效率低、信息不对称等问题。第五，在服务化延伸方面，北京神康云科技有限公司打造海天神康精准智慧康养服务平台，可实现产品追溯、线上运维、回收利用等服务模式创新，有效降低设备运维成本，提高传统制造竞争力与售后服务质量。

（三）工业互联网平台助力新冠肺炎疫情防控与复工复产

工业互联网平台通过云端信息汇聚、异地服务协同等功能，助力企业实现新冠肺炎疫情影响下的工业化供需对接和资源配置。

工业互联网平台作为工业数字化升级的新型基础设施，体现了独特而广泛的价值。如表6所示，2020年工业和信息化部发布的支撑新冠肺炎疫情防控和复工复产的工业互联网平台解决案例中，北京市共有17家企业及事业单位分别在提升突发事件响应能力、恢复制造企业产能、增强供应链韧性方面提供了技术先进、成效显著、有借鉴推广意义的创新方案，既有效支撑了新冠肺炎疫情影响下工业的应急与复工，也在健康防护、就业促进等方面有效支撑了民生需求。

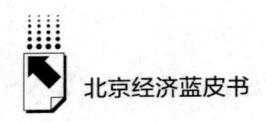

表6 2020年北京市支撑新冠肺炎疫情防控和复工复产工业互联网平台解决案例

方向	案例名称	平台服务商
提升突发事件响应能力	基于时空位置大数据的疫情防控解决方案	亚信科技（中国）有限公司
	"华能智链"智慧供应链综合服务解决方案	中国华能集团有限公司
	大型基建集团防疫复工综合管控平台解决方案	中国铁路工程集团有限公司
	海致疫情防控大数据实战应用解决方案	北京海致网聚信息技术有限公司
	大数据基层治理平台解决方案	航天神舟智慧系统技术有限公司
	中化集团疫情防控信息综合管理解决方案	中化信息技术有限公司
	国家疫情防控大数据公共服务平台解决方案	中国工业互联网研究院
恢复制造企业产能	建材制造业在线智能服务解决方案	中建材信息技术股份有限公司
	油气田设备远程运维解决方案	北京国双科技有限公司
	基于移动通信大数据的复工复产综合服务解决方案	中移动信息技术有限公司
	云雀大型复杂产品协同研发解决方案	北京电子工程总体研究所
	Smartlink 工业车辆智能管理解决方案	爱动超越人工智能科技（北京）有限责任公司
	国机智能 iSINOPlat 防疫物资制造装备智能运维解决方案	国机智能技术研究院有限公司
	重型机械装备的远程运维解决方案	北京亚控科技发展有限公司
	基于仿真云的研发设计协同解决方案	安世亚太科技股份有限公司
增强供应链韧性	石油化工全产业链协同优化解决方案	石化盈科信息技术有限责任公司
	应急物资产能恢复和供应链保障解决方案	用友网络科技股份有限公司

资料来源：根据中华人民共和国工业和信息化部相关公示材料整理。

一是工业互联网平台汇聚医疗资源与技术，提升社会突发事件响应能力。中国工业互联网研究院、亚信科技（中国）有限公司、北京海致网聚信息技术有限公司、航天神舟智慧系统技术有限公司等多家北京市工业互联网平台企业与研究院发挥自身在信息汇聚发布、资源优化调度、大数据与人工智能技术等方面的优势，互为支撑、协同合作，在数字健康资源供给、应急物资供需对接等方面发挥作用，助力公众健康防护与新冠肺炎疫情防控工作。

二是新兴数字技术与工业互联网平台不断融合渗透，助力制造企业产能恢复。由于工业互联网平台上积累了成熟的 AI 技术中台与算法库，因此其在工业领域可被广泛用于质量检测、故障诊断与知识管理等场景中。北京电子工程总体研究所、中移动信息技术有限公司、北京国双科技有限公司等工业互联网平台企业与研究所基于平台的成熟算法和算力，助力企业协同研发、远程运维、在线智能服务、协同办公等，实现企业由单纯"生产制造"转向"供应链协同"和"网络化协同"制造，精准护航企业复工复产。

三是工业互联网平台发挥远程协同作用，巩固保障供应链完整。用友网络科技股份有限公司、石化盈科信息技术有限责任公司等北京市工业互联网平台企业提升平台 AI 服务能力，拓展应用场景。通过加强工业互联网平台技术中台与算法资源的积累，以及实现供应链的风险预警、协同制造和数据流与资金流的深度协同，促进工业化生产实现灵活组装与迁移，做到产能共享、柔性转产，有效提升地区工业互联网平台产业链协同能力。

（四）工业互联网平台发展存在的问题

相较于传统工业信息化技术，工业互联网平台的设施建设和运营成本较高，是一项长期的系统工程。尽管近年来中国工业互联网平台数量增长很快，但在应用环境、产业生态与安全保障等方面，工业互联网平台建设仍存在不足。

在应用环境方面，由于不同类型企业的基础数字化能力参差不齐，工业设备平台接入模式与工业 App 软件服务等标准不统一，降低了多元工业互联网平台互联互通模式的可行度，难以进一步构建工业型互联工厂与智能工厂，影响了进一步的协同应用。因此，完善工业互联网平台标准的制定与提高制造企业的数字化、网络化程度是进一步扩展工业互联网平台应用开发、促进资源集成和信息共享的关键。

在产业生态方面，高端工业软件和工业控制系统等领域的核心技术积累与工业互联网平台产业生态建设不足，缺乏泛在互联基础上的系统性创新。

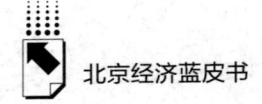

平台厂商引领性的商业模式与优质平台创新不足，将难以从根本上推动企业数字化转型和变革，工业互联网平台与实际应用场景的结合仍有很大空间，平台产业生态也还需持续构建。

在安全保障方面，当前工业互联网平台的安全风险来源广泛，安全度需要进一步提高，主要需从硬件、软件、数据使用、网络接入等多个方面保障工业互联网平台服务企业的运营安全。

四 工业互联网平台发展展望

（一）加强平台集成开发，推动应用智能化

工业互联网平台企业要充分利用各类开源技术工具，搭建平台基础框架，分层级集成成熟解决方案，重点围绕自身企业优势与主营业务，提升数据管理分析能力，形成差异化的平台发展路径。要充分发挥工业 App 的创新能力，重点开发新型工业 App，提升我国制造业的国际竞争力，赋能产业和区域经济数字化转型，强化工业技术知识积累、传递、共享。加快推动 5G 与工业互联网融合发展，加快 IPv6 规模部署和重点工业企业、重点设备上云步伐，开展平台核心技术工程化攻关，提升工业互联网平台体系的供给能力。

（二）构建创新领航平台，提升核心竞争力

平台企业应重视工业知识、数据的提炼与积累，推动平台建设与大数据、区块链、人工智能等数字技术的多元化融合，打造差异化平台服务方案。平台企业加强与制造企业的合作，将其核心技术与制造行业特性深度结合，提升工业 PaaS 服务能力，进而提高面向复合领域的共性技术、工具和模型的供给能力。大力培养具备工业专业知识和信息技术应用能力的复合型人才，为平台能力提升奠定坚实基础。通过"实践—反馈—改进"创新模式推动工业互联网平台技术、模式的持续改进，促进整个平台产业在良性竞争中实现繁荣发展。引导技术能力突出的创新型工业互联网平台领军企业加

强平台基础研究，进一步向工业领域渗透，为未来实现低成本、通用化平台应用奠定基础。

（三）注重开放创新，打造平台应用生态

坚持"建平台""用平台""筑生态"三轮驱动并重发展，以基于数据的合作打造开放共享的价值网络，加强协同合作，发挥资源优势，形成牢固的跨行业、跨领域生态合作关系，共同推进产业发展。加强与行业领先企业的合作，实现跨领域工业知识获取、融合与转化，不断拓展平台业务覆盖范围。深化平台行业应用，鼓励各地结合优势产业加速平台推广，积极打造工业互联网平台生态圈，通过提供平台开发工具与服务，整合并优化配置平台资源，形成一系列协同化创新应用。促进大中小企业融通发展，为广大中小微企业提供工业互联网平台服务。推动工业互联网平台生态规模持续扩大，将工业互联网平台作为核心枢纽推动第一产业、第三产业与工业实现融合发展，发展合作型新业态，以多主体协作重构工业价值体系。

（四）加强平台治理，推动可信发展

保障平台稳定可信运行，提升工业互联网平台安全将成为平台治理的关键环节。政府部门要尽快推进工业互联网平台相关标准和法律法规细化研究，构建统一的数据管理规则和应用评估机制，明确数据主权归属，加强政府引导监督能力。加快推进工业互联网平台标准体系的构建，形成公平有效的参考架构与标准体系，提升平台服务水平，开展平台监测分析，推动企业进一步发挥在数字化管理、智能化生产、网络化协同等方面的主观能动性，推动工业互联网平台发展。

参考文献

[1] 工业互联网产业联盟：《工业互联网平台白皮书（2017）》，2017年11月，

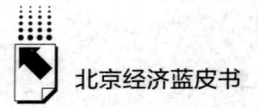

http：//www.aii-alliance.org/upload/202003/0302_142939_490.pdf。

[2] 中国信息通信研究院：《工业互联网产业经济发展报告（2020年）》，2020年3月，http：//www.caict.ac.cn/kxyj/qwfb/bps/202003/P020200324455621419748.pdf。

[3] 中国信息通信研究院：《中国"5G+工业互联网"发展报告》，2021年12月，http：//www.caict.ac.cn/kxyj/qwfb/bps/202112/P020211227607989259287.pdf。

B.5 北京智慧养老平台运营机制、模式创新与前景展望

曾庆阁[*]

摘　要： 人口老龄化叠加城市发展转型已经成为北京市的基本市情。近年来，北京市老年人口基数不断增加，养老服务需求呈现多元化、个性化、专业化特征，智慧养老模式成为解决养老资源供应紧张问题的一条切实可行的途径。在政策支持下，北京市各地区纷纷在智慧养老产业链方面做出积极探索，搭建起一批覆盖重点服务需求的智慧养老平台。本报告详细探讨了北京市智慧养老平台的服务对象、服务接口、服务功能模式与运作机制，在现有综合性、复合型、融合式和拓展式四种养老服务模式的基础上，指出了北京市智慧养老平台模式创新的探索方向，并提出以下建议：一是提升智慧养老服务资源供给与管理能力；二是提高智慧养老群体的科技接受能力；三是强化智慧养老行业人才队伍建设与技术支撑。

关键词： 北京　智慧养老平台　老龄化　模式创新

一　北京智慧养老平台的运营机制

乘"全球数字经济标杆城市"建设东风，北京市进一步推动数据原生

---

[*] 曾庆阁，对外经济贸易大学国家对外开放研究院国际经济研究院博士研究生，研究方向为区域经济、世界经济。

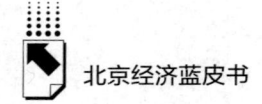

城市基础设施的覆盖升级，运用互联网、大数据、云计算等数字技术手段推进智慧养老服务应用系统集成，加速社区、养老机构和养老终端设备智慧化，为智能养老的实施、智能养老服务平台的建设奠定了物质和技术基础。智慧养老平台是衔接智能终端与养老服务产业线下服务圈的重要信息交互枢纽。2013年，北京市通过推行"96156小帮手"养老服务信息平台构建市一级养老综合服务信息系统。此后，北京市不断创新服务模式，加快"互联网+"、数字技术服务赋能养老产业。随着"三边四级"就近养老服务布局基本形成，北京市初步建立起层次丰富、功能互补的智慧养老网络。

（一）服务对象

北京市统计局数据显示，截至2021年末，北京市60周岁及以上常住人口达到441.6万人，占北京市常住人口总量的20.2%，较2020年增长0.56个百分点。北京市已经处于中度老龄化阶段，老年人家庭呈现空巢化、独居化、小型化和少子化趋势。庞大的老年服务群体和严峻的养老服务供给问题为智慧养老平台的加快建设完善提供了必要性，如表1所示，北京市各区政府依据自身老龄化现状，已纷纷开展智慧养老平台建设的统筹规划。智慧养老平台打通了政府、养老驿站、服务商与老人及其亲属之间的服务通道，实现养老资源的有效整合和智能调配，从居家养老、医养结合、社区服务管理等方面为老年人提供更为全面的养老保障，服务适用于所有的老人，尤其是为孤寡、空巢、贫困、伤残、失能和失智等困难老人解决了生活难题。随着技术研发应用和服务模式创新的进程加快，智慧养老平台的服务覆盖范围会越来越大。

表1 2020年末北京市各区老年人口与区级智慧养老平台建设情况

辖区	60周岁及以上常住人口（万人）	60周岁及以上常住人口占比（%）	65周岁及以上常住人口（万人）	65周岁及以上常住人口占比（%）	老年抚养系数（%）	是否建成区级智慧养老平台
东城区	18.8	26.5	12.9	18.2	26.8	是
西城区	28.7	25.9	20.1	18.2	26.9	在建

续表

辖区	60周岁及以上常住人口（万人）	60周岁及以上常住人口占比（%）	65周岁及以上常住人口（万人）	65周岁及以上常住人口占比（%）	老年抚养系数（%）	是否建成区级智慧养老平台
朝阳区	70.9	20.5	49.3	14.3	19.2	是
丰台区	47.9	23.7	32.0	15.9	21.6	在建
石景山区	13.8	24.3	9.3	16.4	22.7	是
海淀区	57.8	18.5	40.9	13.1	17.4	是
门头沟区	8.9	22.6	5.8	14.8	20.0	是
房山区	26.0	19.8	17.4	13.3	17.9	是
通州区	31.6	17.2	21.2	11.5	15.1	是
顺义区	21.6	16.5	14.4	10.9	14.1	是
昌平区	33.9	14.9	22.0	9.7	12.1	是
大兴区	29.9	15.0	19.4	9.7	12.4	是
怀柔区	8.6	19.5	5.6	12.7	16.8	是
平谷区	11.0	24.1	7.5	16.4	23.3	否
密云区	12.2	23.1	8.0	15.2	21.0	是
延庆区	8.0	23.1	5.4	15.6	21.4	是

注：由于部分辖区政府网站尚未公布2021年末人口年龄结构数据，因此本表人口数据为2020年第七次人口普查推算数据，其中"老年抚养系数"按照15~64周岁劳动年龄常住人口抚养65周岁及以上常住人口计算得出。

资料来源：根据《北京市老龄事业发展报告（2020）》《北京区域统计年鉴（2021）》及新闻资料整理，检索日期为2022年7月5日。

（二）服务接口

1. 养老驿站

养老驿站是北京市智慧养老服务供给网络中的重要节点，通过向符合条件的签约基本养老服务对象提供巡视探访服务、个人清洁服务、养老顾问服务、呼叫服务四项基本养老服务、普惠型养老服务和市场服务，将更多老年人纳入智慧养老网络。目前，养老驿站提供的助餐、助洁、助浴、助行、代办等各类收费服务大受欢迎，"一键呼""一元钱"智能管家等服务模块也切实解决了老年人日常生活无人照料、居家安全存在隐患、情感关怀缺失、

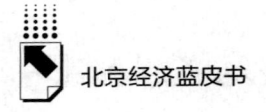

突发疾病无人知晓等实际困难。北京市民政局数据显示，截至2021年12月底，北京市已建社区养老驿站超过1000家。

2. IPTV 电视

当前，电视娱乐的服务模式呈现多元化特征，随之带来的操作复杂程度的提升给老年人带来一定的不便。北京市对电视终端提供智慧化、适老化支持，在栏目端集合或定制老年人比较感兴趣的点播节目，以 IPTV 电视等渠道实现智能语音交互、多屏互动等创新业务与应用，实现电视服务模块与社区、养老机构、养老服务指导中心的信息管理系统的对接，满足居家、养老机构老年人了解便民、便老信息和获得生活帮助的需要。以2017年密云区上线的电视云服务平台——"密云便民服务频道"为例，其中的"为老服务"模块帮助密云区居家养老的老年人实现了足不出户获得服务，其只需用电视遥控器简单操作，就可以下单购买日常所需的"餐""洁""浴""行"等生活帮助，在密云区养老服务指导中心及时电话回访确认订单后，服务人员便可立马上门，安全便利。

3. 官方门户网站

官方门户网站是为养老服务供给商宣传展示所提供产品、服务和活动信息的渠道之一。老年人及其亲属可以通过电脑端浏览养老服务网站信息，以网页直接下单、拨打电话或加入社群沟通等方式进行服务订阅和定制。由于这一渠道需要通过电脑操作，对于部分老年人来说存在一定难度。

4. 微信

因为具有连接用户广泛、操作较为便捷的优势，微信成为众多智慧养老服务系统所青睐的载体，微信公众号、小程序和社群是其养老服务供给的重要媒介。老年人可以基于微信大平台获得来自多个微信公众号或小程序的新闻推送和涉老服务相关信息，在所关注的服务小平台上参与生活帮助、精神慰藉、娱乐养生、终身学习、法律援助、紧急救助和健康医疗等各种活动，服务获取渠道更加灵活便捷。同时，通过加入微信群的方式能够将有不同服务需求的老年群体与社区、养老机构工作者联系起来，实现精准对接和直接交流，使工作人员能更好地掌握服务动态，提升服务管理效率。此外，部分涉老服务微信小程序开发了设备绑定、实时位置查看、反向拨号、低电量提醒等功能，这使得微信受到更多低龄老年群体的欢迎。

5. 其他 App

专业研发的智慧养老 App 的服务功能模式更加多样化、高效化、特色化，如朝阳区养老综合服务 App、海淀区居家养老服务端 App、大兴区的清源智养 App 等。在经过筛选查询、下载安装、信息注册等步骤后，智慧养老 App 所展示的特色服务功能和信息对于老年人来说更加直观和具有针对性。智慧养老 App 上的服务系统能够联系的主体和设备通常较为全面，以老年人自身为基准，可以远程联系亲属、社区、服务供给商、志愿者、系统服务中心工作人员等，也能连接各种智慧周边设备以获取定位管理、护理管理、健康监测等反馈信息，提供云端服务管理和监控，涵盖居家养老、机构养老、社区养老等多种养老形式，满足多方需求。由于 App 以智能手机为载体，操作需要一定的技巧和熟练度，具有一定门槛，因此通常也会结合社区或机构工作人员线下的安装、使用指导与培训。

6. 其他终端

养老安全监控、紧急呼叫设备、适配健康仪器、可穿戴式智能产品和智能家居等越来越受到老年人推崇。以朝阳区"一键呼"智能电话终端为例，截至 2021 年 12 月，朝阳区共为 5.4 万人安装了"一键呼"终端，服务系统覆盖全区 43 个社区卫生服务中心、77 个养老机构和 160 个养老驿站。在老年人家中免费安装大字体、大音量的"一键呼"智能电话设备后，通过 999 急救中心设立的专属服务器、通信线路、系统软件和数据库，可实现老年人一键直通 120 急救中心，在求助信息同步上传、GPS 定位系统和救护车智能匹配的支持下，确保老年人能够在第一时间获得紧急救援。同时，"一键呼"还能一键直呼物业、居委会、养老驿站和社区卫生服务中心，获取居家护理、家政服务、家电维修、健康医疗等多种服务。"一键呼"服务系统以电话沟通这一老年人熟悉的方式为主导，缓解了老年人对智能手机等智能设备操作使用的顾虑，让老年人切实感受到了快捷和便利。

北京经济蓝皮书

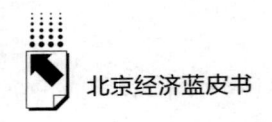

（三）服务功能模式与运作机制

目前北京市智慧养老平台主要面向民政局等政府部门、老年群体、养老服务供给和运营机构三大类主体。面对不同的主体，平台聚焦的功能模式也有所不同。如图1所示，北京市智慧养老平台大致可以划分为民政监管类、为老服务类、业务运营类以及技术保障类四种类型。

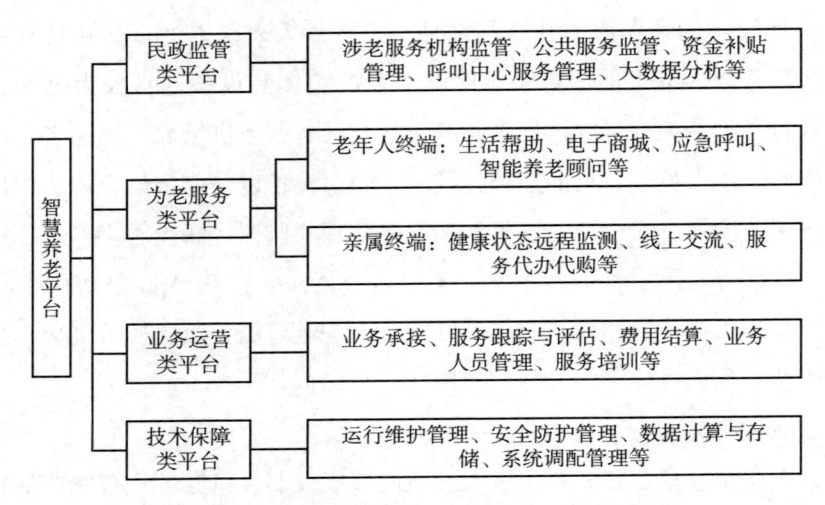

```
                    ┌─────────────┐   ┌──────────────────────────────────────┐
                    │  民政监管   │───│ 涉老服务机构监管、公共服务监管、资金补贴 │
                    │   类平台    │   │ 管理、呼叫中心服务管理、大数据分析等    │
                    └─────────────┘   └──────────────────────────────────────┘
                    ┌─────────────┐   ┌──────────────────────────────────────┐
        智         │             │───│ 老年人终端：生活帮助、电子商城、应急呼叫、│
        慧         │  为老服务   │   │ 智能养老顾问等                        │
        养    ─────│   类平台    │   ├──────────────────────────────────────┤
        老         │             │───│ 亲属终端：健康状态远程监测、线上交流、服 │
        平         │             │   │ 务代办代购等                          │
        台         └─────────────┘   └──────────────────────────────────────┘
                    ┌─────────────┐   ┌──────────────────────────────────────┐
                    │  业务运营   │───│ 业务承接、服务跟踪与评估、费用结算、业务 │
                    │   类平台    │   │ 人员管理、服务培训等                  │
                    └─────────────┘   └──────────────────────────────────────┘
                    ┌─────────────┐   ┌──────────────────────────────────────┐
                    │  技术保障   │───│ 运行维护管理、安全防护管理、数据计算与存 │
                    │   类平台    │   │ 储、系统调配管理等                    │
                    └─────────────┘   └──────────────────────────────────────┘
```

图1 北京市智慧养老平台应用层功能模式

1. 民政监管类平台

从服务于民政局等各级政府相关主管部门的角度，民政监管类平台的主要功能在于对涉老服务机构进行监管，关注养老工作的日常管理、公共服务的提供和评估以及公共开支的使用等内容，涉及服务对象信息管理和综合评估、养老组织管理、养老助残卡管理、服务设施管理、养老人才管理、志愿者管理、项目经费使用监管、养老服务诚信管理、养老服务监管、大数据统计分析与展示等。与其他类型平台相比，各级政府民政部门使用的监管平台拥有较大的权限，可对接养老数据库系统、呼叫调度中心系统、养老资金分析系统、养老服务安全监管系统等诸多涉老服务子系统，采集、查阅、分析、评估和管理多方面信息，对养老服务补贴的申请和审批、服务预约、服务实施、费用结算、跟踪回访等全流程进行信息化管理,通过信息化手段提高民政部门对涉老服务的行政审批和监管效率,为政府决策提供科学依据。

2. 为老服务类平台

为老服务类平台是一种 To C 模式的平台,主要面向终端老年人用户及亲属,解决养老服务"最后一公里"问题,是智慧养老服务体系中最重要的一环,也是当前智慧养老市场争夺的焦点。从功能模式来看,由政府主导研发的为老服务类平台主要针对老年人的基础生活和兜底保障,平台业务大致包括资源信息查询、生活帮助、脑智康养、电子商城、一键呼叫、疾病防疫等,近年来随着业务的稳定运营也逐渐向满足精神层面需要拓展。相对来说,由企业研发的为老服务类平台在市场的激烈竞争下,服务内容、服务模式以及智能终端的应用都更为多样化、灵活化,与养老驿站、养老机构等各类线下养老服务供应方的联系更加紧密。除满足老年人基本的生存和生活需求外,平台还针对社区(街道)基本单元、目标群体开发更加人性化、特色化的养老服务,比如通过心理慰藉、代办代购、旅游出行、普法防诈、亲属线上交流、健康数据检测、智能养老顾问、安全监测预警等一系列贴近式服务为老年人提供人文关怀,依托智能腕表、智能家居、呼叫器、AI 康复机器人等丰富的智能终端,实现对老年人动态健康状况的精准把握,提高服务效率。由政府保障基本养老服务需求、市场负责配置个性化服务的格局已经形成。从运作模式来看,如图 2 所示,为老服务类平台整合对接养老服务需求端与供给端双方的信息,收集确认用户需求,通过大数据分析手段为老年用户匹配合适的服务供给方,进而由实体服务机构提供服务,平台给予过程监督和结果反馈,最终形成良性互动。

3. 业务运营类平台

业务运营类平台主要面向社区、驿站、养老院和嵌入式养老服务机构等各类养老服务运营组织和养老服务商。平台业务模块与组织内部的使用场景高度相关,需要对接一线服务人员、志愿者、社区或机构工作者与老年服务对象,辐射居家养老、社区养老、机构养老、互助养老、公益养老、医养结合养老、旅居养老等多种养老形式的服务运营。平台的运作流程大致包括服

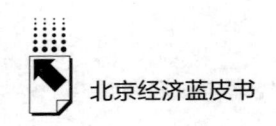

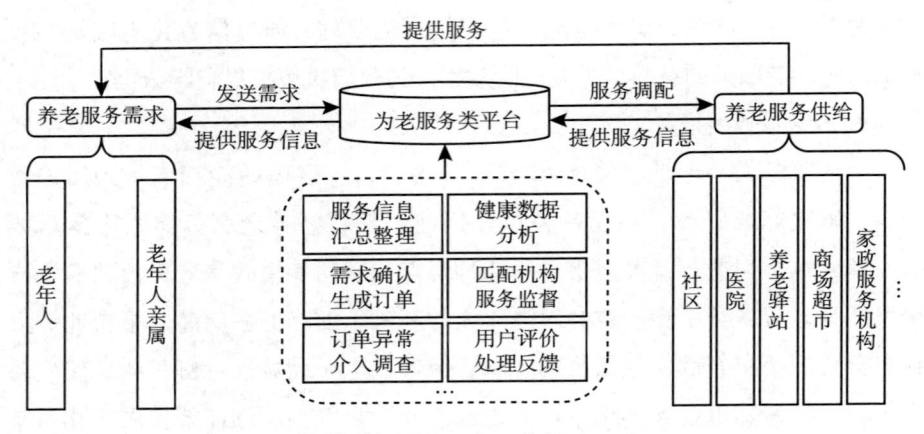

图 2　为老服务类平台的运作模式

务对象需求的收集、数据的统计与分析、服务的精准匹配以及对服务的动态监督，涉及接单派单、服务跟踪与评估、费用结算、业务人员管理、服务培训、智能养老设备管理、医疗健康管理等内容，主要目标是提升对养老资源的调度和配置能力，实现对老年人各类服务需求的覆盖，提升日常养老工作效率，形成完整的服务闭环，降低养老服务照护风险。

4. 技术保障类平台

技术保障类平台利用"智慧城市"建设等新基建项目的建设成果，基于 GIS（地理信息系统）、GPS（卫星定位系统）、LBS（移动基站定位系统）、SMS（短信接口）、MAS（移动应用服务器）、TTS（语音合成系统）、HIS（医院信息管理系统）、无感停车系统、安全保障系统等提供后台支撑服务。通过中间件接口程序，调用或衔接相关终端和应用，进行信息的采集、处理、存储，在数据中心算力的支持下进行数据分析与展示，并通过建立可信安全的信息传输通道、构筑安全防护屏障、进行容错与容灾备份等方式为智慧养老平台提供全面的安全支撑。

二　北京智慧养老平台模式创新的探索方向

近年来，北京市养老服务模式的改革和创新正在如火如荼地展开，为智慧养老平台建设带来了机遇和挑战，平台有必要不断探索丰富内容板块，更新拓展业务功能，贴合动态需求，实现养老模式服务应用场景的全面覆盖。

（一）综合性养老服务模式

北京市老年人服务需求的多元化、个性化、专业化趋势日益显著，对养老服务平台提供综合性服务的要求也越来越高。相较于养老驿站或养老机构，综合性养老服务平台可以整合区域内优质养老服务资源，使老年人获得更加丰富的体验。平台融入了老年人线下日常生活中的主要场景，依托大数据技术简化操作和搜索匹配流程，并考虑失能、失智、行动受限等特殊老年群体的使用诉求，提供多元定制的精细化服务，在社区、养老驿站、医疗服务机构、公共服务商等多方参与下，为老年人的养老问题提供一站式解决方案。

"怡亲安安"是北京市首个以养老服务为主、以老年用品为辅的社区居家养老综合服务平台，采用线上线下相结合的运营模式，在提供生活照料、人员派遣、医养结合等多样化服务的基础上，还提供床上用品、卫浴用品、代步用品等老年用品的经济便捷的购买渠道。同时，"怡亲安安"采用按需派送养老服务和产品的模式，将服务内容提供的主动权交给老年人本人，加强生活性服务业态与养老服务业态的交互。此外，在北京市政府支持下，"怡亲安安"设置了养老助残卡失能护理补贴专区，失能老年人家庭可以利用失能护理补贴在平台上选购指定的服务和产品，智慧养老服务的普惠性进一步增强。

（二）复合型养老服务模式

复合型养老模式在传统的政府、社区和市场化力量支持的养老模式基础上，叠加普惠公益属性，让低龄老年人、志愿者、慈善组织等公益慈善力量参与社区养老治理。

在对服务对象群体进行细分评估的基础上制定多层次服务策略是复合型养老服务模式的核心。以京宇轩养老驿站为代表的养老服务机构将老年人群依据身体状况、家庭困难情况等因素进行分类，根据异质性老年群体的不同诉求，制定有针对性的服务内容，采用差异化的定价机制，采取有偿、低偿、无偿、志愿、社会认购等多种服务形式，比如筛选出失能、孤寡、伤残、特困、高龄等各种需要重点关注的老年群体，为其提供常态化公益服务，而活力老人和半失能老人则通过低偿或有偿购买方式获得产品或服务，丰富老年人的服务选择，也减轻了老年家庭的经济压力。"公益+低偿+有偿"的整体服务策略有利于扩大潜在服务对象范围，在低偿服务和有偿服务的支持下，反哺公益养老事业，帮助更多困难的老年群体实现老有所养、老有所依。因此，如何将养老服务提供形式的多元化在智慧养老平台中充分体现有待进一步研究。

（三）融合式养老服务模式

随着北京市人口老龄化、高龄化进程加快，居家养老、社区养老和机构养老的单一模式难以满足庞大老年群体的养护需求，尤其是对于"9073"格局下选择居家养老的老年人来说，养老服务需求复杂多元，养老压力逐年上升。将社区碎片化的养老服务资源有机融合，充分发挥各方优势，布局构建完整的养老生态网络，是当前北京市养老服务业的探索方向，如西城区创建的家庭养老照护床位和"养老顾问"服务、丰台区开展的"喘息服务"以及北京市推进的街道乡镇养老服务联合体建设等。

融合式养老服务将保障性养老服务与市场性养老服务进行融合，有效关联政府、街道社区、第三方监管机构和养老服务机构，由政府部门进行监督指导和协调，街道社区负责资源遴选和调配，第三方监管机构参与服务流程监测与培训，养老服务机构提供专业服务支持。基于就近原则，统筹区域内专业养老医护资源，通过适老化改造配置必要的基础设备，将社区养老服务机构的专业医护服务辐射到居家老年人，尤其是失能、失智老年人，弥补社区和居家医疗资源供给的短板，既让居家养老的老年人享受来自专业机构的综合照护管理和服务，缓解单一来源养老服务供给压力，也能在一定程度上缓解机构养老业务类目设置过多带来的运营负担。由于服务融合带来了更加复杂的养老服务场景,因此为智慧养老平台的建设完善提供了拓展空间。

(四)拓展式养老服务模式

为应对养老资源供给紧张的客观现状,对于如何推动更多社会主体参与养老服务体系建设这一问题的探索,也贯穿北京市养老模式创新发展的始终。

1. 家庭医生——"智慧家医"服务模式

经过五年多的发展,丰台区首创的"智慧家医"服务模式已经在北京全市范围内推广。家庭医生通过智慧平台和网格化管理将服务重心下移到社区,使签约居民得到专属化、智能化、前端健康管理与后端分级诊疗无缝衔接的医疗服务体验。在"智慧家医"的支持下,老年人可以通过平台获得健康监测、慢病管理、健康干预和居家照护等服务,防治结合,简化老年患者的就医流程,也解决了就医不便的问题,降低了就医成本,提升了生活质量。"智慧家医"服务模式提升了智慧养老服务网络中的供给有效性,为老年友好型街道(乡镇)、社区建设提供了医疗保障,为医养结合智慧养老模式的发展奠定了良好基础。

2. 物业——"物业+养老"服务模式

2022年1月,北京市民政局等部门联合印发《关于开展"物业服务+养老服务"试点工作的通知》,鼓励探索"物业+养老"服务新模式。物业服务企业主要以小区为单元提供居家社区服务,在提供社区助老照护服务方面具有距离、信任度、服务范围和效率的优势,能够更快、更到位地响应老年人的需求。智慧养老信息平台是物业服务企业参与养老服务供给的重点建设内容,物业服务企业需要探索如何对接智慧社区数据系统,推动社区养老服务设施智能化改造,提升养老服务内容的丰富度,同时在与社区、养老服务机构的协同配合等方面明确工作和责任,实现新模式的可持续发展。

3. 志愿者——"时间银行"互助养老模式

《北京市养老服务时间银行实施方案(试行)》于2022年6月1日正式实施。"时间银行"是北京市公益互助养老服务的模式创新。满足条件的养老服务志愿者可以在参与社会助老服务的过程中依据服务时长获得"时间币",在60周岁之后从"时间银行"兑换相同时长的服务,进而实现公益养老服务资源在个人、家庭、社会间形成良性循环。全市统筹管理、权威统一的养老服务"时间银行"信息管理系统是保障这一模式健康运行的基础,对供需信息的精准对接、服务监管的智能化和规范化以及数据的互联互通与安全管理等方面提出了较高要求,需要在实践中不断改进和完善。

三 前景展望与政策建议

随着5G时代的来临,大数据、物联网、云计算、智能硬件等都会在健康养老领域不断拓展延伸,智慧养老成为养老行业发展的必然趋势。本报告基于老年人的切实需求和养老模式发展现状,提出如下北京市智慧养老平台建设发展的建议。

(一)提升智慧养老服务资源供给与管理能力

当前,北京市智慧养老平台服务供给紧张和供需错配的问题依然存在,需要以服务资源供给与管理能力为切入点,实现养老服务资源在就餐、就医、护理等刚性需求和更高层次精神需求之间的有效调配。北京市应以智慧社区为切入口,加快推动民政、公安、社保等涉老职能部门数据端口与街道(社区)智慧养老平台对接,提高数据信息共享效率,强化数据分析与应用,减少重复建设和资源浪费。进一步推动在更高的区域单位建设上下贯通、统一规范、互联互通、功能协调的智慧养老服务平台和数据共享系统。推进文旅、康养等业态与养老服务业的融合,增加对老年人精神文化需求层面的服务和产品供给。注重线下业务的拓展和落地,组建线下养老服务团队。完善多元化、多渠道投入机制,鼓励社会资本进入智慧养老产业。建立智能养老产业专项基金,以补贴等方式激励各类商户、公共服务提供商、医养机构接入街道(社区)智慧养老服务平台,有效整合区域内碎片化的服务资源,加快平台集成化建设,拓宽养老服务广度,提升养老服务深度,扩大社会养老服务资源的总量供给，增强平台的公益属性和普惠属性。完善智慧养老服务行业标准与养老服务主体的监督评估机制，打造科学有效的立体监管体系。提升街道（社区）智慧养老服务平台的资源收集、整合、调度、配置能力，建立并完善街道（社区）养老信息数据库和服务档案。鼓励社区、物业加快对小区公共服务设施适老化、智能化改造，构建并完善社区健康监测、安防监控、应急响应等智能服务网络。提高各类智慧养老服务平台自身的运营水平，充分运用大数据分析技术，及时掌握老年人的服务需求动态，不断提升精准分析、快速响应和服务指派能力，强化平台流程监督和老年人权益保护。关注政策走向与模式创新，加强平台企业对业务模块的动态调整，把控平台更新频率。

（二）提高智慧养老群体的科技接受能力

智能设备的高端化、精妙化发展与受众的使用能力、生活习惯的偏离将导致智慧养老的重心不稳，服务脱离实际。一方面，提升老年群体的信息技术水平。加大对老年人网络知识和智能设备操作使用的培训，在街道、社区、养老驿站、老年大学和活动中心开展智能技术知识讲座与技能培训，依据老年人的认知特点和接受程度制定多阶段智能化专题培训课程。倡导并充分发挥子女、朋辈群体在提升老年人对智慧养老科技接受能力方面的积极作用。支持社区工作人员上门指导，定期检查智能健康监测设备的完好性和安全性。鼓励社区和相关组织丰富实践形式，通过技能比赛、VR技术、动漫演示等形式提高老年人对智慧养老的认知水平和认可度。另一方面，加快智能服务产品的适老化改造，提高智慧养老设备终端的可操作性。积极培育和引进智能设备制造企业和研发机构，支持企业和机构与社区合作，促进智能化设备设施的研发和改造，精准对接区域内老年人的服务诉求和高频生活难题，从智能化单品设计转向智慧化场景营造，严控产品质量，增强产品的兼容性和适用性。打通智能设备与服务平台的数据信息对接渠道，提高产品联动反应和应急响应能力。鼓励智慧养老平台保留线下实体店、电话模式等传统接入方式，积极拓展智能养老管家、无介入传感器等新型接入模式。完善

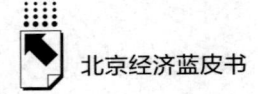

厂商对智能养老设备设施的质量定点维修、售后跟踪与反馈改进服务体系建设，重视设备更新迭代过程中出现的问题，提供可长期对接的专属服务人员和运维支持。规范智能产品的宣传与销售方式，加强隐私数据保护，关注维护老年群体在市场交易中的合法权益。

（三）强化智慧养老行业人才队伍建设与技术支撑

智慧养老平台服务供给的专业性需要通过专业人才和先进技术来支撑。因此，北京应建立和完善智慧养老专业人才引进和培养体系。鼓励和引导首都高校、职业院校增设健康管理、老年服务、康复治疗等养老服务专业，加大养老服务应用型和技术型人才培养力度，培育高水平的护理人才和复合型技术人才。加大对现有养老服务从业人员的职业培训，强化对养老护理员、护工等的专业能力与职业道德考评。制定留住现有人才的福利政策。支持通过志愿者等社会力量的参与和智能机器人的应用弥补专业养护人员的缺口，推动陪伴机器人专项课题研究。同时，加强科技赋能养老服务，推进大数据、物联网、云计算等先进技术在智慧养老领域中的创新式发展，积极部署老年康养照护场景下智能终端产品的研发，鼓励通过市场化手段提高行为监测设备、康养机器人、智能手环等终端的使用率。支持"养老护理服务+AI护理设备"组合服务模式发展，推动智能看护床位、AI行为识别分析、异常徘徊智能识别、超时滞留智能识别、聚集围观智能识别以及夜间离床智能识别等AI技术的有效应用。充分发挥海淀区智慧养老试点先行先试的作用，依托海淀区丰富的数字技术资源，推动智慧养老应用场景的开发、推广和应用。

参考文献

[1] 智研咨询：《2021年中国智慧养老行业市场研究报告》，产业信息网，2021年6月22日，https://www.chyxx.com/industry/202106/958751.html。

[2] 青连斌、江丹主编《中国养老服务发展报告（2021）》，中国劳动社会保障出版社，2022。

B.6 北京文旅平台融合创新发展研究

程钰娇*

摘　要： 平台经济将文旅产业与信息科技深度融合，促使文旅产业转型升级，实现新一代沉浸式和体验式消费，成为文旅产业高质量发展的新动能。本报告聚焦文旅产业融合，从政策利好、新冠肺炎疫情挑战和科技赋能三方面介绍文旅平台经济的发展背景和发展现状，进一步分析北京文旅平台的融合创新发展模式。针对目前北京文旅平台发展存在的数字技术应用不足、线上线下融合模式有待深化、服务功能设计简略等问题，应加强顶层设计，提升文旅平台的数字化水平，构建标准化的平台信息体系。

关键词： 文旅平台　数字文旅　文旅融合

一　文旅平台经济的发展背景

（一）政策利好加快文旅产业融合

近年来，中央和地方政府对加快文旅产业融合发展的重视程度不断提高，并明确了融合方向和目标。表1和表2分别梳理了中央政府和北京市政府关于文旅产业融合发展的相关政策规划。在"以文塑旅、以旅彰文"的基本原则指引下，文化和旅游的融合深度进一步提升，已从理念融合、机构融合转向

---

* 程钰娇，南开大学经济学院博士研究生，研究方向为产业经济。

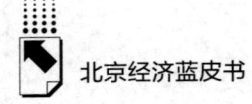

市场融合、主动融合的发展新阶段。在文旅产业融合模式上,逐渐从政府主导型转变为政府引导、市场驱动的双向互促型。2022年,随着红色旅游、研学旅游、冰雪旅游等特色旅游的发展,旅游和文化的跨界融合将进一步加快。

表1 国家层面文旅产业融合相关政策规划

发布年份	政策	相关内容
2011	《中共中央关于深化文化体制改革、推动社会主义文化大发展大繁荣若干重大问题的决定》	推动文化产业与旅游、体育、信息、物流、建筑等产业融合发展,增加相关产业文化含量
2014	《国务院关于促进旅游业改革发展的若干意见》	鼓励专业艺术院团与重点旅游目的地合作,打造特色鲜明、艺术水准高的专场剧目
2018	《关于促进全域旅游发展的指导意见》	发展乡村共享经济、创意农业、特色文化产业
2019	《关于新时代服务业高质量发展的指导意见》	支持利用农村自然生态、历史遗产、地域人文、乡村美食等资源,发展乡村旅游、健康养老、科普教育、文化创意、农村电商等业态,推动农业"接二连三"
2019	《关于促进文化和科技深度融合的指导意见》	明确了关于科技与文化融合的八项重点任务,充分释放科技对文化建设的支撑作用和创新力
2019	《关于进一步激发文化和旅游消费潜力的意见》	鼓励把文化消费嵌入各类消费场所,打造特色类文化旅游演艺产品,丰富新型文化和旅游消费业态,加大文化和旅游市场监管力度
2020	《关于促进消费扩容提质加快形成强大国内市场的实施意见》	推进文旅休闲消费提质升级
2020	《关于开展文化和旅游消费试点示范工作的通知》	探索激发文化和旅游消费潜力的长效机制,培育壮大文化和旅游消费新业态、新模式,尝试促进文化和旅游消费高质量发展
2020	《文化和旅游部关于推动数字文化产业高质量发展的意见》	坚持"融合发展,开放共享"的基本原则,推进数字经济格局下文化和旅游的融合发展,以文塑旅,以旅彰文
2020	《关于深化"互联网+旅游"推动旅游业高质量发展的意见》	优化"互联网+旅游"营商环境,以数字赋能推进旅游业高质量发展
2021	《"十四五"文化和旅游发展规划》	完善文化和旅游融合发展的体制机制,推动文化和旅游更广范围、更深层次、更高水平融合发展,积极推进文化和旅游与其他领域融合互促

资料来源:根据中华人民共和国文化和旅游部、中华人民共和国国家发展和改革委员会等公开政策文件整理。

表2 北京市层面文旅产业融合相关政策规划

发布年份	政策	相关内容
2013	《北京市西城区人民政府关于促进旅游与文化、商业融合发展的意见》	促进旅游与文化、商业的融合发展,增强旅游、商业的文化附加值,提高文化的传播力和影响力,推动文商旅产业转型提质
2015	《北京市推进文化创意和设计服务与相关产业融合发展行动计划(2015~2020年)》	实施旅游文化内涵开发行动
2016	《北京市人民政府关于促进旅游业改革发展的实施意见》	注重推进旅游业发展与科技文化创新和信息化、城镇化、农业现代化相结合,实现经济效益、社会效益和生态效益相统一
2017	《关于培育扩大服务消费优化升级商品消费的实施意见》	确定了丰富文化消费、扩大旅游消费等重点任务
2018	《关于推进文化创意产业创新发展的意见》	推进创意设计与旅游产业融合发展,打造北京设计、北京创造品牌
2018	《关于推动北京市文化文物单位文化创意产品开发试点工作的实施意见》	积极进行文化和旅游融合发展的政策突破和创新探索
2019	《关于推进北京市文化和旅游融合发展的意见》	打造"一城三带一区一圈"发展格局,重点完善历史文化名城资源保护利用体系,建设文化旅游智慧城市,打造高端智库和资源交易平台
2019	《关于推动北京影视业繁荣发展的实施意见》	助力旅游与影视文化产业融合发展
2020	《北京市文化产业高质量发展三年行动计划(2020~2022年)》	加快文化与旅游深度融合,重点着眼于提升旅游文化品质和强化旅游对文化的传播功能
2021	《关于推进北京城市副中心高质量发展的实施方案》	打造文旅商融合发展示范区,发挥"旅游+"和"文化+"功能,进一步聚集产业发展要素、完善产业发展配套、提升产业发展水平

资料来源：根据北京市人民政府的公开政策文件整理。

（二）文旅融合面临新冠肺炎疫情挑战

一方面,新冠肺炎疫情导致国内外市场流通阻塞,文化产业和旅游业市

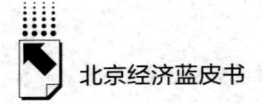

场面临的不稳定性和不确定性加大。另一方面，新冠肺炎疫情阻断了大规模的人流集聚和活动，对以人际现场交流和互动为主的文旅运营模式带来强烈的冲击。这种情况在会展、文博、娱乐、实体商店、各类赛事等领域表现得更加突出，从而要求这类文化和旅游机构尽快开发新的运营模式。根据联合国教科文组织于2020年5月发表的研究报告《全世界博物馆：应对新冠肺炎疫情的报告》，2012年以来，全世界的博物馆数量增长了近60%，达到近95万家，以至于博物馆的发展成为许多国家文化政策关注的重点之一，而2020年初以来，这些博物馆均受到新冠肺炎疫情冲击而被迫关闭或者发展停滞。在不同时段阶段性关闭的占90%，永久关闭的占10%。

（三）科技赋能文旅产业融合发展

第49次《中国互联网络发展状况统计报告》显示，截至2021年12月，我国网民规模达10.32亿人，较2020年12月增长4296万人，互联网普及率达73%。其中，我国在线旅游预订用户规模达3.97亿人，较2020年12月增加5466万人，占网民整体的38.5%。2015年12月至2021年12月在线旅游预订用户规模及使用率如图1所示。数亿用户接入互联网，我国俨然已经形成全球最为庞大、生机勃勃的数字社会。随着数字经济的蓬勃发展，科技逐渐成为赋能文旅融合发展的重要支撑手段。科技创新不仅为文旅融合创新注入动力，为人们带来全新体验，而且能够创新消费场景，持续释放消费需求。数字技术与文旅产业的深度融合加快了产品和市场从形式到内容的结构性变化，催生出众多文旅产业新业态以及新模式。开发数字文旅产品不再是新冠肺炎疫情初期略显无奈的备选方案，而逐渐成为拓展旅游消费新场景、新空间的主要方式。同时，新冠肺炎疫情倒逼国内各地旅游景点、博物馆、文化馆创新消费模式和消费体验，推出丰富多彩的线上线下联动活动，通过"云旅游""云看展""云赏剧"等新形式对旅游场所进行宣传。微博数据显示，2021年微博旅游累计开播人数较2020年增长110%，开播场次增长143%，观看人数增长1968%。

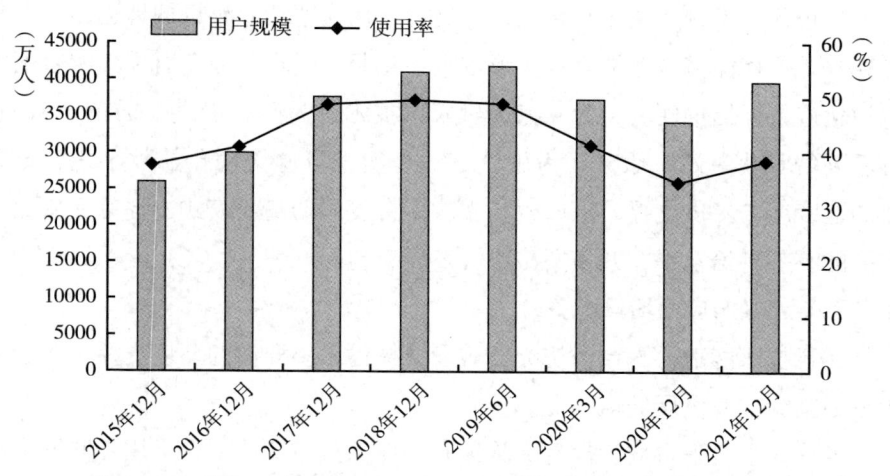

图1　2015年12月至2021年12月在线旅游预订用户规模及使用率

资料来源：第49次《中国互联网络发展状况统计报告》。

二　文旅平台的发展现状

（一）中国文旅平台发展现状

1. 平台建设注重新技术融入

新技术已成为文化和旅游产业发展的重要引擎和新型文旅业态形成的核心动力。5G、VR/AR/MR、3D打印、人工智能等新技术对文化产业产生颠覆性影响，5G技术正在深刻改变文化内容的生产、传播和消费方式，3D打印技术催生文化制造领域的创客革命，VR/AR/MR技术给文化产业带来全新的文化体验，人工智能技术为文化内容生产、创意资讯传播、文化市场管理等领域带来诸多机遇。这些新兴技术的发展与应用，使得文化内容的生产、传播、消费和服务方式发生了深刻变革，也给文化产业的产业形态、商业模式带来巨大变化，信息传播更加人格化、数据化、个性化、智能化、体验化，技术的进步促进文化产业快速发展，并催生越来越多的新兴文化服务和文化消费业态。

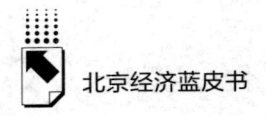

将现代技术融入文旅平台建设,有助于构建智慧旅游目的地创新生态和创新模式,赋能多产业端融合,形成数字化服务闭环,为政府采集游客消费行为迹数据提供便利,为商家提供底层技术,为游客提供"游前、游中、游后"智慧化一站式服务,为旅游目的地实现资源协同化、数字化、智慧化的运营服务提供支撑,从而改变文旅平台发展的商业模式,提升文旅数字产品的有效供给水平,开拓文旅融合发展新空间。

2. 平台实践应用场景增多

在科技赋能下,平台经济为文旅发展提供了多样性的环境支撑,平台应用成为文旅产业发展的新动能。

第一,数字平台成为提升文旅体验的新工具。文旅平台运用互联网等数字化技术,使得"云游览"成为可能,提升消费者的旅游体验。随着平台经济与文旅行业的融合更深入,数字技术将创造出更为个性化的文旅体验产品,释放更多的市场活力。

第二,数字平台成为文旅宣传的新端口。一方面,平台的创新传播方式有效扩大了宣传范围,方便消费者了解文旅资源的历史渊源和文化内涵。另一方面,国家对文旅资源的保护非常重视,在国家的号召下,数字平台通过加大对资源保护的宣传力度,进一步培养和提高了民众的文旅资源保护意识。例如,敦煌研究院推出的"数字供养人"计划,激发了年轻人参与文物保护的热情。

3. 平台促使文旅跨界发展

当前,文旅融合在技术赋能下正在向更宽领域和更广范围发展,纵向联动与横向跨界成为文旅产业发展的重要特征。文旅产业跨界融合与联动发展主要体现在两个方面:一是平台促使文旅产业内部的纵向联动,二是平台助推文旅产业与其他领域的横向融合。

从纵向来看,联动发展日益深化。"演艺+旅游""网络文学+动漫+影视""IP+主题公园""博物馆+文创""非遗+旅游""盲盒+旅游"等文旅领域内部门类间的联动发展日益深化。例如,围绕网络文学改编的产业链上、中、下游日趋顺畅,网文影视化模式日益趋于成熟。《新华·文化产业

IP指数报告2021》显示，网络文学已成为动漫、电影、电视剧、游戏等相关文化领域的重要生产资料。

从横向来看，文旅产业进一步打破了自身的边界和局限，深度融入社会发展，助力国家和区域发展战略，在与其他领域的融合中涌现出了一系列新兴业态。一是文旅平台与公共服务协同并进。北京市出台《关于加快推进公共文化服务体系示范区建设的意见》，建立了一批公共文旅服务平台，为满足公众的文化需求提供便利（见表3）。二是文旅平台助力美丽乡村建设，比如小猪短租平台的深度乡村游项目有效推动了农村旅游经济的发展。

表3 北京市公共文旅服务平台

名称	主办方	地区	旅游服务内容
i游北京	北京旅游网、北京市文化和旅游局	北京市	提供较全面的旅游资讯、攻略、优惠信息、环球号
北京通	北京市文物局、北京市文化和旅游局	北京市	提供"全景游北京"VR导览、北京市旅行社查询、导游查询、星级饭店信息
海淀公共文化	海淀区文化和旅游局	海淀区	设置旅游频道，提供旅游资讯、攻略、专题文章
北京西城旅游	西城区文化和旅游局	西城区	提供旅游景区、美食、酒店、购物、娱乐等信息
朝阳文化云	朝阳区文化和旅游局	朝阳区	提供旅游活动报名服务
北京东城	东城区融媒体中心	东城区	设置旅游频道，提供旅游专题文章
门头沟融媒	门头沟区融媒体中心	门头沟区	设置旅游频道，提供旅游专题文章
平谷融媒	平谷区融媒体中心	平谷区	设置旅游频道，提供旅游专题文章

资料来源：根据新闻资讯整理。

（二）北京文旅平台发展模式

1. 线上文博平台

博物馆作为旅游目的地是一种重要的文化旅游业态，是承载人类历史文明进程的重要场所，也是人们了解城市文化及历史的重要窗口，在文化和旅游两大领域的产业构成中占有极其重要的地位，因此文博行业自然成为文旅平台经济浪潮的领航者。

故宫博物院作为博物馆数字化的先行者，将故宫这座拥有600年历史、文化艺术底蕴丰厚的国家名片用现代化潮流元素重新续写，以创新和开放的姿态迎合当代市场需求，打开了拥抱线上平台的新篇章。本报告以故宫博物院为例，总结北京线上文博平台的发展模式。

一方面，故宫博物院借助微博、微信、抖音等社交平台加大文化传播力度。故宫博物院创建了"微故宫""故宫博物院文化创意馆"等微信公众号，发布"数字故宫""微故宫"等微信小程序。2020年清明假期期间，故宫博物院联合《人民日报》客户端、新华社以及抖音、腾讯新闻等网络平台，以"安静的故宫，春日的美好"为主题开展直播活动，带领广大观众通过网络感受闭馆期间故宫的春日之美、建筑之美以及空灵之美。此后，故宫博物院又进行了"重启的故宫·夏日的幽静""寿康集萃·御园赏幽""多彩的故宫·秋日的唯美"三场网络直播。另一方面，故宫博物院借助淘宝平台营销文创产品。本报告借助淘宝应用程序，对入驻淘宝平台的我国10家博物馆机构进行了基础的数据汇总，并按照"粉丝"的数量进行了降序排列。故宫博物院凭借其"故宫淘宝"店铺830万人的"粉丝"数量位居榜首（见表4）。

表4　排名前十博物馆淘宝店铺

排名	所属机构	淘宝店铺名称	粉丝数量（万人）	好评率（%）
1	故宫博物院	故宫淘宝	830.0	99.87
2	故宫博物院	故宫博物院文创	518.0	99.40
3	中国国家博物馆	中国国家博物馆旗舰店	213.0	100.00
4	故宫博物院	故宫博物院出版旗舰店	73.1	100.00
5	苏州博物馆	苏州博物馆旗舰店	59.0	100.00
6	敦煌研究院	敦煌研究院旗舰店	47.6	100.00
7	上海博物馆	上海博物馆旗舰店	27.8	100.00
8	故宫博物院	朕的心意	18.6	100.00
9	故宫博物院	故宫文具	10.0	100.00
10	秦始皇陵博物院	秦始皇帝陵博物院旗舰店	0.14	100.00

资料来源：司若主编《中国文旅产业发展报告（2020）》，社会科学文献出版社，2020。

2. 智慧景区平台

北京环球度假区是世界最大的环球影城主题公园，本报告以北京环球度假区与阿里巴巴的合作为案例，分析平台经济下景区数字化营销策略。

（1）注重培育忠实消费者，增强用户黏性

北京环球度假区从上线伊始就直接与天猫会员体系相结合，将自身强大的 IP 效应与互联网用户的消费趋势结合在一起。北京环球度假区与天猫推出针对 88VIP 的"1万张试运行专享体验门票"的抽签活动，以 1 万张北京环球度假区试运营期间的免费门票作为关键利益点，最大限度地提升消费者的关注度。同时天猫还将这 1 万张门票的福利与 88VIP 的权益相捆绑，只有 88VIP 才能够参与线上免费抽取。88VIP 自 2018 年上线以来，就不断为天猫会员提供"稀缺权益"，在北京环球度假区"一票难求"的情况下，通过试运行期间的免费门票，进一步提升了天猫会员与北京环球度假区的亲密度，通过为会员提供专属体验增强用户黏性。

同时，相较于普通用户，88VIP 用户的特点是具有高购买力与高忠诚度，北京环球度假区将这一部分用户转化为自己的"粉丝"群体，可为后续的运营与营销添加助力。北京环球度假区不仅能得到精准的用户反馈，也有机会进一步拉动天猫乃至其他平台的用户群。活动期间 88VIP 的权益就引起了不少天猫乃至其他平台用户群的关注，成功抽取门票的会员在游园过程中产出的原创内容，又为北京环球度假区起到明显的宣传作用。

（2）依托数字科技，为消费者打造独特体验

为提升游客体验感，北京环球度假区通过与阿里巴巴合作，将数字化理念渗透到日常管理中，在精准洞悉用户需求的同时，将平台经济融入曾经孤立式的主题乐园，实现真正的本土化。一方面，北京环球度假区利用阿里巴巴的商业操作系统实现园区运营的数字化。游客通过飞猪 App 访问北京环球度假区的旗舰店，购买主题公园门票、预订酒店、完成行程规划。同时，游客可通过基于支付宝的人脸识别技术定制解决方案，享受入园、置物柜使用、快速通道以及商品购买等方面的便利。另一方面，北京环球度假区与阿里巴巴联合探索智能游客应用，在停车、路线安排等方面优化消费者的旅游体验。

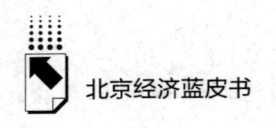

三 北京文旅平台发展存在的问题及对策建议

（一）北京文旅平台发展存在的问题

1. 平台数字技术应用不足

内容创新动力和技术应用能力的不足是北京文旅产品高质量供给不足的主要原因。综合文化产业和旅游业发展情况，一方面，文旅平台消费端的强劲发展，未能实现对既有生产力与生产关系的系统性解构与重建。另一方面，已催生出的文旅平台数字化的表现形式相对浅显，对技术形态的关注有时大于文化内容本身。尽管目前已经涌现了一批传统文化与现代科技相融合的优秀文艺作品和文旅消费聚集区，但是运用数字科技赋能内容创新性发展的程度还远远不够，缺乏突破性强、辨识度高的文化发掘、呈现和转换模式创新。

2. 线上线下融合模式有待深化

近年来，不少文化和旅游市场主体为求生存纷纷将目光投至线上，"云演艺""云游博物馆""云游景区"等形态应运而生。但是，当前文旅产业平台也存在着一定程度的过热倾向与非理性成分，真正实现产品化并受市场欢迎的项目还较为稀缺。文旅产业线上平台和线下实践的一体化互动机制是否存在、终端设备的技术条件是否成熟、消费者进行价值共创的模式究竟如何，这些问题仍有待探索。

3. 平台服务功能设计简略

首先，现有文旅平台功能多局限于日常的文化和旅游生活服务，如预约公共场馆、参加文艺活动、阅读电子图书、播报文旅动态等，缺乏针对游客的服务功能。其次，部分文旅平台存在频道设置过于简单、实用性不强、体验差等设计上的缺陷，难以吸引游客去了解、下载和使用，其功能远远不如商业化数字平台，同时文旅平台的更新速度和研发水平也较为落后，这反映出文旅平台研发与维护团队亟须提高自身的业务水平和创新能力。最后，文旅平台与市场的融合度不足，自发转向平台服务市场化的自主性与能动性还有所欠缺。在平台建设上，文旅融合的市场化互补优势还未发掘出来，针对旅游功能缺少合理的设置、引导与管理。

（二）北京文旅平台发展的对策建议

1. 加强顶层设计

为促进文旅产业和平台经济相融合，北京还需要进一步落实落细文旅与科技融合相关政策。制定北京文旅与科技融合示范基地认定管理办法，明确市级示范基地的认定目标、认定条件、认定程序、支持政策及管理考核办法。聚集一批文旅科技融合相关要素和企业，并将能为文旅科技融合提供相应基础设施保障和公共服务的文旅产业基地、科技产业基地等列入集聚类示范基地认定范围。将在文旅和科技融合发展领域取得突出成绩、具有先导性和示范性的优势领军企业，列入单体类示范基地认定范围。同时，完善相关财税金融政策、人才引进与培养政策、知识产权保护与运用政策、法规管理制度等，进一步促进文旅和科技资源要素的聚集与流动，为两者融合发展营造良好的外部环境。

2. 提升文旅平台的数字化水平

数字化、信息化技术正在改变文旅业态，同时新冠肺炎疫情防控又倒逼互联网在深度和广度上加大对文化和旅游业的催动作用。一方面，文旅平台可以与优质的在线电子导览内容服务供应商合作，增强自身产品的多样性与差异性。另一方面，注重整合各类要素，在文旅平台中融合更多类型的发展业态。从单纯的在线旅行平台升级为智能旅行管家，提供更多使用价值，包括出行前的信息咨询、出行中的内容分享、社区互动、出行后的评价反馈、体验改进等，以形成更强的用户黏性。同时，有效发挥大数据的优势，找准消费链条短板，为政府优化政策提供服务。

3. 构建标准化的平台信息体系

文旅平台未来必将实现跨层级、跨区域、跨行业的协同管理和服务，构建统一、开放、共享的数字化文旅信息平台成为北京文旅产业的发展趋势。政府应加强标准化的平台信息体系建设，助力文旅平台突破"信息孤岛"

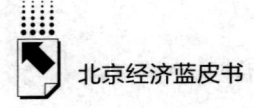

的瓶颈。同时，北京文旅平台应建立信息反馈与交流的环节，实现技术与用户的互动，从而提高平台的完善与更新能力。在大数据时代，可以利用反馈信息系统对用户需求进行调查、统计与分析，因此可以增加活动评分系统、意见反馈系统的设计，及时收集用户满意度信息与相关建议，也可以通过线上线下问卷调查的方式收集相关数据，为文旅平台建设提供更加精准和科学的决策支撑。

B.7
北京平台经济赋能现代物流业：
典型平台与前景展望

周梦雯[*]

摘　要： 平台经济已经成为我国数字经济发展的主要力量，与传统产业的融合不断加强，对促进行业转型升级和提高资源配置效率具有重要意义。本报告聚焦北京平台经济与物流行业的融合发展，首先，分析了在互联网技术和新零售电商加速发展的背景下，北京物流业平台经济的发展基础，主要从物流需求和货物运输总量持续增长、大数据和人工智能驱动物流业全面升级、物流业在国民经济中的战略定位不断提升、支持现代物流产业平台化的政策利好四个方面展开；其次，着重分析了网络货运平台、"互联网+仓储"平台和同城货运平台三大典型物流平台的发展现状、运营模式和北京代表性平台企业；最后，基于上述分析对未来北京物流平台的发展方向进行了前景展望。

关键词： 物流平台　网络货运　同城货运　"互联网+仓储"平台

随着移动互联网的普及和新零售的兴起，现代物流经济发展进入快车道。现代物流业是以现代运输业为重点，以信息技术为支撑，以现代制造业和商业为基础，集系统化、信息化、仓储现代化为一体的综合性产业。现代

---

[*] 周梦雯，对外经济贸易大学国家对外开放研究院国际经济研究院博士研究生，研究方向为世界经济、区域经济。

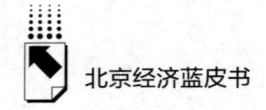

物流经济的发展将对优化产业结构、增强企业发展后劲、提高经济运行质量起到巨大的促进作用，但是在新的发展阶段也面临着资源瓶颈凸显、边际效应递减、人口红利渐失、外部竞争加剧等新的矛盾。平台经济是解决物流业发展难题的最佳手段，平台模式能够促进供需适配，降低交易成本，提高市场资源实时匹配效率和运行效率，是传统产业转型升级的新动能。现代物流业平台经济模式将加速行业内部向集约化、协同化和信息化发展，成为促进物流业转型升级的有效途径。

一 北京现代物流业平台经济的发展基础

我国经济已经从高速增长阶段转向高质量发展阶段，正处在转变发展方式、优化经济结构、转换增长动力的攻关期，现代物流业是建设现代化经济体系的重要组成部分。在制造业高质量发展和消费产业升级的背景下，物流业是连接制造业上下游企业以及产品全生命周期各个阶段的纽带，随着全国统一大市场的构建和制造业集聚化、专业化水平的提高，对货物运输规模和效率的需求将大大提高。目前，我国物流业正处于以质量升级和效益提升为核心的发展新阶段，以大数据、人工智能为代表的新一轮科技革命推动互联网与物流业深度融合，智慧物流迎来发展机遇期。

（一）物流需求和货物运输总量持续增长

从物流需求增势来看，中国物流信息中心公布的数据显示，2021年全国社会物流总额达335.2万亿元，同比增长9.2%。其中单位与居民物品物流总额增速最快，为10.2%；工业品物流总额占比最高，约为89.4%。2021年社会物流总费用为16.7万亿元，同比增长12.5%。从货物运输总量来看，货物运输是现代物流业生存和发展的前提。国家统计局数据显示，2021年北京市货物运输量为2.34亿吨，较2020年增长5.4%；快递业务量呈爆发式增长趋势，2020年北京市快递量共计23.82亿件，比2012年增长了近5倍，比2014年翻一番。物流需求量和货物运输规模的持续增长为现代物流业发展提供了机遇,同时带来了挑战。一方面,随着制造业的高质量发展和专业化分工的不断加深,以及新零售和电子商务的快速增长,物流需求和物流市场规模将持续扩大,进一步扩大了现代物流业的市场规模,现代物流业迎来新的发展机遇。另一方面,居民消费水平的提升、消费方式的转变和消费结构的升级,对物流的效率和特色提出更高要求,对短链物流的需求会越来越大,这将对现代物流业提出新的挑战。

(二)大数据和人工智能驱动物流业全面升级

中国物流与采购联合会公布的数据显示,2021年我国全社会物流总费用占 GDP 的比重是 14.6%,较 2020 年下降 0.1 个百分点,近 6 年来变化不明显(具体见图 1)。随着信息科技的发展,物流业的发展经历了人工生产、机械化、自动化再到智慧化的历程,近年来互联网、大数据、人工智能等新兴技术正在驱动物流业走向智慧物流。大数据和人工智能技术的出现给物流行业带来了革命性的改变,北京作为全国科技发展的领先城市,大数据和人工智能技术的发展位居全国前列。基于大数据,企业可以快速了解消费者的偏好,对消费者的购买行为做出预判,然后根据物流供需、物流成本与运输效率、竞争对手运营等情况进行决策分析,合理调配运输和存储资源,规划物流路线,从而大大降低物流运营成本,提高物流运输效率和用户服务水平。

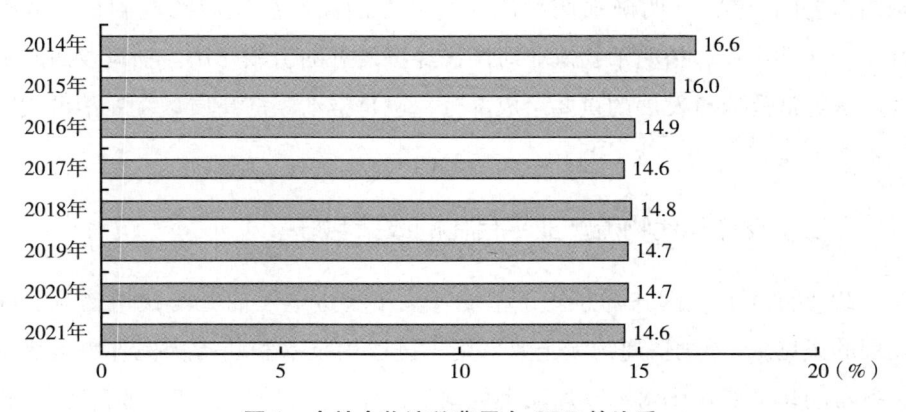

年份	比重(%)
2014年	16.6
2015年	16.0
2016年	14.9
2017年	14.6
2018年	14.8
2019年	14.7
2020年	14.7
2021年	14.6

图 1 全社会物流总费用占 GDP 的比重

人工智能技术将作用于物流产业全链条，以智能机器人、智能拣选车、无人机、自动驾驶汽车为代表的智能硬件，极大地改变了现有的仓储、运输、配送等物流作业模式；以大数据挖掘技术、机器学习、自然语言处理为基础的智能软件，通过信息识别、存储、管理和利用，提高了物流行业的整体效率，让"数据驱动物流"成为现实。

（三）物流业在国民经济中的战略定位不断提升

传统物流向现代物流和平台模式的高效化、集约化转变离不开政府的顶层设计，现代物流产业的战略定位不断提升。2014年，国务院发布了《物流业发展中长期规划（2014~2020年）》，明确物流业是"支撑国民经济发展的基础性、战略性产业"，确定了多式联运、物流园区、农产品物流、制造业物流与供应链管理、资源型产品物流、城乡物流配送、电子商务物流、物流标准化、物流信息平台、物流新技术开发应用、再生资源回收物流、应急物流12项重点工程，并提出到2020年，基本建立现代物流服务体系。在"互联网+高效物流"、智慧物流的推动下，现代物流业涌现出一大批新企业、新模式、新业态，通过兼并重组、联盟合作等方式，物流企业不断强化资源整合能力，加快跨界融合，服务范围逐渐向产业链、价值链高端延伸。2019年，国家发改委等部门发布《关于推动物流高质量发展促进形成强大国内市场的意见》，明确强调物流业是支撑国民经济发展的基础性、战略性、先导性产业，指明了物流业对国民经济发展的引领作用。物流业高质量发展是经济高质量发展的重要组成部分，也是推动经济高质量发展不可或缺的重要力量。

（四）支持现代物流产业平台化的政策利好

2018年1月，国务院办公厅印发《关于推进电子商务与快递物流协同发展的意见》，鼓励快递物流企业采用先进适用技术和装备，提升快递物流装备自动化、专业化水平。加强大数据、云计算、机器人等现代信息技术和装备在电子商务与快递物流领域的应用，大力推进库存前置、智能分仓、科学配载、线路优化，努力实现信息协同化、服务智能化。2021年11月，北京市发改委印发《北京市"十四五"时期现代服务业发展规划》，将"超大城市流通体系优化行动"作为一项重点任务，强调要"推动物流企业加强大数据、人工智能、物联网等信息技术应用，聚焦运输方式、末端组织、物流装备等领域，积极发展嵌入式物流、仓配一体化物流、第四方综合物流等现代物流服务，培育一批网络型龙头物流企业……鼓励传统商贸流通数字化、平台化升级，拓展金融、数据等新兴服务功能，逐步向'仓干配''运贸融'等多功能集成商转型"，培育新兴流通服务业态，支持传统流通服务升级。

二 北京典型物流平台发展现状

（一）网络货运平台

2020年1月1日，《网络平台道路货物运输经营管理暂行办法》正式生效，"网络货运"时代正式到来，网络货运平台正在构建"物流+互联网"新生态和智慧物流新模式。网络货运平台将实际托运人和实际承运人的运力资源相连接，分别与其签订运输服务合同，通过平台进行资源的合理配置，实现平台和供需双方的价值共创。其中，实际托运人可以是有直接货物运输需求的生产企业，也可以是自身运力不足从而将自身订单外包的物流企业；实际承运人可以是第三方物流企业，也可以是拥有运输车辆的个体司机。相对于货运代理，网络货运平台是向实际托运人提供一整套物流解决方案而不是单纯的车货匹配服务，其负责监控货物运输状态、优化运输服务流程、保障运输服务的安全性和快速性，因此更加可靠和高效。图2展示了网络货运平台的组织架构和运作模式。

根据网络货运平台经营模式的不同，可以将其分为轻资产型经营模式、重资产型经营模式、技术密集型经营模式以及供应链生态服务商经营模式，表1分别列示了四种不同类型网络货运平台具体的经营模式及其优劣势。

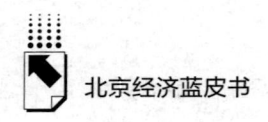

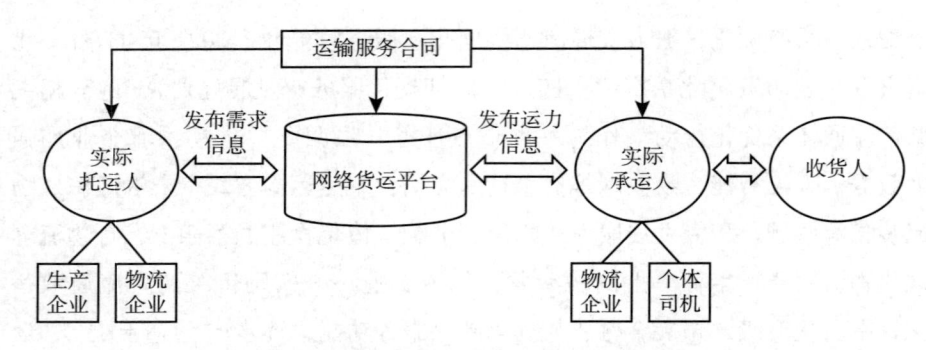

图 2 网络货运平台的组织架构和运作模式

表 1 网络货运平台的经营模式

类型	经营模式	优势	劣势
轻资产型	不拥有运力资源,通过连接实际托运人和实际承运人经营业务	柔性强,资金投入少,信息搜索和信息集成能力强	对供应链的掌控能力弱
重资产型	通过自身拥有的运力资源经营业务	运输服务稳定,对供应链的控制能力强	资产投入大,承担较大风险
技术密集型	通过技术平台为实际托运人和实际承运人提供运输解决方案	服务范围大,服务内容完善,顾客黏性高	对技术创新性具有较高的要求
供应链生态服务商	通过整合供应链资源和供应链金融提供运输服务	服务体量大,可以提供个性化方案	对技术、资金和运营都具有较高要求

资料来源：根据公开资料整理。

网络货运平台能够借助互联网传输信息的实时性、大数据对资源的整合能力、物联网技术的互联互通作用,解决传统货运站的"信息孤岛"问题,通过合理规划运输路线,改变目前物流行业货车空车率高、货运信息匹配性差、处理效率低下的现状,降低实际承运人的等待时间和空载率,提高车辆和货物的匹配效率。同时也帮助承运企业提升企业内部管理效率,提高承运企业对司机的监管能力,从而提高承运企业的运营效率和核心竞争力。此外,货运过程中产生的大量高质量的数据信息,以及全程数字化的监管流程,可以加强政府部门对物流行业的监督管理和行业整合。但是由于平台监管力度不足，以及涉及的实际托运人和实际承运人群体太大，仍然存在很多平台竞争乱象和监管不力的问题。

京东是相对较早在网络货运领域布局的平台之一，2019年京东启动京驿货车项目，致力于整合现有运力供应商及其他社会零散运力资源，通过LOT、大数据、云计算等技术解决信息不对称和资源浪费的问题，更好地进行人、车、货三方匹配，实现运力交易平台化、资源管理数字化与运输运营智能化，2020年正式推出京驿网络货运平台（以下简称"京驿货车"），被称为"货运版滴滴"。京驿货车具有三大特点：一是不仅运用平台化、智能化手段整合现有的物流资源，实现货物运输供给与需求精准匹配，还涉及除物流以外的车后产业，主要是为卡车司机的生活和生产提供产品与服务；二是不仅起到补充京东物流整体运力的作用，更关键的还在于打造协同共生的物流生态；三是背靠京东集团，企业、厂家等上游资源充足，京驿App注册认证条件为具备相关货运经营资质的社会个体司机，这为其物流队伍提供了丰富的人力资源，京驿货车作为独立的经营主体，不仅能够享受京东物流一手货源招采、配载、发运等权益，也极大地保障了货车司机的权益。接下来，京东物流将继续把京驿货车作为重点项目，推动其智能化升级和京东物流整个运输体系降本增效，打造全国龙头网络货运平台，引领网络货运行业实现跨越式发展。

（二）"互联网+仓储"平台

近年来电子商务的快速发展，极大地促进了社会商品流通规模的增长和物流服务的巨大变革，也对仓储网络和仓储服务提出了更高要求。一方面，网络消费市场向偏远地区和农村扩散，加大了仓储服务网络下沉发展的需要；另一方面，互联网技术的迅速发展对仓储业提出了智能化、信息化和高效化的新要求，消费者需求的满足需要电子商务与仓储物流的匹配和连接。与此同时，仓储业作为社会物流体系的一个重要环节，面临仓储用地日趋紧张、成本大幅增加、仓储设施结构失衡、仓库供求不匹配、空置率高、效益下降等一系列问题。在国家"互联网+"发展战略的推动下，为满足电商仓储需求，加速仓储行业服务升级，促进仓储管理规范化，加快智能仓储建设，专业、协同、开放、共享、绿色、创新的"互联网+仓储"平台企业应运而生，成为未来仓储服务市场的主要发展方向之一。

互联网与仓储行业的融合发展主要表现为：仓储行业企业通过应用先进信息通信技术及装备，运用多种先进的科技手段和设备进行智能化、智慧化和高效化的物流活动，涵盖进出库、存储、分拣、包装、配送等多个环节，进而实现智能仓储。"互联网+仓储"平台主要提供仓库信息、租库信息、仓库价格走势、仓库预订、仓库金融服务等，平台的仓储服务也在不断创新，主要表现在仓配一体化，仓储与快递交叉，仓储企业服务趋向专业化、网络化、供应链化、平台化，仓储服务不断向上下游延伸，以此提供更好的增值服务。

"互联网+仓储"平台运营企业有三种类型，分别是传统物流企业、快递和电商企业、互联网技术企业，其竞争优势和代表性平台如表2所示。

表2 "互联网+仓储"平台运营企业的主要类型

运营企业类型	竞争优势	代表性平台
传统物流企业	在多年经营中积累相关渠道和关系网络优势	中仓网
快递和电商企业	基于自身的业务需求和资金实力，在"互联网+仓储"业务模式探索中进行大胆创新	京东云仓、天猫云仓
互联网技术企业	先进的信息化技术优势	云仓配、物联云仓

资料来源：根据公开资料整理。

中国仓储电子商务平台（以下简称"中仓网"）是中国最大的仓储资源在线交易平台、仓储业大数据中心和行业公共服务平台，也是中国最大的物流地产资源服务平台。中仓网采用O2O的模式进行业务运作，实施供应链管理的运作模式，如图3所示。通过线上平台汇聚海量的用户资源、仓库资源、供应商资源，撮合其达成交易，形成交易规模及大数据沉淀。在积累线上资源的同时，向线下输出仓库资源、用户需求、不动产资源、物流服务商资源，通过线下搭建云仓网络及运配网络，为用户提供供应链的一体化服务。在提供业务服务的过程中，中仓网沉淀大数据，掌握供应链各环节的关键数据，从而为供应链金融及仓储物流资产运营提供资源和数据基础。

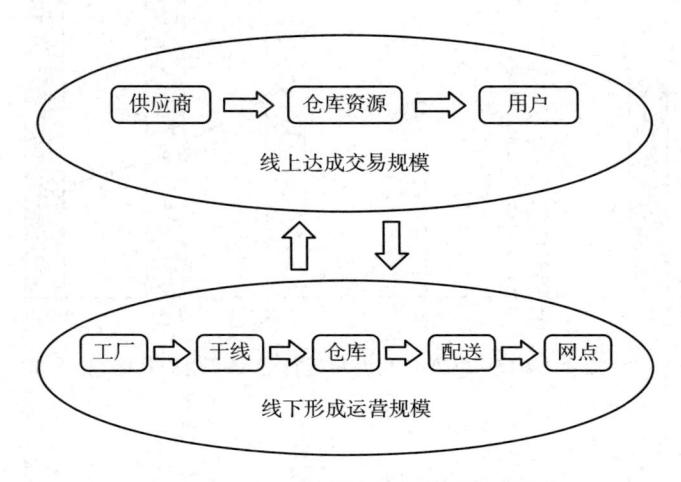

图3 中仓网供应链管理的业务运作模式

（三）同城货运平台

同城货运被称为"最后一公里物流"，是指物流公司在城市内部的短途货物运输，属于专业物流配送服务，与城际货运相对应。同城货运主要包括两种模式：一是"多种产品、单方收货"；二是"单一产品、多方收货"。同城货运的业务范围包括客户货物的存储、分拣、加工、包装、拆分、配送、移交、信息协调等。近年来我国货运市场高速发展，同城货运平台相继出现，占据较大市场份额的主要有货拉拉、快狗打车、滴滴货运等，行业竞争日趋激烈。智研咨询公布的数据显示，2020年同城货运市场规模已达1.33万亿元。Analysys智库预测数据显示，到2025年同城货运市场规模将接近1.6万亿元。相比于其他中小城市，北京对同城货运的市场需求更大。随着国家对平台治理的力度加大以及相关政策的出台，行业市场规模增速近两年有放缓趋势，2020年同比增长4.5%，较2016年高位时降低8.6个百分点（具体见图4）。

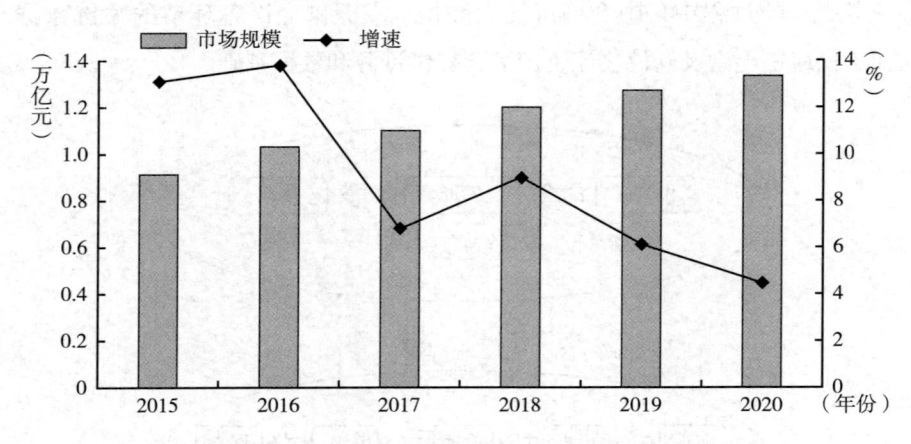

图 4　2015~2020 年同城货运行业市场规模及增速

资料来源：智研咨询。

同城货运平台的商业模式和运营逻辑在于：通过互联网 O2O 模式，匹配用户和零散运力两端的供需信息，提升找车效率，降低物流成本，增加司机收入，解决货主和送货司机之间的信息通达、定价透明度、双方权益保障等问题。表 3 展示了两种不同的同城货运平台运营模式，并分析了各自的优缺点和代表性平台。

表 3　同城货运平台运营模式

运营模式	优点	缺点	代表平台
会员制，司机抢单	平台提供稳定收入，激发司机积极性	难以实现全局最优，司机忙于抢单影响配送	货拉拉
佣金制，平台配单	订单分配尽可能考虑全局，司机无须着急抢单	容易出现跳单问题，绕开平台结算，用户体验不好	快狗打车

资料来源：快狗打车招股说明书、公开资料。

同城货运存在行业集中度和渗透率低、平台无序扩张、赢利模式单一、运营成本较高等问题。据前瞻产业研究院数据，2020 年国内前五大同城货运平台占同城货运平台总规模的 67.5%，其中：货拉拉的市场份额为

54.7%，排名第一；快狗打车占 5.5%，排名第二。随着越来越多的平台加入同城货运赛道，价格战、技术战、流量战也在不断升级，靠采取补贴策略疯狂扩张的做法难以为继，打破原有的竞争模式，开创更好的商业运营模式，通过技术升级增强核心竞争力才是同城货运企业长久生存之计。

同城货运市场需求大、市场渗透率低、市场集中度低，是一个巨大的增量市场，不断吸引新的平台加入。美团"卓鹿"是一个新进入同城货运领域的平台，旨在利用机器学习、大数据算法等技术，打造国内领先的互联网货运平台，通过高效的车货匹配，提高货物运输效能。美团进入同城货运领域，具备以下四点优势。第一，拥有强大的研发能力和丰富的技术储备。经过多年的整合与发展，美团已拥有强大的研发能力，且大数据分析以及计算能力均较强，可以精准把脉用户需求。第二，拥有充足的资金流。可以利用大额补贴等方式迅速打开市场，与同类企业快速拉开差距。第三，前期业务已经实现较好的资源积累。美团出行等业务积累了海量的数据资源，并掌握了复杂地理数据精准识别、城市级全局并行优化调度、毫秒级配送路径规划等关键技术，独到的算法可以更好地提供车货匹配、货物在途监管等服务，并且为同城货运提供快捷、科学的物流路线。第四，人力资源充足。美团原有的人力资源可以通过培训或劳务合同的更改，转化为可靠的物流业务人员。美团推出的"卓鹿"平台主打透明定价，而且没有信息费、管理费和会员费，加上其强大市场运营能力以及一系列优惠政策，美团进入同城货运领域将会倒逼平台企业开启差异化、可持续化发展之路，挥别"价格战"，助推行业转型升级，同时还能共同致力于解决传统货运行业的痛点，促进同城货运行业高质量发展。

三 北京现代物流平台未来发展展望

随着"互联网+物流"战略的推进，传统物流业正在向以大数据和人工智能等核心技术为支撑的智慧物流转变，未来在"互联网+"和新零售的加速迭代下，物流平台将进一步成为现代物流业的主流发展模式。

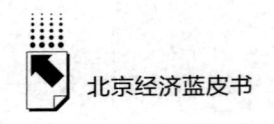

（一）市场加速布局，提高平台信息共享水平和资源优化整合能力成为关键

虽然我国近年来物流平台数量猛增，但是仍然处于发展初期，尤其是注册地在北京市的物流平台较少，物流平台数量布局、行业布局和区域布局尚不成熟。菜鸟、苏宁、京东、顺丰等作为我国的头部物流企业，目前在全国范围内已经基本完成了仓库布局，但是企业之间物流信息和仓库信息缺乏共享性，尚未实现企业之间闲置仓库、存量资源的互联共享和整合优化。未来物流平台将加速布局，形成覆盖全国市场的仓储网点，平台之间通过资源信息共享和优化整合，进一步提高物流行业的效率。一是提高物流平台的信息共享水平，搭建物流企业信息共享平台，将车辆、仓储、客户、交通路况等资源在平台共享，各企业联合开拓市场，实现多方共赢，与此同时强化企业竞争优势，带动整体行业转型。二是提高物流平台的资源优化整合能力，通过对货物、司机、配送、仓储等相关资源的分类分级管理，提升资源的整合质量。同时，平台要注重增强资源的黏性，与资源对接方进行技术、信息共享，将多方平台业务进行融合，打造成为利益共同体，建立以物流平台为中心的物流生态圈。

（二）以科技为驱动，绿色物流和末端共享成大势所趋

发展智慧物流必须以科技为驱动，未来物流业的绿色化发展和末端共享将成为大势所趋。北京作为全国科技发展领先城市，具有更大的发展优势。一是以大型平台企业为依托，在龙头快递企业优先试点，率先推进多式联运、甩挂运输等先进的运输模式，推动绿色运输模式创新；大力推动绿色货运车辆技术发展，加快建立绿色货运车辆标准，推广绿色货运车辆投入使用；推广快递物流绿色环保包装应用，提高可降解环保包装材料应用率，各快递物流企业百分百使用电子面单，尽量减少胶带使用。二是在重点地区试点，通过平台之间的资源共享和节约利用，实现物流、仓储、配送的集约化和绿色化发展，在网络货运平台重点推动车货匹配效率提升并降低空载率，

在"互联网+仓储"平台重点推动仓库等资源的共享，在同城货运平台重点推动共同配送和集中配送模式。三是鼓励物流平台企业探索末端共享模式，打通"最后一公里"。快件末端共享是资源集约、效率提升、服务多元的新形态，物流行业应打破企业边界，探索城市共享中心建设，多家快递企业通过场地共享、人力共享、运力共享等资源协同，提高城市末端快件配送效率。

（三）大中小平台共同培育，形成龙头平台与中小平台协同发展格局

目前物流平台格局分散，行业集中度低，成熟的产业体系尚未建成，已有平台还存在同质化竞争严重、经营合规性有待提高等问题。建设一批具有行业引领性和标杆作用的龙头平台，培育一批在专项领域深耕细作的中小平台，是打造良好物流平台体系和大中小平台协同发展格局的关键。一方面，培育一批龙头平台企业成为产业链中的整合者和引领者，改善目前物流平台小而散的局面，鼓励龙头平台企业构建全方位的产业链体系，集仓储、运输、配送、售后为一体，同时鼓励有能力的企业布局自有生态体系，连接物流业的上下游产业，提供维修、保养、救援、油品、ETC、金融保险等各项增值服务，丰富企业利润来源，构建良性生态循环体系。另一方面，中小平台是物流平台体系的主力，但是未来的发展不应该是中小平台的无序竞争，而应加快培育网络货运、同城货运、在线仓储、车货匹配等不同领域的专业化平台，引导在某一领域具有显著优势的平台深耕细作，并将其培育成为代表性平台。

参考文献

[1] 智研咨询：《2021年中国物流行业投融资现状及物流投融资发展趋势分析》，产业信息网，2022年3月22日，https：//www.chyxx.com/industry/1102313.html。

[2] 智研咨询：《2021年中国同城货运行业市场规模及投融资现状分析》，产业信息网，

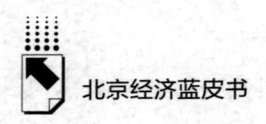

2021年11月21日，https://www.chyxx.com/industry/202111/986781.html。

［3］前瞻经济学人：《2021年中国互联网+仓储行业市场现状及竞争格局分析 行业发展潜力较大》，2021年1月16日，https://baijiahao.baidu.com/s?id=16890 15694946204342&wfr=spider&for=pc。

B.8 "双减"背景下北京在线教育平台的转型与突围之路

支 晨*

摘 要： 本报告梳理了在线教育平台的商业模式、主要特征以及存在问题，并结合"双减"政策内容分析"双减"对在线教育平台的影响，重点探讨"双减"政策冲击下以新东方为代表的北京在线教育平台的转型策略。在线教育平台兼具平台优势和教育功能，在新冠肺炎疫情期间取代传统教育模式发挥了巨大作用，但各类平台的无序扩张恶化了学习教育环境，学生和家长不堪重负。在此背景下出台的"双减"政策，不仅从严治理了在线教育平台存在的问题，还引导教育行业回归理性，如新东方从素质教育、成人教育、网络直播等业务方向"广撒网"探索转型，并通过双语直播带货"出圈"，宣告转型成功。未来在国家级公共在线教育服务体系建立的过程中，在线教育平台将大有可为。

关键词： "双减"政策 "互联网+教育" 在线教育平台 平台转型

突飞猛进的信息技术引发了教学理论和实践领域更为深刻的变革，尤其是在"互联网+"背景下诞生了在线教育这种新型教育方式。通过对网络媒介的利用，在线教育突破了传统线下教育方式的时空限制，使得共享优质教

---

* 支晨，对外经济贸易大学国家对外开放研究院国际经济研究院博士研究生，研究方向为世界经济、区域经济。

育资源成为可能，已成为线下教育的重要补充，呈现平台化的发展趋势。近年来北京在线教育行业发展迅速，艾媒咨询的数据显示，截至2020年3月北京在线教育企业数量达到79945家，遥遥领先于全国其他地区。在北京的诸多在线教育企业中，新东方抓住"互联网+"机遇不断调整战略重心，拓展线上内容，融合线下资源，成功打造O2O双向互动平台，占据行业龙头地位。然而，以新东方为代表的各类在线教育平台为教育领域注入新鲜活力的同时，也在社会上引起了广泛的教育焦虑，在此背景下实施的"双减"政策旨在治理相关市场乱象，对以学科类为主的在线教育平台带来深远影响。为此，新东方等在线教育企业纷纷制定并实施转型措施，以寻求"双减"政策约束下平台生存发展的可能途径。

一 在线教育平台简介

（一）在线教育平台的内涵

在线教育平台是一种以互联网为介质、以教学为目的的新型工具平台，利用网络连接教学内容供应者和需求者，进行学习资源的共学共享。智能化时代到来，手机、电脑等数码终端设备逐渐普及，大数据、云计算和人工智能等现代信息技术不断涌现，使得在线教育平台能够整合线下相关参与者，在线上开展基于网络的教育学习活动，是"互联网+教育"模式的重要尝试和典型代表。

（二）在线教育平台的发展历程

互联网催生出在线教育行业，经过一段时间的探索，在线教育行业的教学模式不断完善，教学内容日趋丰富，打造出各类线上教学平台。21世纪初，受制于互联网技术的成熟度和普及度不高，在线教育以录播课为主要形式，各类网校纷纷上线运行。2010年后，越来越多的新兴科技融入教育领域，尤其是直播教学方式出现，在线教育进入了快速发展的阶段，涌现出

MOOC（大规模开放在线课程）平台、直播授课平台、拍照搜题平台等，教学内容和方式不断丰富。2017年后，短视频等新的传播形式出现，大数据、人工智能等新技术被应用于在线教育平台，在线教育行业不断突破瓶颈。2020年突发的新冠肺炎疫情使在线教育行业的平台规模和用户数量呈现井喷态势。2016~2020年的5年间，在线教育飞速发展，用户规模和使用率呈现逐年增长的趋势，且2020年的增长速度最高（见图1）。截至2020年12月，我国在线教育用户规模高达3.42亿人，占整体网民数量的34.6%[1]；市场规模约为4328亿元，较2019年增加24.79%[2]。

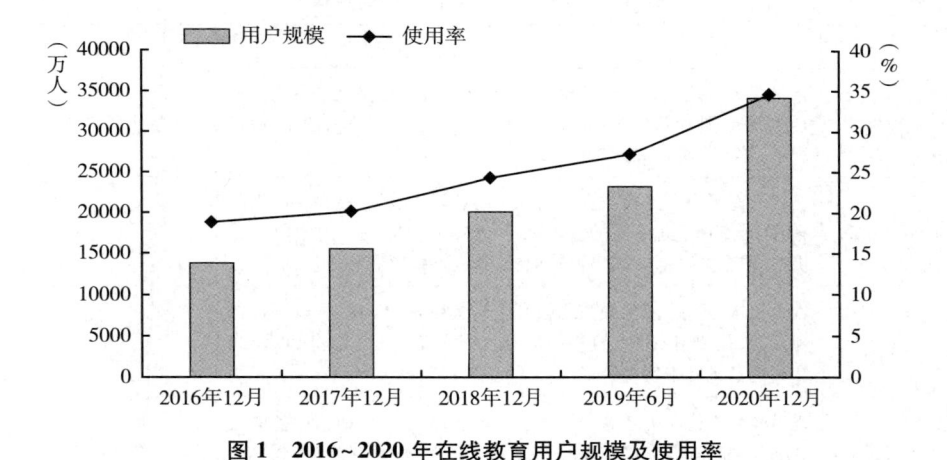

图1 2016~2020年在线教育用户规模及使用率

资料来源：中国互联网络信息中心（CNNIC）发布的《中国互联网络发展状况统计报告》。

然而，2021年7月出台的"双减"政策给全力冲刺的在线教育行业按下了"暂停键"，在线教育平台进入"寒冬"。在线教育平台进入"寒冬"。Wind数据显示，随着2021年以来"双减"等教培行业强监管政策的出台，作为美股教培三巨头的高途集团、好未来和新东方股价均大幅下跌，截至当年7月23日已累计下跌93.19%、91.61%和84.23%。"双减"政策落地后，

---

[1] 数据来源于中国互联网络信息中心发布的第47次《中国互联网络发展状况统计报告》。
[2] 数据来源于网经社电子商务研究中心联合网经社教育台发布的《2020年度中国在线教育市场数据报告》。

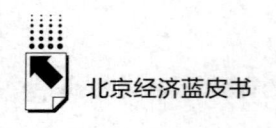

在纽交所挂牌上市的三大教育巨头市值合计蒸发655亿元，其中新东方股价大跌54.22%，高途集团股价跌幅达63.26%，好未来股价跌幅超过70%。

（三）在线教育平台的商业模式

互联网的兴起给传统行业注入"源头活水"，形成了在线教育等新兴业态，因技术类型、运营模式、资源运作体系等不同，在线教育平台的商业模式也有所差异，部分商业模式如表1所示。

表1 在线教育平台的部分商业模式

分类	模式特征	案例
MOOC	含义为大规模开放在线课程，教育机构依托特定网络平台为个人提供服务，涉及机构多、课程范围广、学生规模大，平台使用、课程观看、学习目标、思想交流自由度高	中国大学MOOC
B2B2C	在线教育平台是连接教育供需双方的载体，但不直接提供课程内容，而是邀请经过认证的教育机构及老师个体入驻，向学习者提供在线授课资源，并提供习题训练、课程答疑等服务	网易云课堂 腾讯课堂
B2C	教育机构在自己搭建的在线教育平台提供本机构优质学习资料和课程，并利用该平台直接向学习者个人提供教学服务，该模式在当前各机构中使用较多	沪江网 猿题库
C2C	绕过教育机构匹配老师和学生这一环节，基于即时通信设备搭建老师和学生双方直接沟通的平台，老师在互联网直接招收学生，双方在平台进行交易，可随时进行答疑和交流	YY教育
O2O	原本在线下开展业务的教育机构利用网络平台提供线上教育产品和服务，或原本仅提供线上教育内容的企业开展线下业务，并且线上线下同时经营	新东方

资料来源：根据公开资料整理。

（四）在线教育平台的外部环境

总结数年间在线教育平台的发展历程和经营模式，不难看出外部环境对平台扩张的重要影响。

在线教育平台面临的外部环境变化，主要来自政策、经济和社会三个方面。首先，国家相继出台一系列指导性政策引导在线教育行业发展，如2015年政府工作报告提出"互联网+"，2018年发布《教育信息化2.0行动计划》，2019年印发《关于促进在线教育健康发展的指导意见》，2021年出台《关于进一步减轻义务教育阶段学生作业负担和校外培训负担的意见》等。其次，我国经济蓬勃发展，为在线教育平台提供了茁壮成长的沃土，表现为投资市场日趋活跃。网经社统计数据显示，2013~2020年我国在线教育投融资总数达1021起，投融资总金额高达1313亿元。然而，资本进入的同时也加剧了产业内企业间的竞争，CNNIC公布的2020年数据显示，仅当年1~10月，我国在线教育企业的新增数量就高达8.2万家，占整个在线教育行业企业数量的17.3%。最后，就整个社会环境而言，我国国民对教育的重视程度普遍较高，既体现在教育支出在家庭收入中的高占比，又体现在家长对子女全面发展的高要求。

二 在线教育平台的特征和问题

（一）在线教育平台的特征

传统线下教育模式因应用场景广泛而被大众熟知，但这一模式缺乏灵活性的弊端也十分明显，主要体现在教学的地点和模式通常比较固定，学生大多是知识的被动接受者，教学内容具有强制性且更新较慢，教学资源和教学效果存在严重的两极分化。与传统线下教学模式相比，在线教育平台能够提供更加丰富的教学内容和教育服务，具有时间地点灵活、课堂互动多样、资源开放共享等特征，不仅能激发学生的学习兴趣，还能结合学生需求定制教学内容，实现因材施教，是线下教育的重要补充。

1. 形式多样

经历过爆发式增长后，在线教育平台逐渐进入优胜劣汰的发展阶段，各平台纷纷基于快速扩张时期积累的比较优势，基于目标对象、产品内容和功能服务等方面的不同对业务体系进行区分，实施差异化竞争，从流量收割转向流量变现。在线教育平台的教学内容覆盖面广、形式多样，业务体系几乎涉及线下教育的所有类型，主要包括学前教育、K12①教育、素质教育、高等教育、职业教育等，此外还有语言培训、学习工具等特色业务，其中主要业务的服务内容和代表性平台如表2所示。

表2 在线教育平台的主要业务类型

业务名称	服务内容	举例
学前教育	儿童兴趣培养、智力开发等	爱宝宝、宝宝巴士、凯叔讲故事
K12教育	基础教育相关学科课外辅导	学而思网校*、新东方在线、作业帮、猿辅导、VIPKid
素质教育	能力培养、个性发展、身心健康等	火花思维、核桃编程、美术宝、昂立STEM
高等教育	课程选修、讲座直播、知识分享等	中国大学MOOC、智慧树网、学银在线
职业教育	职业培训、成人学习、技能提升等	东奥会计在线、厚大法考、粉笔网、达内培训
语言培训	应试外语、留学咨询、发音纠正等	新东方在线、沪江网校、新航道在线、51Talk
学习工具	语言翻译、在线答疑、辅助学习等	网易有道词典、小猿搜题、百词斩

注：*学而思于2013年因品牌调整更名为好未来，并将旗下中小学在线教育品牌命名为学而思网校。

资料来源：根据公开资料整理。

在各业务类型中，K12赛道的市场规模最大、产业链最复杂、竞争最激烈，是"双减"政策的主要监管对象。前瞻产业研究院公布的数据显示，2013~2020年，中国K12在线教育行业市场规模增长率基本保持在20%以上，2017年更是达到51.8%的增长率峰值，其中2015~2020年K12在线教育市场规模变化如图2所示。突发的新冠肺炎疫情为K12在线教育行业带来新的发展机遇，市场规模增加吸引了大量资本涌入，而2021年出台的"双减"政策让行业投资重归冷静。

2. 自由度高

在线教育平台具有的出现，打破了传统线下教育方式的时空限制，赋予

---

① K12（kindergarten through twelfth grade）普遍被用来代指基础教育，是学前教育至高中教育的缩写。

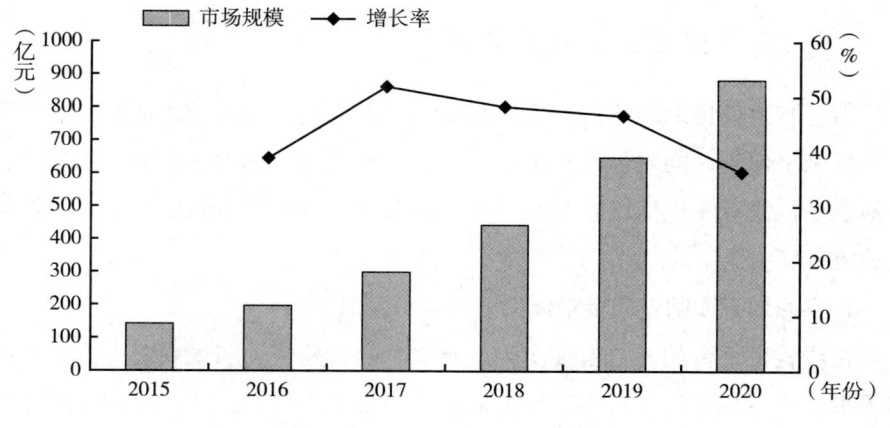

图 2　2015~2020 年 K12 在线教育市场规模

资料来源：前瞻产业研究院。

了学生更多自由和选择权，丰富了老师的教学管理方式。一方面，学生对学习时间的规划和对学习地点的选择更加自由，可以根据自己的状态分阶段预习新课、随堂听课、回看复习，不再局限于学校特定教室内固定的桌椅位置，在节省学生通勤时间成本的同时，也规避了视力差异、教室环境、同学关系等其他因素对学习的干扰。另一方面，学习内容和教学管理方式更加多元。在线教育平台集合了各类学习资源，学生可以根据自己的需求和兴趣选择课程，教师可以在平台查看每位学生的学习进度、作业情况和课程反馈等，可在增加对学生了解的同时提供个性化教学、监督服务。

3. 资源均衡

在线教育平台具有形式多样、自由度高的特征，有助于推动优质教育资源均等化。当前，虽然教育普及度不断提高，但优质教育资源在城乡之间和校际配置不均衡，人民群众对优质教育资源的需求不断增加同地区间教育发展不平衡不充分的矛盾依然存在。在线教育平台提供了优质教育资源共享的载体，在丰富学习内容和选择的同时，打破了时间、空间对教育资源传播的阻碍，在网络基础设施不断完善和移动终端设备逐渐普及的背景下，有效解决了师资短缺地区教育资源不足的难题。

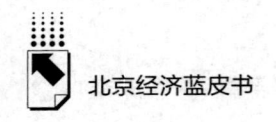

（二）在线教育平台面临的发展困境

新冠肺炎疫情期间线上教学全面推广，形式多样的在线教育平台给教学工作带来了便利，同时也暴露出诸多问题。随着新冠肺炎疫情防控常态化，各地逐渐恢复有序生活，在线教育平台的发展机遇与风险挑战并存，监管与自律需双管齐下。

1. 学习效果和师资质量难以保证

在线教育平台的高自由度实际上对学生的自控能力和规划能力提出了更高要求，学习环境可以自主选择的同时也意味着学生面临其他因素的干扰，尤其是对于本身学习动机不强、自觉性不够的学生而言，这种高自由度会导致学习参与度更低、学习效果更差。部分学生脱离了学校提供的教学环境后，并没有合适的学习空间，不能集中注意力听课。还有一点容易被忽视，过多使用电子设备会对学生的视力健康产生负面影响，造成视觉疲劳甚至导致近视。

由于教学环境发生变化，教师一时难以适应，课程流畅度和教学效果与线下教学相比大打折扣。在线教育平台改变了传统教学方式中师生互动的方式，教师难以通过眼神、动作了解学生的课堂参与度和听课集中度。由于在线教育是新兴教学模式，教师对在线教育平台的使用方式和各项功能还处于熟悉了解的阶段，尤其是对于年长教师而言，熟练掌握平台使用方法难度较大。此外，在线教育平台的教师质量往往参差不齐，师资水平和教学能力无法得到保证。最为重要的是，在线教育平台依托网络进行授课，对软硬件设施提出了更高要求，网络环境欠佳、移动终端设备老化会导致课程播放卡顿，平台部分功能无法使用，进而影响教学的顺利进行。

2. 信息安全和行业监管问题频发

在线教育平台与其他类型平台相同，在具有大数据和人工智能技术优势的同时，也面临着数据安全问题。用户数量飞速增加使得在线教育平台成为网络攻击的重灾区，信息泄露风险极高，电信诈骗事件层出不穷，然而，各类在线教育平台过度收集用户信息等现象屡见不鲜。工信部于 2020 年 7 月发布的《关于侵害用户权益行为的 App 通报（2020 年第二批）》中列出了尚未完成整改的 15 款 App 名单，其中 2/3 涉及教育类 App。除了用户信息泄露，在线教育平台的各种侵权行为也屡禁不止，如微信公众号、抖音和快手短视频未经授权转载教学内容，盗录、偷录、抄袭在线教学视频，参考教学内容不标注来源等。知识产权保护是在线教育课程创新的重要保障，而课程是在线教育平台的核心竞争力，侵犯知识产权的行为扰乱了在线教育行业的市场秩序，不利于在线教育平台正常经营和可持续发展。

在线教育平台的违法违规行为通常具有较强的隐蔽性，这大大增加了监管难度。在线教育平台的不正当竞争和乱收费现象频发，在激烈的市场竞争中，无法维持经营的在线教育平台卷款跑路"一倒了之"，家长高额的预付款项难以追回，资金安全无法得到保障。"电诉宝"受理用户维权的案例显示，退款问题、网络欺诈、霸王条款、虚假宣传是 2020 年在线教育投诉的主要问题。在线教育平台乱象频发暴露出监管治理的困境，而平台的监管治理涉及主体众多，政策变化往往牵一发而动全身，政策制定和监管治理难度较大。

3. 平台流量波动剧烈

新冠肺炎疫情将在线教育行业的"泡沫"越吹越大，为在线教育平台带来意想不到的发展机遇，也暴露出平台的更多弊端。2020 年在线教育市场规模高达 2573 亿元，增速为 35.5%，整体线上化率由之前的 13%~15% 暴增至 23%~25%。[①] 伴随平台用户数量剧增的是在线教育平台乱象凸显，尤其是 K12 教育领域。在线教育平台具有教学内容多样、便于碎片化学习、优质教育资源均衡的优点，家长倾向于追逐平台中的名师课程来提高子女的升学竞争力，而平台利用家长的这一心理，出于商业动机营造出不合理的教育培训需求，此时由资本裹挟的在线教育平台逐渐偏离教育事业的初衷。在升学重压和商业资本的共同影响下，恐慌性竞争加剧了学生的学习负担，扰乱了正常的学习秩序，产生新的教育鸿沟。

---

① 数据来源于艾瑞咨询发布的《2020 年中国在线教育行业研究报告》。

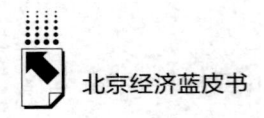

随着疫情逐渐得到管控，我国进入疫情防控常态化、社会面动态清零阶段。就教育系统而言，学生分批返校有序复课，线下教学得到恢复，教育重归常态化。对于在线教育平台而言，线下教学恢复并不意味着线上教学模式的结束，其仍将起到重要的补充作用。在线教育平台异军突起，课程内容上似有与线下教育"分庭抗礼"之势，且大量逐利资本已经涌入，面对流量"退潮"，在线教育平台亟须引导和监管，在此背景下"双减"政策应运而生。

4."双减"政策对平台经营造成冲击

2021年7月，"双减"政策出台，旨在减轻学生过重的课业和校外培训负担，减轻家庭教育支出和精力投入，清除教育体系中的各种乱象，其中政策的部分要求及对在线教育平台的影响如表3所示。

表3 "双减"政策对在线教育平台的影响

政策要求	对在线教育行业的影响
严格控制课程时长	留给在线教育平台的教学服务时间仅剩工作日课后，且对课程时长、课程间隔和结束时间都进行了明确规定
坚持从严审批机构	不再审批面向义务教育阶段、学前和高中阶段的学科类培训的新机构，在线教育平台的学生数量、课程内容和服务类别严重缩减
严禁资本化运作	现有学科类培训机构需变更为非营利性质，K12相关在线教育平台资本化被"堵"，已上市的需要剥离相关资产或转型其他业务
强化培训收费监管	明确在线教育平台收费的公益属性，价格受政府指导，严格管控平台预收费行为
从严规范培训类别	严格约束在线教育平台的培训内容，其中境外外教口语服务以及"拍照搜题"模式"失效"
规范培训服务行为	杜绝在线教育平台的虚假宣传、垄断竞争等不正当竞争行为，对在线教育平台的广告内容、宣传场所进行限制

资料来源：《关于进一步减轻义务教育阶段学生作业负担和校外培训负担的意见》、华经产业研究院、Mob研究院。

"双减"政策出台后，各试点城市纷纷制定相应措施将"双减"政策落地。以北京市为例，2021年8月北京市印发《北京市关于进一步减轻义务

"双减"背景下北京在线教育平台的转型与突围之路

教育阶段学生作业负担和校外培训负担的措施》,围绕减轻作业负担、完善课后服务、治理培训机构、提高教学质量等方面制定"双减"工作方案。其中在培训机构治理方面,北京市基于"双减"政策要求,采取的措施包括:叫停义务教育阶段的学科类暑期课程,探索利用人工智能技术合理控制学生连续线上培训时间,抓好"三限""三严"[①]等。随着"双减"政策在北京的有序推进,培训机构数量大幅缩减,截至2021年10月25日,北京市无证机构动态清零地区达到12个,已有120多家机构受到通报,多家违规企业遭到顶格罚款,共计1500余万元。[②]

"双减"政策对在线教育平台产生了强有力的政策约束,尤其是对学科类培训的监管力度空前,使得K12在线教育的生态发生了深刻改变。在此冲击下,在线教育平台纷纷叫停学科培训,通过部门合并、业务调整等方式来"断臂"求生,其中受冲击最大的K12在线教育不得不承担因裁员补偿、设备损失和退还学费等原因造成的巨额亏损。以北京新东方为例,截至2021年11月30日的6个月间,新东方在线净亏损5.44亿元,全职员工和兼职员工数量较上年同期分别减少了83.9%和88.2%,K12在线教育方面总营收减少19.7%至2.70亿元,学前教育方面总营收减少62.2%至167.9万元。[③]"双减"政策"猛踩刹车"之后,在线教育平台迎来巨震,转型迫在眉睫。

三 北京在线教育平台转型突围策略

面对政策突变引起的宏观环境变化,众多在线教育平台只有迅速调整定位、重整业务、更新技术、切换赛道,才有可能成功突围,在新赛道再次获得生存发展的机会。为了适应新的宏观政策环境,曾经以学科类教育业务为

[①] "三限"指限制机构数量、限制培训时间、限制收费价格;"三严"指严管内容行为、严禁随意资本化、严控广告宣传。
[②] 数据来源于Mob研究院发布的《"双减"政策影响下的中国教育培训机构转型发展研究》。
[③] 数据来源于新东方在线公布的截至2021年11月30日6个月的中期业绩报告。

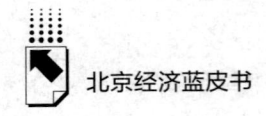

主的各平台正在结合自身比较优势进行转型尝试，在整合已有资源的同时拓展新的业务类型。当前，各大在线教育平台及其背后公司已经官宣并着手实施转型策略，本报告以新东方为代表性平台进行分析。

（一）总结发展经验，制定转型策略

回顾新东方的发展历程可知，在"双减"政策实施前，新东方已在2013年的"互联网+"热潮中积累了一定的转型经验。自1993年在北京成立以来，新东方的业务主要围绕语言类培训展开，并逐渐积累起知名度。但随着线下成本上升、在线教育发展以及优秀教师离职等不利情况的出现，新东方面临内忧外患的局面，并在2013年出现了2007年上市以来的首次季度亏损，转型迫在眉睫。为此，新东方采取融合互联网的转型策略，鼓励内部教师创业并推出乐词App等产品，启动"双师课堂"融合线上线下教师资源，上线"精雕细课"以交互方式满足碎片化学习需求，成立"比邻东方"进入在线外教和少儿英语市场，切入K12教育赛道创办"优能中学""东方优播"并提供私播课[①]服务，成功打造了集传统培训、线上教育和关联公司于一体的教育生态圈。这次转型巩固了新东方在教培行业的领先地位，K12教育、大学教育和学前教育逐渐成为调整后的三大主营业务，为之后"双减"政策下新东方遭受的冲击和采取的策略带来了深远影响。

作为教培行业的龙头企业，新东方应对"双减"政策的转型策略最引人关注。面对"双减"政策引发的行业巨震，新东方基于已有的转型经验，在明确自身核心竞争力的基础上以积极的态度制定转型策略、开展业务调整，既有对已有业务的拓展和发掘，也有出其不意的尝试和创新。从新东方公布的举措来看，转型的主要发力点包括素质教育、大学生教育、硬件设备开发以及直播带货等。不论转型结果如何，其转型过程势必会挤占已有平台的用户资源，而这些市场面临的竞争依然十分激烈。

---

① 私播课即SPOC（Small Private Online Course），为小规模限制课程，在班级人数限额的基础上要求参加新东方线下课程才有报名资格。

（二）整合已有资源，挖掘业务潜力

就已有业务而言，新东方对战略重心做出调整，继续深挖现有资源的潜力。由于"双减"政策对义务教育阶段的校外培训做出了严格限制，新东方关停了小学和初中相关的学科类培训业务，重新回归并升级四六级、考研辅导、出国留学、教资财会和司法考试等大学生教育业务，布局素质教育、研学旅行、智慧校园和智能硬件等赛道，加大对海外中文市场的投入。

在素质教育方面，"双减"政策对非学科类素质教育培训的管制相对较松。同学科类教育不同，素质教育侧重于对学生的思想道德素养、个人性格能力、身体心理健康等方面进行培养。我国素质教育市场需求量大，根据国家统计局公布的数据，2020 年 3～15 岁在校生达 2.05 亿人，庞大的市场需求预示着良好的发展前景。当前，素质教育在新东方调整后的业务板块中占据重要位置，已推出产品有：双语故事表演、智力脑开发、思辨与口才等素质素养课程；超级大侦探、小小魔法师、未来外交官等主题游学营地；自然科创空间站、语商素养学院和智能运动训练馆等。作为新东方转型的重要突破口之一，素质教育未来有望得到进一步发展。

在大学生教育方面，新东方已深耕多年，且现阶段成人教育的市场需求不断增加，具有广阔的发展空间，热度正不断上升。在劳动力结构变化以及科技发展日新月异的共同作用下，考研、考公和职业培训逐渐成为毕业生提高竞争力、劳动者提升岗位薪酬的选择。近 5 年考研、考公人数连续增加，2021 年考研报名人数为 377 万[①]，同年国考通过资格审查人数与录用计划数之比达 61∶1[②]，而 2022 届高校毕业生规模预计达到 1076 万人，再创历史新高[③]。考研、考公的竞争进一步加剧，同时艾瑞咨询的数据显示，职业资格考试培训市场规模也在不断增长，2020 年达到 421.5 亿元。不断扩大的

---

① 数据来源于研招网。
② 数据来源于国家公务员网。
③ 数据来源于教育部、人力资源和社会保障部 2021 年 11 月 19 日的视频会议。

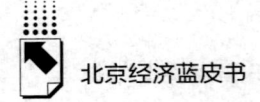

成人教育市场规模为新东方回归大学生教育提供了新机遇，但面对该领域数量众多且发展成熟的竞争对手，新东方的回归和转型之路仍面临着争夺市场份额的压力。

在其他教育方面，互联网信息技术赋予了新东方跨界拓展业务的可能性。当前，除To C端素质教育和大学生教育业务外，新东方已有转型路径还包括服务智慧校园建设和研发智能教育设备。新东方以"教育新基建"为契机，运用网络直播、大数据、AI等科技手段提供信息化服务，运用传感互联、智能交互等智能制造技术创新研发教育硬件终端，开展To B端业务，服务学校教育信息化建设，打造智能校园，打开与学校合作的大门。

（三）把握行业机遇，尝试跨界直播

新东方在创新方面持续发力以寻求突破，成立直播品牌"东方甄选"，并以农产品带货为主营业务，在抖音短视频平台设立直播间，选拔机构内部老师作为主播，打造大型农业平台整合农产品上下游资源，实现自身发展的同时助力乡村振兴。在各类业务调整中，"东方甄选"直播已初显成效，为新东方带来收益和热度。2022年6月，新东方主播董宇辉在互联网"爆火"，其结合中英文介绍产品专业知识、讲述相关诗词故事的直播方式受到了越来越多的关注。新抖数据显示，截至6月20日，"东方甄选"在近30日内的直播销售额高达4.06亿元，高峰时期主播单场直播销售额超过5000万元，与平时日均业绩相比最高暴增数十倍，在6月10日至6月16日一周之内"东方甄选"直播间的"粉丝"数量增加超过1000万人。

"东方甄选"成功的原因，关键在于新东方充分整合并利用已有的比较优势，在多年经营获得的较高知名度和认可度的基础上，依托优质教师人才组建主播团队打造核心竞争力，在向竞争激烈的直播赛道转型过程中选择"农产品带货+双语文化直播"这种颇具自身特色的方式进行差异化定位和价值观输出，最终形成独特的直播风格并吸引了巨大流量。此外，新东方把

握了直播和短视频的流量机遇,与抖音开展深度合作,瞄准农业广阔市场和农民转型问题,打造品牌的良好形象,以及使用"东方甄选"这一通俗易懂的全新品牌名称,在凸显主营业务的同时体现与新东方的关联和区别,提高人们对新东方直播业务的接受度。

当前,新东方正顺势增加商品类别,不断完善"东方甄选"的内容矩阵,为今后利用直播途径推广教育产品打下基础,其语言优势也使得拓展外贸直播业务成为可能。但互联网的巨大流量往往与挑战并存,在产品方面,部分农作物具有容易腐坏变质、运输存储难度大的特点,比如"东方甄选"销售的山西水蜜桃被投诉霉烂长毛,而直播间农产品销售价格高和观众心理价位低的不匹配也是导致未来流量减少和销售额不能保持高位的可能原因;在主播方面,外界对新东方人才资源错配、教育资源浪费的质疑始终不断,以及其他MSN机构对知名主播开出高价"挖墙脚"等。所有这些,都是"东方甄选"亟须克服的困难。

(四)教育部指明的其他转型方向

以新东方为代表的诸多在线教育平台制定并尝试各种转型策略的同时,教育部也为校外培训指明了其他转型方向,包括助力校内教育、指导家庭教育、加强素质教育、发展职业教育、服务终身教育、促进乡村教育振兴和扩大教育对外开放,引导非学科类教育成为学校教育的有益补充,给在线教育平台的转型提供了一些思路和启发。在这几大转型方向中,教育和教育对外开放大有可为。家庭教育将家长作为培养对象,通过在育儿理念和家庭教育等方面进行适当引导,增进家长对子女的了解,改善家庭成员间关系。终身教育将成人作为目标对象,为有需求的成人提供终身学习规划、学习内容和学习陪伴等方面的服务。乡村教育旨在发挥在线教育平台的特点均衡教育资源,在丰富乡村学生学习资源的同时为乡村培育优秀教师。教育对外开放启发在线教育平台把握全球化机遇,为其他国家的学习者提供优质课程,搭建各国人民人文交流的桥梁。

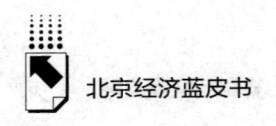

四 在线教育平台未来展望

"教育是国之大计、党之大计"[①],教育发展成效关乎人心向背,而新冠肺炎疫情为我们提供了深入了解、客观评价在线教育的契机。一方面,突发的新冠肺炎疫情暴露出在线教育平台更深层次的问题,在此背景下实施的"双减"政策意义深远,有助于指导在线教育平台健康有序发展,进而构建教育系统的良好生态。另一方面,新冠肺炎疫情也凸显了在线教育平台在促进教育公平、推动教学方式改革方面的重要作用。为此,教育部从战略工程这一长远角度出发,提出加快建立系统、完整的公共在线教育服务体系。

由于在线教育平台容易受政策影响,因此平台转型的长远目标以及未来经营发展的核心思路都应契合我国教育领域的政策方向。考虑到国家未来建设公共在线教育服务体系的目标,在线教育平台应该发挥技术、资源和经验的优势,主动参与公共教育平台搭建,以积极的姿态与公共平台合作,承担起均衡优质教育资源的重任,将自身发展融入国家对教育体系不断建设和完善的过程中。2022年3月28日,国家智慧教育公共服务平台正式上线,这给非公共在线教育平台带来启示,"跑马圈地"式竞争的时代已成过去,如何在更加开放的生态环境中建立新的比较优势,是更加值得思考的问题。

建立公共在线教育服务体系,通过融合线上、线下教育资源的方式打造"互联网+教育"新生态也是重要趋势。在新冠肺炎疫情的倒逼下,"互联网+教育"已成为学校教育的重要组成部分,线上为辅、线下为主的教育融合模式也已成为常态,教育模式变革迎来关键时期。在此背景下,在线教育平台可以利用自身的比较优势,运用大数据、人工智能、5G等新技术,将自身更密切地融入"互联网+教育"新生态,在帮助学校进行教育信息化建设的同时,加深校企合作,实现双赢。

展望未来也要反思当下,"双减"政策的主要目标是规范学科类在线教

---

① 2018年9月10日,习近平总书记在全国教育大会上指出,"教育是国之大计、党之大计"。

育市场，但也给其他赛道的平台敲响了警钟。只有取得资质认可、规范行业行为、打磨优化内容、开展校企合作，才是长久经营的核心，也是转型突围的关键。"双减"的目的绝不是打击教育行业中的创新业态，而是解决在线教育市场中存在的问题，强调学科类教育的公益属性，提醒在线教育平台在扩张、赢利和转型的同时承担起企业社会责任，不要忘记教育事业的初心和使命，也不要忽视学生和家长的真正需求。

参考文献

［1］Mob 研究院：《"双减"政策影响下的中国教育培训机构转型发展研究》，2021年11月11日，https：//www.mob.com/mobdata/report/150。

［2］杨小敏、阳科峰、张艳荣：《"双减"政策有效落实的潜在困境与应对策略——兼论公共在线教育服务体系建设》，《四川师范大学学报》（社会科学版）2021年第6期。

［3］袁磊、雷敏、张淑鑫、覃颖、黄宁：《把脉"双减"政策 构建在线教育信息安全体系》，《现代远程教育研究》2021年第5期。

［4］叶沛东、董宜祥：《后疫情时代在线教育的现状及未来发展》，《办公自动化》2021年第15期。

［5］王娟、郑浩、李巍、邹轶韬：《智能时代的在线教育治理：内涵、困境与突破》，《电化教育研究》2021年第7期。

［6］郑刚、胡佳伟：《新东方的互联网转型与变革》，《清华管理评论》2018年第6期。

［7］魏涞：《在线教育培训公司的营销模式及其发展策略》，《现代营销（经营版）》2021年第10期。

监管篇
Supervision Reports

B.9
北京平台经济反垄断监管的挑战及应对

邓慧慧　赵晓坤*

摘　要： 平台经济是北京数字经济的重要内容。目前北京集聚了一批在国际、国内同行业领先的平台型企业，覆盖生活服务、网络媒体、智能制造、医疗保健、文化艺术等领域。如何坚持发展与规范齐头并举，做强做优平台经济，打造数字经济发展样板，对北京平台经济监管能力和监管机制提出了新的要求。随着国际反垄断监管风向从严，国内反垄断监督力度加大，北京着力构建联防联控机制、出台反垄断合规指引、力推公平竞争政策，同时开展规范平台企业行动。目前北京平台经济反垄断监管仍存在政策法规不健全、监管措施不完善、监管模式相对滞后等问题，因此本报告提出三条加强平台监管的政策建议：坚持科学审慎包容监管理念、完善反垄断监管相关法律制度、加强数字化监管。

---

* 邓慧慧，对外经济贸易大学北京对外开放研究院研究员，国家对外开放研究院国际经济研究院教授、博导，研究方向为数字经济、区域、城市与产业发展；赵晓坤，山西大同大学商学院讲师，研究方向为区域经济、产业经济。

关键词： 平台经济　反垄断监管　数字化监管

随着数字技术持续迭代升级，平台经济发展进入快车道，资本规模不断扩张，商业模式发生了根本性变革，其引发的垄断风险日益凸显。世界主要经济体对平台经济的监管风向从严，我国政府加大平台经济监管力度，整顿平台企业资本无序扩张、滥用市场地位、经营者集中等行为，规制"二选一"和"大数据杀熟"等损害消费者权益的现象。北京集聚了一批在国际、国内同行业领先的平台型企业，覆盖新闻媒体、生活服务、医疗保健、文化艺术等领域。截至2021年12月，我国互联网上市企业中，注册地址为北京的企业数量最多，占互联网上市企业总量的34.2%，其中注册地址为北京的互联网独角兽企业84家，占全部互联网独角兽企业的38.4%。[①] 2020年，北京互联网业务累计收入为4213.24亿元，位居全国第二，增速为21.5%，互联网平台收入为1001.36亿元，2021年北京互联网业务累计收入位居全国第一，增速高达29.6%。[②] 平台经济成为北京发展数字经济的重要内容，如何坚持发展与规范齐头并举，做强做优平台经济，打造数字经济发展样板，对北京平台经济监管能力和监管机制提出了新的要求。在国家反垄断法律制度框架下，探索符合北京数字经济和平台经济发展规律的监管路径具有重要的现实意义。

一　平台经济反垄断监管态势

（一）国际反垄断监管风向从严

新冠肺炎疫情在世界各国蔓延，加速了购物、医疗、教育、办公、娱

---

① 数据来源于中国互联网络信息中心第49次《中国互联网络发展状况统计报告》。
② 数据来源于工信部2020年和2021年互联网和相关服务业运行情况统计数据。

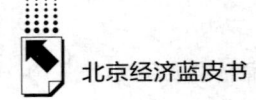

乐等线下经济向线上转移，平台经济实现逆势增长。全球主要经济体对平台经济的监管政策也持续调整，尤其是在反垄断领域监管政策趋严，重塑公平竞争的市场秩序是全球平台监管的重要走向。2021年6月，美国通过了《终止平台垄断法案》、《美国创新和在线选择法案》、《通过启用服务交换增强兼容性和竞争性法案》、《平台竞争和机会法案》和《并购申请费的现代化法案》五项法案，进一步强化了平台经济反垄断法律规制，美国从传统的宽容市场监管转向审慎的反垄断执法。欧盟延续并强化了对超大型平台企业严格监管的政策态度，加大力度规范互联网空间。2020年12月，欧盟委员会公布了《数字服务法案》和《数字市场法案》的草案，2021年11月23日，欧洲议会内部市场和消费者保护委员会通过了《数字市场法》草案，监管对象主要为互联网平台公司，监管内容包括搜索引擎、社交媒体、广告投放等。2021年，日本实施《提升特定数字平台透明度和公平性法案》，展开对亚马逊、雅虎、苹果、谷歌和乐天公司等第一轮监督评估检查。澳大利亚起草《在线隐私保护法案》，进一步平衡个人信息保护和数字经济监管力度。韩国《电信业务法》修正案于2021年9月14日正式通过，该法案阻止谷歌和苹果等大型平台企业应用商店强制软件开发商使用它们的支付系统，为平台企业支付结算方式的监管提供了法律依据。近年来，欧盟、美国、日本、俄罗斯、澳大利亚、韩国和印度等国家和地区相继对谷歌、亚马逊、脸书和苹果等超大型平台企业存在的垄断问题展开调查（见表1）。

表1 2021年主要经济体对超大型平台企业的监管案例

时间	平台企业	监管主体	监管案件要点
1月	谷歌	英国竞争和市场管理局	谷歌涉嫌利用在线广告资源形成垄断地位,损害消费者权益,英国对谷歌广告数据系统展开调查
4月	苹果	俄罗斯联邦反垄断局	苹果因滥用应用市场主导地位,妨碍研发人员研发家长监控程序,应用商店准入规则不够透明,罚款超过9亿卢布(约合7800万元人民币)

续表

时间	平台企业	监管主体	监管案件要点
4月	苹果	欧盟委员会	苹果公司限定流媒体音乐服务提供商的选择,欧盟对此提起反垄断诉讼
5月	谷歌	意大利竞争和市场管理局	谷歌旗下的三家企业因滥用市场主导地位被处以1.02亿欧元罚款
6月	脸书	欧盟委员会	脸书利用其从广告商处收集到的数据进行不正当竞争,欧盟对此展开反垄断调查
6月	谷歌	法国竞争管理局	谷歌因滥用其在数字广告领域的主导地位被处以2.2亿欧元(约合17.16亿元人民币)罚款
6月	谷歌	欧盟委员会	调查主要针对谷歌在数字广告业务领域打压竞争对手的行为,调查其是否限制第三方公司获取用户数据
7月	亚马逊、eBay	澳大利亚竞争与消费者委员会	调查亚马逊、eBay 等在线购物平台对竞争市场的影响
9月	Kakao、Naver、谷歌	韩国公平贸易委员会	Kakao 及 Naver 等多家互联网平台因涉嫌违反韩国《金融消费者保护法》而被要求自查自纠违法违规行为;谷歌在移动操作系统和应用程序领域滥用市场支配地位,被罚2074亿韩元(约合11.41亿元人民币)
10月	苹果、谷歌	日本公平贸易委员会	调查苹果和谷歌是否利用自身在智能机操作系统领域存在的市场支配地位阻碍和排除公平竞争
11月	苹果、谷歌	意大利竞争和市场管理局	因违反意大利《消费者法》,按照现行法律上限分别对苹果、谷歌处以1000万欧元罚款

资料来源:根据公开资料整理。

(二)中国反垄断监管力度加大

1. 监管政策密集出台

数字经济时代,我国政府高度重视促进市场公平竞争和企业创新,完善平台企业监管等方面的法律体系。2019年1月1日,我国正式实施《电子商务法》,该法案第22条、第35条明确了电商平台不得滥用市场支配地位、排除和限制竞争、提出不合理限制或附不合理条件等。2019年8月,国务

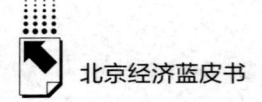

院办公厅印发《关于促进平台经济规范健康发展的指导意见》，标志着我国平台经济进入全面监管时代。2020年12月11日，中央政治局会议要求强化反垄断和防止资本无序扩张，12月16日，中央经济工作会议将强化反垄断和防止资本无序扩张作为2021年八项重点任务之一，就此拉开了国家对平台经济反垄断治理的大幕。

2021年2月7日，国务院反垄断委员会出台我国首部针对平台经济领域的法律指南《关于平台经济领域的反垄断指南》（以下简称《反垄断指南》）。《反垄断指南》结合我国经济发展阶段和平台经济发展状况、经营特点和运行规律，为平台经济领域的健康发展提供了明确的指引。《反垄断指南》从法律意义上界定了平台、平台经营者、平台内经营者、平台经济领域经营者、相关市场的概念，强调了反垄断执法机构应坚持保护市场公平竞争、依法科学高效监管、激发创新创造活力、维护各方利益的基本原则。《反垄断指南》逐一细化不公平价格行为、低成本销售、虚假交易、限定交易、搭售或者附加不合理交易条件、差别待遇等滥用市场支配地位的形式，同时回应了社会广泛关注的"二选一"和"大数据杀熟"等问题，为市场监管提供了法律的可操作性。2021年10月，国家对实施13年的《反垄断法》进行了首次修订，在维护平台经济创新发展的前提下，增加了关于利用数据和算法实施排他性竞争的条款，并加大反垄断罚款力度。

2022年1月12日，国务院发布《"十四五"数字经济发展规划》，强调要提高政府治理能力，加强数字市场监管，推动平台经济规范健康持续发展。2022年，国家发展和改革委员会、国家市场监督管理总局、中共中央网络安全和信息化委员会办公室、工业和信息化部等九部门联合印发《关于推动平台经济规范健康持续发展的若干意见》，突出强调了平台经济重点监管领域，明确平台经济发展需要提升监管技术以及监管能力。该文件第一次强调了建立"有序开放的平台生态"，营造兼容开放的平台发展环境，为平台经济健康发展提供了行动指南和根本遵循。

2. 反垄断力度加大

2021年11月18日，国家反垄断局正式成立，为治理垄断乱象、保护公平竞争提供体制保障，标志着中国反垄断进入一个新的阶段。国家反垄断局下设竞争政策协调司、反垄断执法一司和反垄断执法二司，旨在提升国家反垄断监管的权威性，加强反垄断执法的统一性。其中竞争政策协调司负责推进我国公平竞争政策和反垄断政策，以及对反垄断案件的复核协调工作，同时指导地方开展反垄断工作。反垄断执法一司主要负责查处制定实施数字经济领域垄断协议的行为、滥用市场支配地位行为、滥用知识产权行为、限制竞争行为等反垄断工作，同时组织跨区域案件办理。反垄断执法二司负责经营者集中行为查处工作，同时指导国内企业在境外合规运营和进行反垄断应诉等。

国家反垄断罚款力度加大，威慑力增强。2020年12月14日，国家市场监督管理总局根据《反垄断法》第48条、第49条和《国务院关于经营者集中申报标准的规定》，对阿里巴巴收购银泰商业股权案、腾讯旗下阅文集团收购新丽传媒股权案和丰巢网络收购中邮智递股权案三起未依法申报违法实施经营者集中案分别处以罚款50万元的行政处罚。2021年4月，国家市场监督管理总局对阿里巴巴滥用市场地位的违法行为处以182.28亿元罚款，并要求其连续三年递交自查合规报告，此次处罚是我国实施《反垄断法》以来开出的最大罚单。2021年10月，美团因"二选一"垄断行为被处以34.42亿元罚款，并且被要求退还商家12.89亿元保证金。国家市场监督管理总局联合中共中央网络安全和信息化委员会办公室、国家税务总局召开行政指导会，要求百度、京东、美团、字节跳动、滴滴、拼多多等34家大型平台企业展开自检自查，并向社会公开《依法合规经营承诺》。2021年反垄断工作释放了公平公正监管的政策信号，全国查处垄断案件176起，罚没金额235.86亿元，相较于2020年的109起、4.5亿元，无论数量还是金额都有大幅提升。①

---

① 数据来源于2022年3月17日全国市场监管系统反垄断工作会议，https://www.samr.gov.cn/xw/zj/202203/t20220317_340564.html。

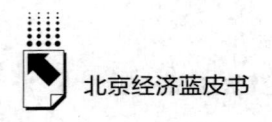

二 北京平台经济反垄断监管现状

（一）构建联防联控机制

北京加快制定平台经济发展规划，鼓励平台企业集聚发展，形成若干以平台型企业为核心、配套企业集聚的平台生态系统，引导和推进实体商贸零售企业向新零售转型，特别是以新冠肺炎疫情防控为契机，重点推进医疗健康、教育培训、养老家政、文化体育等民生服务领域发展。2021年，北京市市场监督管理局会同20个部门成立北京市规范互联网平台经济工作领导小组，并对17家重点平台企业开展督促指导。2021年8月3日，北京市电子商务领域跨平台联防联控系统正式上线，在电子商务领域打造平台自律、政府监管、社会监督互为支撑的网络协同监管格局，目前，京东、美团、抖音、阿里巴巴、百度等21家国内知名电商企业正式加入该系统。该系统初步构建了"一个平台、一套规则、两个闭环、三个能力"的运行机制，依托互联网技术提升事前、事中、事后监管能力。

北京市不断提升新业态、新模式监管能力，创造公平竞争的市场环境。北京市市场监督管理局印发了《关于进一步创新和加强事中监管构建一体化综合监管体系的工作方案》，首次建立"6+4"一体化事中监管制度，其中"6"是指风险监管、信用监管、分级分类监管、协同监管、科技监管、共治监管6项综合监管基本制度，"4"是指在互联网平台等9个行业领域推行"一业一册""一业一单""一业一查""一业一评"4项场景化措施。

（二）出台反垄断合规指引

2021年12月7日，北京市市场监管发展研究中心和中国政法大学竞争法研究中心组成课题组联合发布《北京市平台经济领域反垄断合规指引》(2021年版)(以下简称《反垄断合规指引》)，通过完整和系统的政策框架来规范平台经济发展（见表2）。《反垄断合规指引》通过列举美国、欧盟以及我国反垄断执法的处罚案例,为平台经济领域经营者提供合规经营的注意事项和风险预警。《反垄断合规指引》结合数字经济和互联网业态的特点,对涉嫌垄断行为的基本内容、行为表现进行了说明,并做出风险提示,以提高平台企业的垄断识别能力。《反垄断合规指引》还具体解析了"二选一""大数据杀熟"等平台领域的垄断行为,平台经营者通过独家协议或其他排他协议等方式,要求交易相对人进行"二选一",排除、限制现有竞争者的,即使平台经营者不具备市场支配地位,也将被认为实施了垄断行为。《反垄断合规指引》指出"大数据杀熟"具有明显的价格歧视和竞争损害特征,具有市场支配地位的平台经营者通过推荐定向广告、营销网页等固化交易相对人对差异定价的认知,向形成消费依赖的客户群体收取高价格,以低价格吸引潜在客户的行为,被认定为"大数据杀熟",具有较高的垄断风险。

表2 《北京市平台经济领域反垄断合规指引》重点

反垄断合规重点	合规具体内容
垄断协议	经营者排除、限制竞争的协议、决定或其他竞争协同行为
滥用市场地位	具有市场支配地位的经营者凭借该地位,在相关市场内不正当排除、限制竞争,损害消费者利益和社会公共利益的行为
经营者集中	经营者合并,经营者通过取得股权、资产,或者通过合同等方式取得对其他经营者的控制权,或者能够对其他经营者施加决定性影响的行为

资料来源:《北京市平台经济领域反垄断合规指引》。

(三)力推公平竞争政策

2021年,国家市场监督管理总局、国家发改委、司法部等五部门联合发布了《公平竞争审查制度实施细则》。北京市围绕《北京市进一步推进公平竞争审查工作的实施意见》开展政策实施专项检查、委托第三方评估检查和加强举报处理回应三项工作,加大反不正当竞争的执法力度,进一步强化竞争政策的实施。北京在公平竞争审查方式、审查标准以及监督手段方面

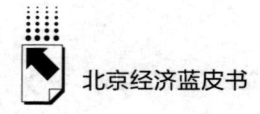

进行了探索与创新，依托北京市专业机构、高校资源优势，市联席办组建了公平竞争审查专家库，同步制定了《北京市公平竞争审查专家库管理办法（试行）》。北京市探索跨区域公平竞争审查协同战略，与天津和河北共同签署《京津冀市场监管执法协作框架协议》，其中包括反垄断领域的子协议，京津冀三地实施统一的公平竞争审查标准，清除影响京津冀区域统一市场和公平竞争的做法和行为。三地建立反垄断线索互通互报机制，实行公平竞争审查结果、评估结果互认。三地还共同制定了《2021年京津冀市场监管政策措施抽查工作方案》，推动京津冀区域公平竞争审查工作一体联动。

（四）开展专项治理

北京市开展平台企业规范治理行动，开展网络市场监管专项行动（网剑行动），重点整治平台经济领域"二选一"、"大数据杀熟"、价格欺诈、虚假宣传、违法广告等问题。北京市出台《助企惠企促进市场主体发展壮大的若干措施》，对平台企业开展反垄断宣传、培训，引导企业完善合规管理制度，自觉规范经营行为，督促平台经营者履行管理责任。北京市委网信办、北京市公安局、北京市市场监督管理局、北京市通信管理局组织开展App违法违规收集使用个人信息专项治理行动，对北京胜达讯科技有限公司"智能清理大师"和北京慧点共赢科技有限公司"内存优化大师"两款App违规收集和使用个人信息的行为依法进行处理。2021年10月，北京市通信管理局对字节跳动、美团、京东、360、墨迹天气、陌陌、知乎、网易有道8家重点互联网企业开展了现场检查，重点查处影响市场竞争秩序、数据泄露、侵权等行为。

三 北京平台经济反垄断监管的潜在挑战

（一）反垄断政策法规尚不健全

平台经济具有商业模式多样、竞争生态复杂、用户基数大等特征，界定相关市场行为需要执法部门在相对长时期内观察市场竞争的变化，对平台企业的市场实力做出合理评估，这加大了执法部门的反垄断难度。新业态和新模式不断出现，平台企业的垄断手段具有一定的隐蔽性，而政策从制定到出台在一定程度上存在滞后性，导致起步阶段的监管缺失甚至空白。平台企业涉及多方利益主体，不同平台企业的经营业务类型纷繁复杂，《关于平台经济领域的反垄断指南》和《北京市平台经济领域反垄断合规指引》为平台治理提供了一定的法律依据，但是在具体垄断行为和法律责任方的界定上仍存在较大困难，而且行政处罚仍缺乏有效的制度支撑。2021年北京市消费者协会关于平台"二选一"问题的调查结果显示，超过60%的受访者认为该行为侵犯了消费者的选择权，超过一半的受访者认为损害了自身的交易公平，48.88%的受访者认为商家侵犯了消费者的知情权，43.18%的受访者认为违法手段隐蔽、取证难，41.04%的受访者认为平台经济监管相关法律法规不健全。对于"大数据杀熟"行为，调查结果显示82.32%的受访者认为相关法规不健全，79.53%的受访者认为不容易取证。一半多受访者选择不再去该商家消费，有三成多受访者选择忍气吞声自认倒霉，只有极个别（0.43%）受访者选择通过司法诉讼方式维权。平台企业的竞争优势是建立在数据或算法基础上的，而平台经济的网络效应、多边市场性和跨区域性加大了辨识平台垄断行为的难度，对平台企业"大数据杀熟"和"二选一"垄断行为的取证尤为困难，客观上导致执法部门在执法目标、执法手段、执法标准上存在一定差异，加大了公平执法难度。

（二）反垄断监管措施仍需完善

与传统企业不同，互联网平台企业兼具市场和企业双重属性，平台企业市场份额较高并不意味着造成市场垄断，通过市场占有率、赫芬达尔指数、成本加成等方法衡量平台企业市场地位的传统做法难以有效适用于平台经济领域。政府需要对具有市场支配地位的企业做出正确评估，判断其是否滥用市场地位，判定垄断的标准和依据需要动态更新。平台经济快速发展产生自我增强机制，超大型平台企业具有交叉网络外部性，这种交叉网络外部性与

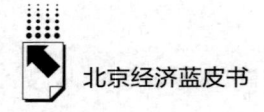

商家入驻平台的数量和消费者数量正相关，平台企业对商家和用户产生锁定效应，使得商家和消费者的转移成本变高。平台企业的资本扩张并非"洪水猛兽"，关键在于政府如何进一步明确发展方向，界定无序扩张的边界，正确认识资本运行规律。目前的监管挑战在于如何对资本风险进行预警，减缓资本对市场秩序造成的冲击。

数字经济时代，数据和算法技术已经成为比资本更强大的生产要素，平台经济的竞争依赖数据竞争和算法竞争，而目前平台企业存在算法透明度低、可解释性差等问题。互联网平台以数字技术为基础，导致其垄断行为具有一定的隐蔽性，给执法过程带来一定的困难。

（三）反垄断监管模式相对滞后

目前北京的反垄断监管仍以政府为主导，以运动式治理、约谈惩罚为主要方式，在数字经济发展新形势下，平台经济具有跨界发展、生态竞争等特性，以政府为主的监管模式已经变得相对滞后。现有监管制度和相关法律法规不能完全覆盖平台企业的各种类型，无法适应平台经济的发展趋势和要求。平台经济具有显著的跨产业特性，对同一平台的监管需要两个或多个部门同时进行，例如直播带货等采取"线上+线下"经营模式，容易出现监管空白，单纯依靠某个部门监管往往无法达到最终监管目标。

四 北京平台经济反垄断监管的对策建议

（一）坚持科学审慎包容监管理念

坚持科学审慎包容监管理念，平衡数字经济发展与平台经济反垄断监管的关系，精准把握影响市场公平竞争的问题，在规避垄断风险和创新发展之间寻求动态平衡。依据《互联网平台分类分级指南（征求意见稿）》和《互联网平台落实主体责任指南（征求意见稿）》，遵循"一企一策"原则，精准选择符合平台企业发展定位、责任义务的监管措施，明确对不同等级的平台进行干预的目标、方向和具体工作措施，减少干预过度和干预不足对市场公平竞争的影响。遵循数字市场经济发展规律，坚持对新业态的包容态度，给予企业发展的观察期；用发展的眼光看待新经济，在培育创新过程中，引导企业合规经营。政府应注重对反垄断专业人员的选拔、培养和管理，提高平台经济反垄断办案质量，维护市场公平竞争秩序。

（二）完善反垄断监管相关法律制度

目前我国尚未对平台企业专门立法，北京应加快推进关于平台企业的地方立法，从法律制度层面规范互联网企业在市场准入、数据管理、算法公开、法律责任、社会责任等方面的行为。强化反垄断监管的法制化是北京促进平台经济健康持续发展的重要方向，因此北京应在《反垄断法》的框架基础上完善反垄断地方性法规，加快推进"北京平台经济数字化监管"和"网络公平交易规则"等相关立法，建立平台企业承诺机制，提高平台企业负责人对反垄断法律风险的认识和重视程度，促进企业合规经营、承诺负责。完善平台企业履行社会责任评价体系，在重点领域通过信用评价、行政约谈、行业自律等机制进一步明确平台企业的责任边界。同时，加强本土企业在境外反垄断调查中保护自身合法权益、采取及时补救措施的能力。

（三）加强数字化监管

北京应积极探索数字化监管平台建设，扩大政府监管覆盖面，将更多的平台企业纳入监管范围，利用数字技术对平台企业的问题进行综合研判，构建信息监测、数据汇聚、风险识别、落地处置的闭环监管机制。建立静态和动态、显性和隐性的网络违法监测预警机制，收集平台企业的日常信息，包括企业注册信息、交易信息、投资记录、网络舆论等，利用机器学习等方式对达到一定风险等级的行为及时进行处置，优化数字化监管流程，减少重复执法。数据是平台经济发展的重要资源，同时也是平台经济反垄断监管的重要对象。对数据采集合法性、用户隐私保护、数据安全等问题的监管需要相应技术的支撑，只有占据数据发展和数据安全的制高点，才能掌握平台经济

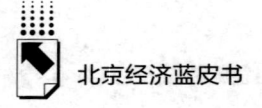

和数字经济发展的主动权。推进数据资源开放利用，建设大数据中心，提升数据资源配置效率，维护数据安全，利用大数据和人工智能等技术创新监管方式、丰富应用场景，持续迭代信息技术，优化升级监管手段，提升保障能力。

参考文献

［1］中国信息通信研究院：《互联网平台治理白皮书（2017年）》，2017年12月。

［2］中国信息通信研究院政策与经济研究所：《平台经济与竞争政策观察（2020年）》，2020年5月。

［3］中国信息通信研究院政策与经济研究所：《平台经济与竞争政策观察（2021年）》，2021年5月。

［4］黄益平、邓峰、沈艳、汪浩：《超越"强监管"——对平台经济治理政策的反思》，《文化纵横》2022年第2期。

［5］王勇、陈美瑛：《平台经济治理中的私人监管和规制》，《经济社会体制比较》2020年第4期。

［6］余晖、钱贵明：《平台经济垄断：基本表征、理论解释与管制治理》，《江海学刊》2021年第2期。

B.10
平台经济治理的国际经验及对北京的启示

赵晓坤*

摘　要： 平台经济蓬勃发展，是近年来全球经济发展的重要现象。平台企业存在的侵权假冒、虚假宣传、违规经营等行业痼疾，在平台经济时代被进一步放大，企业滥用市场地位、资本无序扩张、限制竞争、"二选一"、"大数据杀熟"等问题严重。新老问题的叠加交织，进一步加大了平台治理的难度。综观全球，欧美等主要国家和地区对平台经济的监管和治理已积累不少实践经验，提高反垄断法制化水平、实施精细化治理、创新监管工具的经验做法对北京的平台治理具有一定的启示意义。北京可以从健全平台治理法律法规、强化政府公共服务职能和创新丰富监管工具三个方面加强对平台经济的治理。

关键词： 平台经济　平台治理　数字化监管

2022年5月7日发布的《北京市数字经济促进条例（征求意见稿）》提出，优化平台经济发展空间，鼓励与支持平台企业充分发挥互联网优势，赋能经济社会转型升级。平台经济作为数字化背景下的新型产业组织形式，深刻影响了生产方式和生活方式，与此同时，平台企业的网络化、规模化和数字化特征给传统治理方式带来了新的挑战。截至2021年12月，在我国互联

---

* 赵晓坤，山西大同大学商学院讲师，研究方向为区域经济、产业经济。

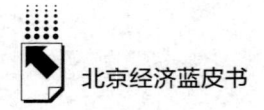

网上市企业中，注册地址为北京的企业数量最多，占互联网上市企业总体的34.2%，其中注册地址为北京的互联网独角兽企业84家，占全部互联网独角兽企业的38.4%。① 2020年，北京互联网业务累计收入为4213.24亿元，位居全国第二，增速为21.5%，互联网平台收入为1001.36亿元，2021年北京互联网业务累计收入位居全国第一，增速高达29.6%。② 平台经济是北京发展数字经济的重要支撑，北京要加速打造数字经济标杆城市，平台经济治理的必要性和紧迫性日益凸显。国际主要发达国家和地区在不同程度加强了平台经济治理，借鉴国际治理经验，对于发展好、运用好、治理好北京平台经济具有重要的现实意义。

一 平台经济治理面临的挑战

工信部2020年和2021年互联网和相关服务业运行情况统计数据显示，2020~2021年我国规模以上互联网和相关企业业务收入分别为12838亿元、15500亿元，其中互联网平台服务收入分别为4289亿元、5767亿元，分别占互联网业务收入的33.4%、37.2%。受新冠肺炎疫情影响，直播带货、社交团购等服务企业和在线教育平台业务增长较快，生活服务平台相对发展缓慢，而网络销售假冒伪劣产品、发布违法不良信息、虚假夸大宣传等传统治理痼疾依然存在。中国消费者协会根据服务细分领域受理的投诉数据显示，2021年经营性互联网服务投诉数量位列第一，达到63730件，比2020年增长6.77%。随着大型平台企业的快速崛起，企业规模和成长速度加快，垄断竞争、数据安全、算法规制、信息保护等一系列问题受到政府关注。

（一）平台经济的行业痼疾仍然存在

按照平台功能划分，平台经济大致可分为交易促销型和内容传输型两

---

① 数据来源于中国互联网络信息中心第49次《中国互联网络发展状况统计报告》。
② 数据来源于工信部2020年和2021年互联网和相关服务业运行情况统计数据。

种。传统线下市场交易中存在侵权假冒、违规宣传、虚假促销、售前售后不一致等一系列治理痼疾，而网络交易类平台上售前虚假宣传、售中改变规则、售后客服不到位现象依然存在，产品质量差和退换货难等问题严重，诱导消费、变相涨价、刷单炒信等行为频现。近年来，直播电商交易平台迅速扩张，直播带货消费模式作为新型网络交易业态，也有传统消费领域的突出问题。2021年底我国网民规模达到10.32亿人，即时通信、网络视频、短视频用户使用率分别为97.5%、94.5%和90.5%，用户规模分别达10.07亿人、9.75亿人和9.34亿人。[1] 国家统计局数据显示，2021年我国互联网消费品零售额达13.1万亿元，在线消费占社会消费品零售总额的比重达24.5%。直播用户规模从2020年的6.1685亿人增加到2021年的7.0337亿人，网民使用率上升至68.2%，增长幅度高达14%。大型平台企业加速布局直播领域，探索电商直播、游戏直播、体育直播、云旅游、演唱会直播等新业态，满足了用户的多元化需求。直播带货以淘宝、天猫和京东等大型电商平台为主，抖音、快手和微博等社交平台的直播带货也发展迅猛。2021年，抖音直播场次超566万场，日均视频搜索量突破4亿人次。[2] 2021年1~9月，快手日活跃用户平均达3.204亿人，互关对数超过140亿对。[3] 北京阳光消费大数据研究院、对外经济贸易大学消费者权益保护法研究中心和消费者网联合发布《直播带货消费维权舆情分析报告（2021）》，报告中提到主要直播电商存在产品质量（32.35%）、虚假宣传（31.64%）、价格误导（30.21%）、诱导场外交易（2.69%）、退换货（1.83）等问题（见图1），其中产品质量、虚假宣传和价格误导三大问题占比总和超过94%。

平台企业销售假冒产品、销售"三无"产品、以次充好、以旧充新、夸大产品功效等问题是平台治理的主要传统问题，夸大产品功效和使用极限词语诱导消费购买产品的行为频现。平台企业还存在售后消极处理、不履行保修承诺的行为，以及袒护商家，欺诈消费者，以"踢皮球"态度、互相

---

[1] 数据来源于中国互联网络信息中心第49次《中国互联网络发展状况统计报告》。
[2] 数据来源于果集数据《2021直播电商年度数据报告——抖音&快手》。
[3] 数据来源于快手大数据研究院《2021快手年度数据报告》。

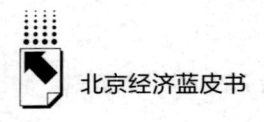

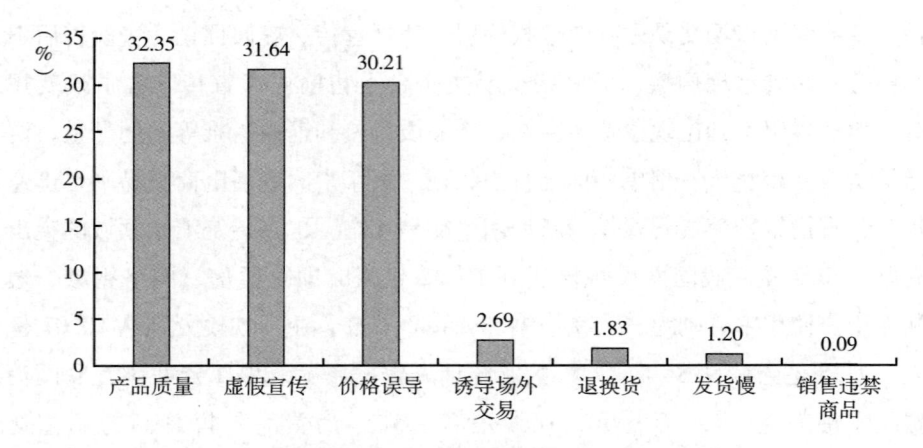

图 1　直播带货消费维权舆情反映的主要问题

资料来源：《直播带货消费维权舆情分析报告（2021）》。

推诿方式处理问题。如图 2 所示，2021 年直播带货平台消费维权舆情分布中，抖音的占比超过 1/3，快手的占比为 10.07%，京东的占比为 8.06%，拼多多的占比为 3.42%。受新冠肺炎疫情影响，生鲜电商平台发展迅速，在生鲜订单激增背后，北京市消费者协会对生鲜电商的体验调查显示，生鲜产品不新鲜问题突出，占比高达 28.12%，此外，配送不及时（17.95%）、包装简易（17.73%）、实物与宣传不符（10.71%）也是消费者在电商平台遇到的主要问题。网络交易的优势是可以通过互联网平台及时披露交易双方的信息，消费者获取信息成本低、时效快，平台信息披露和用户点评可以部分地弥补交易信息的不对称，但是网络信息披露并非完全真实，虚拟网络平台可能通过传递虚假信息或者遗漏关键信息来诱导消费者做出消费行为。

内容传输型平台存在通过分享思想观点、传播新闻、传递音乐动态等方式违规违法散布低俗内容、虚假信息等问题，与传统线下媒体传播渠道相比，互联网线上传播形式更多样、传播速度更快，因此治理难度更大。短视频用户规模持续增长，带动对内容的需求迅速增长，而突出的侵权问题引发社会关注，具体表现为短视频平台在未经授权的情况下对影视剧内容进行搬运、混剪、解说，以此获利，对作品拥有者的利益造成损害。2021 年，我

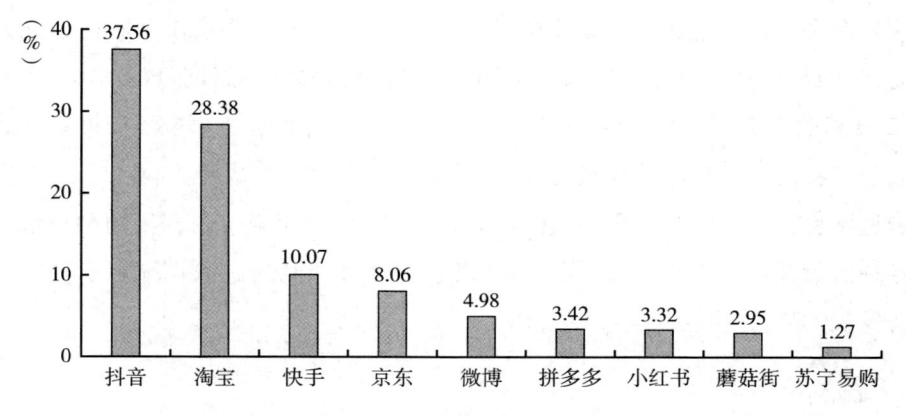

图 2　直播带货平台消费维权舆情分布情况

资料来源：《直播带货消费维权舆情分析报告（2021）》。

国受理违法和不良信息举报合计 1.66 亿件，同比增长 1.8%，其中中央网信办受理举报案件高达 357.6 万件，同比增长 56.2%；全国主要网站受理举报共计 1.5 亿件，其中微博、百度、阿里巴巴、快手、腾讯、豆瓣、知乎、今日头条、新浪网、搜狗等互联网平台企业的举报量达 1.1 亿件（见图 3）。[①] 2021 年 1～11 月，北京市互联网信息办公室对新浪微博运营主体北京微梦创科网络技术有限公司和豆瓣网运营主体北京豆网科技有限公司屡次出现法律、法规禁止发布或者传输的信息做出行政处罚，其中新浪微博处罚处置次数高达 44 次，罚款共计 1430 万元，豆瓣网合计处罚处置 20 次，共计罚款 900 万元，且两家公司多次被处以 50 万元顶格罚款。[②] 2018 年 9 月到 2022 年 2 月，北京互联网法院受理视频著作侵权纠纷案件 2812 件，案件数量逐年增加，涉诉主体以长短视频平台为主，被诉主体包括短视频平台和平台用户。[③] 2021 年北京市互联网信息办公室约谈知乎网站负责人，并对其违法违

---

① 数据来源于中国网信网，http://www.cac.gov.cn/2022-01/29/c_1645059191950185.htm。
② 数据来源于中国网信网，http://www.cac.gov.cn/2021-12/02/c_1640043205326056.htm，http://www.cac.gov.cn/2021-12/14/c_1641080795548173.htm。
③ 数据来源于北京互联网法院，https://www.bjinternetcourt.gov.cn/cac/zw/1651208413055.html。

规发布和传输信息做出行政处罚。2022年3月15日，北京市互联网信息办公室针对存在的严重网络乱象，派出工作督导组进驻豆瓣网督促整改，3月22日解散了15个内容违规小组。受新冠肺炎疫情影响，很多学校推动在线教学，我国未成年网民规模已达1.83亿人，34.5%未成年人网民表示曾经遭遇不良信息，网络安全实践比例为27.2%。① 近年来，内容传输型平台还存在流量造假、网络"水军"和网络暴力等各种网络乱象，损害了平台经济发展的生态环境。

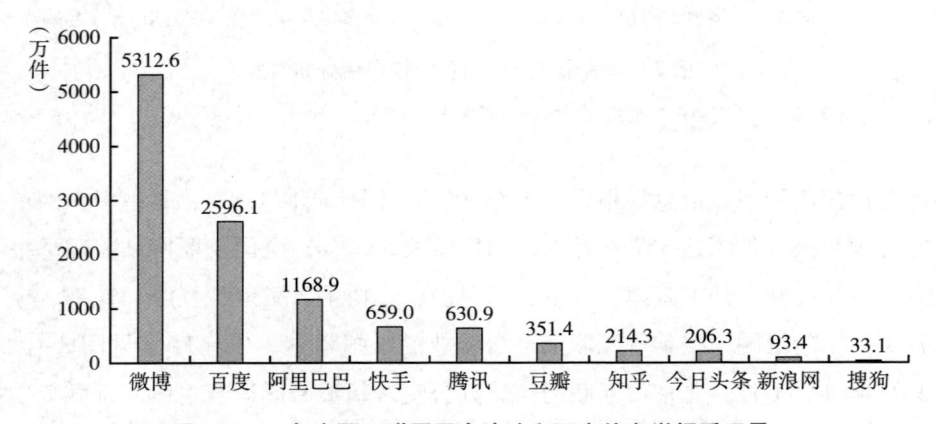

图3 2021年主要互联网平台违法和不良信息举报受理量

资料来源：中国网信网 http：//www.cac.gov.cn/2022-01/29/c_1645059191950185.htm。

（二）平台经济的垄断问题更加复杂

国家市场监管总局发布《互联网平台分类分级指南（征求意见稿）》，根据用户规模、业务种类、经济体量、限制能力四个主要标准，年活跃用户不低于5亿人、核心业务涉及两类以上平台业务、市值（估值）不低于10000亿元、具有超强的限制商户接触消费者（用户）能力的平台即为超级平台，阿里巴巴、腾讯、字节跳动、京东、美团等平台已经属于国家市场监管总局划分的超级平台级别。随着平台经济的规模扩大和数字技术的迅速发

---

① 数据来源于中国互联网络信息中心《2020年全国未成年人互联网使用情况研究报告》。

展,平台与互联网深度融合,实现了平台企业低成本、规模化、信息化发展,数字技术提高了市场经济运行效率,实现了资源更加精准的匹配。平台企业能够有效控制信息源头和信息传播渠道,利用算法为商户和消费者编制"信息茧房",精准"投喂"信息,由此造成一系列问题。一方面,这带来了"大数据杀熟""刷好评隐差评"等问题。另一方面,平台利用算法和数据强化既有市场实力,还可能人为更改搜索排序,提高自营商品的曝光度,获取不正当的竞争优势。目前我国相关的法律政策未及时跟进,许多新情况和新的治理难题集中出现。

第一,市场集中度高。大型平台已经呈现高度集中的市场结构,即在互联网平台某一细分领域,少数一两家企业占据绝对优势,比如网络购物平台淘宝、京东,搜索引擎百度,短视频平台抖音、快手。互联网平台在细分行业领域的集中度相对比较高,呈现寡头竞争模式。美国司法部以赫芬达尔指数来划分市场集中度,从表1可以看出,在我国即时通信、搜索引擎和网上购物三个细分领域,大型互联网平台企业目前已经形成了高度垄断。从用户覆盖率来看,即时通信、搜索引擎和网上购物领域排名第一的互联网平台企业的用户覆盖率分别为55.9%、68.7%和58.2%,排名第二的企业的用户覆盖率分别为7.5%、7.6%和25%,排前两位的企业分别占有了三个细分行业领域的主要市场份额。目前,即时通信行业领域排名第一的是腾讯,搜索引擎行业领域排名第一的是百度,网上购物行业领域排名第一的是阿里巴巴。高度市场集中使得上游技术供应商的议价能力一般,降低了下游消费者的议价能力,行业准入门槛限制了一部分市场进入者。

表1 我国互联网平台的市场集中度

细分行业	HHI	UV1(%)	UV2(%)	UV3(%)	UV4(%)
即时通信	0.3184	55.9	7.5	1.3	1.0
搜索引擎	0.4872	68.7	7.6	6.7	4.6
网上购物	0.4112	58.2	25.0	8.3	5.5

注:HHI表示赫芬达尔指数,UV1至UV4表示市场中用户覆盖率前四。

资料来源:苏治、荆文君、孙宝文《分层式垄断竞争:互联网行业市场结构特征研究——基于互联网平台类企业的分析》,《管理世界》2018年第4期。

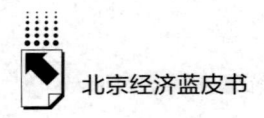

平台企业不仅行业集中度高，地区集中度同样也高。如表2所示，2021年底，我国互联网独角兽企业总数为219家，93.6%的互联网独角兽企业集中在北京市、上海市、广东省、浙江省和江苏省，其中北京互联网独角兽企业占总体的38.4%，上海占20.5%，广东占18.70%，互联网平台市场集中度提升已成为其生态布局的重要环节。从区域分布来看，中国网约车行业集中度高，头部企业占据绝对优势。前瞻产业研究院数据显示，目前我国拥有滴滴出行、神州专车、首约汽车等多家网约车行业的领军企业，在北京的分布最为密集。

表2　2021年我国互联网独角兽企业地区分布

分布区域	数量（家）	占比（%）
北　京	84	38.4
上　海	45	20.5
广　东	41	18.7
浙　江	21	9.6
江　苏	14	6.4
其　他	14	6.4
合　计	219	100.0

资料来源：中国互联网络信息中心第49次《中国互联网络发展状况统计报告》。

第二，缺乏或限制公平竞争。例如，网约车平台利用资本无序扩张，排除和限制竞争，扰乱正常市场秩序。目前平台治理方式以行政约谈为主。2021年9月1日，交通运输部会同中央网信办、工信部、公安部、国家市场监管总局对滴滴出行、美团出行、首约汽车、曹操出行、高德等11家网约车平台企业进行联合约谈。2021年11月17日，国家市场监管总局对北京京东尚科信息技术有限公司与科大讯飞股份有限公司设立合营企业、双方共同控制合营企业的行为及其对市场竞争的影响进行评估，认为其构成未依法申报违法实施的经营者集中，但不具有排除、限制竞争的效果，对其做出罚款50万元的行政处罚。关于百度平台，虽然它的竞价排名广告都是通过拍卖来进行的，看起来是非常具有竞争性的方式，但是搜索平台本身就是一个垄断平台，没有其他的大型搜索平台可以跟它竞争。因为缺乏竞争，广告商不得不付出高昂的广告费用。这是数字经济领域产生的新现象，当平台掌握了详细的消费数据后，其可能针对一些消费者不理性的行为，或者人性的弱点推出对应的产品、服务，进行不正当获利。

第三，滥用市场地位。2021年，北京市消费者协会关于"大数据杀熟"问题的调查显示，网络购物、在线旅游、外卖和网约车问题最多（见图4）。出现这种现象的原因主要在于监管与处罚力度不够，平台企业的违法成本低。在数字经济发展背景下，平台企业的垄断行为具有复杂性、隐蔽性和不确定性的特点，企业与市场、合法竞争与非法竞争的边界比较模糊，司法认定困难，而具有指导性和可行性的反垄断具体条款较少，部分法律法规较为抽象，很难适应垄断行为的动态变化。

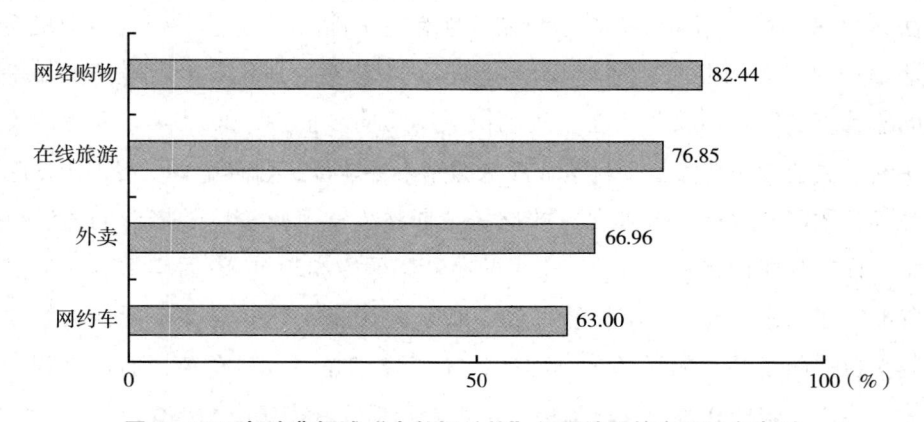

图4　2021年消费领域"大数据杀熟"问题涉及的主要平台类型

资料来源：北京市消费者协会关于互联网消费"大数据杀熟"问题的调查结果。

第四，数据安全与用户隐私问题。随着互联网的快速发展，平台企业凭借数字基础设施随时随地获取各类数据、图片与信息，个人身份、家庭情况、兴趣爱好以及人脸、指纹等生物特征信息存在泄露隐患，因此大数据时代的数据安全与个人隐私问题不容小觑。2020年11月新浪微博存在个人信息收集方面的问题，包括以不正当方式误导用户同意收集个人信息，利用微博提供的地理定位服务收集定位信息。2021年7月"滴滴出行"App存在

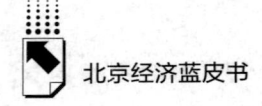

严重违法违规收集使用个人信息问题,造成用户信息泄露风险。2021年8月工信部通报210款App存在侵害用户行为尚未整改,其中北京市通信管理通报海滨消消乐、搜狐咨询、搜狗搜索、红袖读书等21款软件存在违规或超范围收集个人信息、过度索取权限等问题。

二 平台经济治理的国际经验与启示

(一)提高反垄断法制化水平

1. 美国

2021年6月,美国通过《美国创新和在线选择法案》、《终止平台垄断法案》、《通过启用服务交换增强兼容性和竞争性法案》、《平台竞争和机会法案》和《并购申请费的现代化法案》五项法案,强化对平台经济的反垄断监管。美国联邦和各州在立法和执法层面同步推进,2019年6月美国反垄断委员会针对超大型平台企业涉嫌滥用市场地位、妨碍竞争、侵害用户隐私等问题展开调查,审查现有的反托拉斯法、竞争政策以及当前的执法行为,评估其能否有效解决数字市场的垄断问题。2020年10月美国发布针对谷歌、亚马逊、脸书和苹果的《数字市场竞争的调查》,结果显示四大互联网平台控制了各自领域的市场准入,充当着"守门人"角色,通过自我优先、掠夺性定价和排他性行为进一步巩固和提升其市场支配地位。

2. 欧盟

欧盟对超大型互联网平台企业采取相对严格的反垄断规制,强调对中小企业和消费者权益的保护。2020年12月欧盟委员会公布了《数字服务法案》和《数字市场法案》的草案,两大法案构建了数字平台治理的新框架。《数字服务法案》主要针对互联网平台的非法、有害内容监管,将重新界定政府公共机构、在线平台企业和用户之间的权利与责任。《数字服务法案》涉及数据合规使用、用户隐私、算法透明度和发布内容审核等,延续了欧盟对互联网平台企业严格的监管措施。《数字服务法案》生效后,违规企业将被处以全球营业额6%的罚款，如果屡次严重违规，将有可能被禁止在欧盟市场运营。《数字市场法案》作为欧盟传统反垄断法的补充，规范了平台竞争，首次提出了新的"守门人"标准。

3. 日本

在平台经济治理方面，日本强调"自由化"、"公开化"、"无差别化"和"可信任的"监管理念，不断修订反垄断相关规则。2018年日本公平交易委员会公布了《制定数字化平台经济规则的基本原则》，2019年12月修订了《关于企业并购调查的反垄断操作指南》和《关于企业并购审查程序的应对程序》。2021年日本实施《交易透明法案》，规定了经济产业省作为主管部门负责审查、监管和发布数字平台交易状况，对于违法平台企业，公平交易委员会采取必要处罚措施。日本注重对平台经济市场的调研工作，为制定和发布反垄断法提供事实依据。2019年，日本展开对数字平台交易惯例的调查，并于2020年通过《提升特定数字平台透明度和公平性法案》。

（二）实施精细化治理

随着越来越多的社会和经济活动在网上进行，隐私保护和数据安全的重要性越来越得到认可，目前有137个国家制定了保护数据安全和隐私的相关法律法规。[①] 主要发达国家和地区将隐私保护、数据安全、算法透明纳入治理范围，平台企业将迎来内容监管、算法监管、规则监管、数据监管的精细化监管时代。

1. 隐私保护

2018年5月，欧盟通过《通用数据保护条例》，规定了"被遗忘权"，用户有权消除个人相关信息记录，平台企业不得利用晦涩难懂的条款获取用户的信息使用许可。德国将隐私保护作为平台治理的重要内容，2019年德

---

① https://unctad.org/page/data-protection-and-privacy-legislation-worldwide，最后访问日期：2022年6月14日。

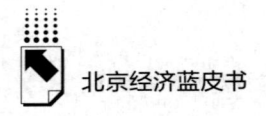

国对《反限制竞争法》进行修订，加入了消费者权益保护的内容。2021年，澳大利亚宣布起草"在线隐私保护法案"，以加强对个人隐私的保护和对网络平台的治理。这部新法案要求增强域外效力，强化"长臂管辖"，同时对隐私政策、个人信息的定义及删除权的设置等进行了讨论，强化对儿童和弱势群体个人信息的保护。

2. 数据安全

美国分行业出台了相关领域的数据保护法，如金融领域的《格雷姆-里奇-比利雷法案》、健康领域的《健康保险流通与责任法案》、消费领域的《公平信用报告法》、电信领域的《电子通信隐私法》等。美国各州寻求更全面的数据保护法律框架，以应对数据泄露、扩散风险。2019年美国发布《联邦数据战略与2020年行动计划》，突出强调了数据安全的战略性地位。2020年英国发布《国家数据战略》，确保数据基础框架的安全性与韧性。2020年欧盟委员会公布的《数字服务法案》明确了数据安全责任制，要求大型平台企业每年开展系统风险评估，包括算法系统评估。2021年欧盟通过《数据治理法案》，将数据分为健康数据、移动数据、环境数据、农业数据、公共服务数据等类型，在确保数据安全的前提下增进欧洲共同利益。

3. 算法透明

2017年美国公共政策委员会计算机协会发布《关于算法透明性和可问责性的声明》，强调了算法过程和特定决策的透明度和可解释性，规定大型平台企业有义务对其算法系统的公平性、隐私性、安全性和准确性进行系统评估，及时纠正出现的问题。2021年7月，美国总统拜登签署的行政令聚焦对美国平台算法的规制。2021年美国公布《算法正义和互联网平台透明法案》的提案，旨在提升数据治理、管理透明度。2018年欧盟通过《通用数据保护条例》，以立法形式约束超大型平台企业在自动化决策、人工智能、机器学习等方面的行为，打开算法"黑箱"，解决由算法造成的垄断、歧视、侵权等问题。英国在《算法：如何减少竞争并危害消费者》报告中提出了监管算法的技术方案。评估算法影响是探索平台监管的新方向，2019

年加拿大出台了首部算法评估方面的法规《自动化决策指令》，创建了算法评估的系统性指标。

（三）创新监管工具

传统的监管政策难以兼顾监管时效性和创新性，尤其是在界定市场实力、认定支配地位、实施事后规制等过程中频频遭遇技术瓶颈，新型监管工具尤其是前置式反垄断监管应运而生。

1. 引入"守门人"制度

欧盟在社交网络媒体、搜索引擎、视频分享、通信服务、网上中介服务、云计算服务、操作系统和在线广告八大核心平台引入"守门人"制度。核心平台"守门人"需要满足两大动态标准：一是营业额或市值阈值，目前的规定是过去三个财年营业额超过65亿欧元，或者上一财年市值达到650亿欧元；二是终端客户数量，目前的规定是上一财年终端活跃客户月均超过4500万人，或者存活企业用户年均超过1万家。若平台企业在三个财年满足上述两大标准，则视该平台企业在对应领域具有牢固的地位。"守门人"制度有相关简化规定，从而使得监管程序简化。同样，美国将市值超过6000亿美元，每月活跃用户数量超过5000万人或活跃商户超过10万家的平台认定为需要接受特殊监管的"覆盖性平台"。日本将境内年销售额超过3000亿日元的在线购物平台、境内年销售额超过2000亿日元的应用商店指定为"特定数字平台企业"，它们需要接受新监管法案约束。通过事前规制的方法，可将会对市场资源配置产生重大影响的超级平台企业识别出来，明确其责任与义务，使政府从事后监管转向事前监管，更早介入对其竞争行为的监管。

2. 平台服务协议透明制度

2021年日本实施《提升特定数字平台的透明度和公平性法案》，该法案要求头部平台企业对以下情形进行信息公开、公示：平台服务内容，收费标准，平台经营者和开发者获取和使用数据的条件、范围及方式，消费者和商户投诉举报制度等。平台企业有责任和义务提前通知平台经营者和开发者变更服务条款；头部平台企业有义务递交评估报告，内容涵盖业务概况，以及对相关法令法规的遵守执行情况。2019年，欧洲议会批准了《关于提高在线平台交易的公平性和透明度规则》，规定在线平台企业的服务协议、标准条款和交易条件遵循便捷获取原则，如有变更需要提前公布变更细节及理由。平台企业如果终止、暂停或者限制商户的账号，禁止商户提供商品或服务等，需要向商户提供理由与证据。平台企业有义务为商户提供维权纠纷的解决渠道。

三 北京平台经济治理的对策研究

（一）健全平台治理法律法规

1. 建立以创新、公平竞争为导向的反垄断体系

在创新驱动下，北京数字经济发展水平在全国处于领先地位，平台经济要实现健康发展，需要立足北京发展实际，借鉴欧美等主要发达国家和地区的反垄断经验，建立以创新、公平竞争为导向的反垄断体系。采取包容审慎态度、完善制度建设是国际社会在面临超大型平台企业崛起所带来挑战时的现实选择，通过细化反垄断和反不正当竞争的相关法律法规，提升法律法规在北京平台经济各个领域的适用性。结合北京平台经济细分领域产业发展特点和企业特质，完善《北京市平台经济领域反垄断合规指引》，出台新业态下劳动者权益保护、个人保护、价格监管、知识产权保护等地方法规，引导企业自觉加强反垄断合规经营制度，丰富反垄断执法案例，提高反垄断风险识别意识。

2. 做好平台发展的顶层设计

针对互联网平台经济的发展趋势和平台企业的发展规律，立足北京数字经济发展的基础和当前平台出现的各类问题，探索平台经济和各类平台企业的最佳发展路线，制定北京市平台经济发展规划，由北京市政府牵头做好平台经济发展的政策设计，出台促进平台经济健康持续发展的配套政策，引导

平台企业依法合规经营。政府相关部门和研究机构还应帮助和指导平台企业研判国际平台治理的新动向，根据国内外市场需求和市场竞争环境，制定和实施科学的发展战略，推动北京平台经济新业态、新产品和新服务发展，降低企业进入门槛。

（二）强化政府公共服务职能

1. 优化竞争环境

政府应出台相关政策，加大对平台经济发展的信息技术服务支撑，以及对第三方支付、信用、物流、检测、认证等服务体系的支持。北京市政府应积极扶持云计算、人工智能、大数据、区块链等相关产业发展，提升政府监管部门在数字化治理过程中处理分析数据、挖掘整合数据的水平；完善对平台企业资金投入与退出的监管机制，预判平台企业资本扩张的风险。政府应制定相关政策，规范相关市场主体的工商注册，加强平台经济对消费者权益和就业者权益的保障。

2. 细化治理内容

实施平台治理需要区分识别不同类型平台的核心业务、拓展业务，准确把握平台经济生态发展所使用的新技术和商业模式。在确保平台企业合理权益的前提下，细化公平竞争、线上交易、数据安全、算法透明、内部治理、风险评估、隐私保护、安全审计和促进创新等方面的治理内容。北京市市场监管局应向平台企业宣传并落实平台企业主体责任，依据"一平台一清单"，通过多部门"清单化、项目化"模式实施协同治理，使监管措施更具针对性。

（三）创新丰富监管工具

1. 加强数字化监管

探索建立与北京平台经济发展相适宜的数字化监测体系，及时把握北京数字产业化、产业数字化的发展趋势，提前对平台经济发展做出预判，尤其是要关注平台企业的垄断风险、消费者权益和就业者权益的变化。完善北京

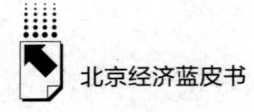

跨平台联防联控系统，运用人工智能、大数据、云计算等技术，采取数据挖掘、模型识别、智能分析等手段对重点平台、重点行为、重点风险进行监测和预警，形成大数据监控、风险预警的动态监测机制，重点关注销售假冒伪劣产品、虚假宣传、实施价格欺诈、侵害知识产权等传统问题，以及"大数据杀熟"、"二选一"、滥用市场地位、制定并实施垄断协议、违法实施经营者集中等新型垄断行为。

2. 加强前置监管

政府应完善网络交易管理规则，加强对平台企业事前合规、事中审查、事后执法的全链条监管，建立健全平台经济监管体系。强化行业前置监管，完善IP地址、网站备案管理工作机制，开展平台经济网站监测预警通报。开展平台企业侵犯个人权益专项检查，规范平台企业收集和使用消费者与商户数据的行为，从源头上降低平台滥用数据的可能性。强化信用治理，探索实施平台企业信用分级分类监管，加大"双随机、一公开"抽查力度，建立平台企业信用约束机制，建立举报奖励制度。

参考文献

[1] 中国信息通信研究院：《全球数字治理白皮书》，2021年12月。

[2] 中国信息通信研究院政策与经济研究所：《平台经济与竞争政策观察（2020年）》，2020年5月。

[3] 中国信息通信研究院政策与经济研究所：《平台经济与竞争政策观察（2021年）》，2021年5月。

[4] 谭家超、李芳：《互联网平台经济领域的反垄断：国际经验及对策建议》，《改革》2021年第3期。

B.11
网约车平台风险及其监管信息交互平台建设

杨露鑫[*]

摘　要： 网约车行业对现代人的生活方式产生了深远影响，它不仅可以充分利用闲置的汽车，极大地满足了人们的出行需要，同时也增加了就业机会。但是近年来在该领域频繁发生"跳车""退车"等恶性事件，引发了公众对网约车行业的高度关注。基于此，如何加强对网约车的监管与治理成为亟待解决的问题。网约车监管信息交互平台的建立，推动了我国网约车行业的创新和规范化发展，但从全国网约车监管信息交互平台发布的网约车平台合规情况来看，行业合规情况仍有待改善。因此，为加速推进网约车监管信息交互平台建设，应高位统筹，多点发力，提高网约车监管信息交互平台的数据分析能力，切实落实平台企业的自身监管职责，完善事前、事中、事后全链条联合监管，组织网约车服务质量信用考核，切实提高城市监管能力。

关键词： 网约车　平台风险　监管信息交互平台

近年来，作为互联网时代交通运输新业态的网约车行业发展迅猛，不仅重塑了传统出租车行业的供给格局，还在便捷出行、促进就业以及智慧城市建设等诸多方面显现出特有的优势。网约车作为一种新兴的生产组织方式，

---

[*] 杨露鑫，南京信息工程大学江北新区发展研究院讲师，研究方向为世界经济、产业经济。

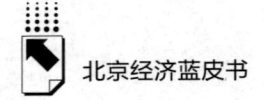

在给经济发展注入新动能的同时，也为国家治理带来了新的挑战。国家既要强化这一新兴行业的发展活力，又要对其实施有效监管以平抑市场风险、确保社会稳定。这也是国家治理体系和治理能力现代化水平的集中体现。综合来看，世界各国对网约车这一新兴行业的监管还处于探索阶段，配套的监管政策仍不能满足市场对政策的需求，在网约车行业的发展过程中，新问题不断涌现，监管政策的供需之间仍存在不小的差距。本报告主要基于对网约车平台的运营风险分析以及现有监管模式所存在的问题，探讨推动网约车监管信息交互平台建设、提高城市监管能力的对策建议。

一 网约车平台的运营模式及运营风险分析

（一）C2C 运营模式分析

1. C2C 运营模式特征

在共享出行领域，C2C 运营模式是各网约车平台采用的主要运营模式之一，即网约车平台、汽车提供商与消费者三者是相互独立的。在 C2C 运营模式下，网约车平台的主要职责是将有用车需求的消费者以及汽车服务的提供者在平台上进行匹配并促成交易。C2C 运营模式代表案例见表 1。滴滴出行就是 C2C 运营模式的代表企业之一，滴滴出行的车辆来源主要是第三方汽车租赁公司以及挂靠的私家车，司机通过网上报名的方式申请，平台审核通过后即可成为专车司机，运营收入为个人所得。C2C 运营模式具有流程简单、运行高效、扩张边际成本低等优势，但缺点也十分明显。

2. C2C 运营模式风险分析

C2C 运营模式的第一个也是最主要特征就是专职司机比重较小。以滴滴出行为例，在数量庞大的司机群体中，大部分是兼职司机，仅在空闲时间跑一跑；一小部分是专职司机，且专职司机中的大部分是滴滴专车的司机。出现此类问题的重要原因是，专职司机的收入无法满足家庭消费的需求，使得许多想成为专职司机的人被迫变成了兼职司机。这就导致滴滴出行中使用人

表1　C2C 运营模式代表案例

网约车平台	接单方式	车辆来源	司机来源
滴滴出行	平台系统直接分配	一是第三方汽车租赁公司；二是私家车挂靠	网络报名，经审核后可成为专车司机
易到用车	网约车司机可选单	一是第三方汽车租赁公司；二是私家车挂靠	网络报名，经审核后可成为专车司机
美团打车	网约车司机可选单	一是第三方汽车租赁公司；二是私家车挂靠	网络报名，经审核后可成为专车司机

资料来源：根据公开资料整理。

数最多的普通车与顺风车的乘客需求量与司机供给量之间的关系不匹配。专职司机比重较大的滴滴专车因过高的价格，大部分乘客不能接受，仅仅由一小部分专职司机去满足庞大的需求群体就显得力不从心。数量庞大的兼职司机看似可以弥补司乘数量的不足，可实际上，大部分兼职司机有其他工作，且与乘客群体的工作时间大体相同。这就导致在上下班时间的用车高峰期，兼职司机大多在做自己的工作，而其在滴滴出行工作的时间也正是乘客的闲暇时间，这就再一次产生了乘客需求与司机供给的矛盾。

C2C 运营模式的第二个特征就是它的轻资产特征。轻资产特征导致网约车企业无法对司机实施有效的监管和约束，存在合规风险。全国网约车监管信息交互平台的数据显示，2022 年 1 月，全国共有 17 家网约车平台的订单量超过了 30 万单，其中，以订单合规率[①]排名，从高到低分别为享道出行、妥妥 E 行、如祺出行、阳光出行、携华出行、T3 出行、及时用车、蓝道出行、神州专车、招招出行、首汽约车、曹操出行、万顺叫车、帮邦行、美团打车、滴滴出行、花小猪打车。主营 C2C 模式的美团打车、滴滴出行、花小猪打车的订单合规率均较低。轻资产特征还会导致平台端与司机和乘客之间均缺乏黏性。因此，在激烈的市场竞争中，采用 C2C 运营模式的网约车

---

① 这里的订单合规率是指驾驶员和车辆均获得许可的订单量占比。

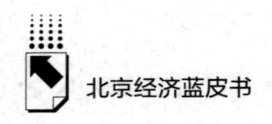

平台需要不断地对平台司机进行补贴以保障其运力充足，当然，这也是C2C运营模式下网约车平台难以赢利的根本原因。

（二）B2C运营模式分析

1. B2C运营模式特征

B2C运营模式是网约车平台主要采用的另一种模式，这一模式是指网约车平台直接服务于用车需求，即由网约车平台自购车辆并雇用自有专业驾驶员来为用户提供服务。B2C运营模式代表案例见表2。B2C这种运营模式非常类似于传统的出租车公司自营，构成了城市交通体系中的重要一环。由于车辆和驾驶员都从属于网约车平台，自然接受网约车平台的直接监管，因此，"合规"就是这一模式区别于C2C运营模式的最大优势。自2018年下半年以来，各地方政府加大了对网约车平台的监管力度，相关的新政策、新举措也相继出台并落地，这也使得更多的传统出租车以及汽车租赁公司更倾向于采用B2C运营模式加入网约车市场，神州专车、首汽约车和曹操出行就是其中的代表性企业。在B2C模式下，司机与企业存在雇佣关系，按月领取薪水。B2C模式下的企业化管理以合法司机、合法车辆为运营基础，统一的管理促进了行业更为规范地运营，也最大限度地过滤了运营风险。结合目前国内的政策环境，B2C模式是企业入局网约车的较优路径。

表2　B2C运营模式代表案例

网约车平台	接单方式	车辆来源	司机来源
神州专车	订单司机可见，最近司机10秒内必须接单	一是公司集中采购；二是向神州租车公司租赁	平台企业雇用
首汽约车	网约车司机可选单	一是出租运营车辆；二是向首汽集团集中租赁	平台企业雇用
曹操出行	平台系统直接分配	集团采购车辆	平台企业雇用

资料来源：根据公开资料整理。

2. B2C 运营模式风险分析

与 C2C 轻资产模式下迅速扩大市场规模不同，B2C 模式的扩张边际成本更高。B2C 模式要求网约车平台企业承担车辆购置、维修、油电、车辆牌照、驾驶员保险等运营费用，且随着公司规模的不断扩张和市场竞争的不断加剧，闲置车辆成本走高，日均租金收入持续走低，为采用 B2C 模式的企业扩张规模带来阻碍，企业赢利同样成为难题。以神州专车为例，根据神州优车（神州专车的运营主体）2016 年的公开转让说明书，神州优车旗下的专车业务（即神州专车）2015 年的营收为 17 亿元，但受累于市场补贴，以及在司机雇用、车辆租赁等方面的巨额开支，神州优车 2015 年的净亏损额高达 37 亿元。B2C 运营模式使得网约车平台企业前期的投入过大，也迫使平台企业急于收回前期投资，市场需求的不足加上有许多实力同样雄厚的竞争对手，极易导致其与其他网约车平台企业大打价格战。为了"扭亏"，部分网约车平台企业不断修改营业合同，提高专职司机的任务水平和平台抽成比例，变相"逼"走专职司机，导致运力明显不足，更加不利于网约车市场的供需平衡。

二　网约车平台的监管模式及存在的问题

（一）网约车平台自身的监管问题

目前，网约车平台的自有监管体制存在较大的问题。一方面，网约车平台过于重视赢利。网约车市场日益发展，而网约车平台的工作重心并没有从赢利转到建立监管体系。这就导致网约车平台的运营管理存在问题，看似成熟庞大的体系实则是"泥腿巨人"，过于看重赢利的结果就是，员工的不满与客户的失望情绪日益高涨。另一方面，内部管理相对混乱。例如，滴滴出行企业内部权责不明，以致客服工作人员收到用户失联的消息后不能及时做出反应、与警方配合，导致用户丧失了最宝贵的救援机会，发生了惨案。新行业、新产业由于经营模式新颖，管理层以年轻人为主，相对缺少处理突发

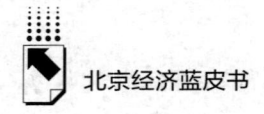

事件的经验，缺少有经验资历的管理者导致员工对企业经营使命、经营理念的不理解甚至是不认同，使得企业文化淡化甚至消失，缺少企业责任与企业道德，很多漏洞难以被察觉和修复，对企业的形象以及核心竞争力产生了直接的威胁和影响。

此外，网约车平台缺乏与政府联动的管理机制。政府在推动共享经济发展的过程中，存在着管理不力的情况。在出台的各项政策中，缺乏明确的针对性管理细则。各个部门中也存在相互推诿、扯皮的现象，导致在管理上出现混乱、权责不明的情况，管理效率大大降低。对网约车的监管不仅仅是政府就可以完成的，更重要的是企业自身与政府之间要实现联动，双方共同协作才能真正发挥政策的作用。显而易见的是，在当前的网约车运营管理中，缺乏这种联动性的管理机制。

（二）北京市网约车平台监管模式及存在的问题

北京市对网约车平台及其业务的监管源于北京市在2016年发布的相关监管细则。根据相关监管细则可以发现，北京市对网约车平台的监管主要体现在以下四个方面。一是对网约车司机的监管。监管细则要求网约车司机上年度的交通违法行为不得超过5次，在资质上需持有北京市户籍以及家庭轿车驾驶证，同时还需考取《网络预约出租汽车驾驶员证》。二是对网约车辆的监管。监管细则要求网约车辆应为出租车性质或私家车性质的北京市号牌车辆，其中，私家车性质的车辆所有者名下仅能有1辆已登记的网约车。此外，不同规格的车辆在车子轴距和排气量上都有不同要求。三是对网约车保险购买的监管。监管细则要求购买网约车保险的标准与营运乘用车的标准相同，同时，第三者责任保险购买额应大于等于100万元或者旅客意外伤害保险的购买额应大于等于100万元。四是对网约车监管主体的监管。监管细则中明确指出北京市网约车的主管部门为北京市交通委员会，其他部门依各自职责进行监管。北京市的网约车监管模式在取得一定成效的同时，也带来了很多新的问题。

一是行业准入门槛变高，"打车难"问题再次困扰公众出行。北京市网约车监管实施细则中对合规司机和合规车辆都有严格的规定，如司机户籍、车辆排量和轴距等，这致使上百万的司机和车辆都不能合规经营，直接后果就是运力不足，难以满足大量公众的出行需求，"打车难"问题再次困扰公众出行。

二是行政审批加码，企业负担加重。网约车的便捷性不仅体现在公众出行的便捷上，也体现在司机运营的便捷上。但是，目前北京对网约车、出租车实施同一套监督管理规则，以行政许可的方式对网约车的平台方、司机以及车辆进行行政审批，如设置了《网络预约出租汽车经营许可证》《网络预约出租汽车运输证》《网络预约出租汽车驾驶员证》等，这种不断加码的行政审批，无形中给平台企业造成了严重的负担，还可能导致寻租行为的出现，不利于新业态的良性竞争。

三是准入门槛提高，大量司机失业可能引发社会问题。随着网约车行业的发展壮大，公众出行对网约车模式的依赖程度也逐渐提升，在满足公众出行需求的同时，网约车行业也创造了大量的就业机会。以滴滴出行为例，滴滴出行发布的《2016年度企业公民报告》显示，滴滴出行在2016年为社会提供了1750.9万个灵活就业岗位和增加收入的机会。对网约车行业实施过于严格的监管，将可能使大量以此为生的司机难以为继，给社会的稳定造成不利影响。

三　网约车监管信息交互平台的发展现状

2016年，中国交通通信信息中心开发建设的网约车监管信息交互平台正式上线。交通运输部通过该平台统一采集各网约车平台公司产生的网约车动、静态数据，为行业主管部门的统计决策提供数据支撑，同时为城市行业管理部门的行业监管提供网约车数据的交换、查询服务和基本管理功能，旨在通过信息化手段全面实时掌握驾驶员身份、车辆运行轨迹等情况，第一时间发现问题、消除隐患，保障乘客安全，有效防范风险，从而规范网约车行业的创新发展，提高各个城市对该行业的监管水平。

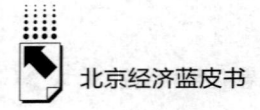

网约车监管信息交互平台的功能主要体现为对网约车平台的动态监管，通过对车辆的实时跟踪了解车辆的聚合、分散情况，从而有效避免车辆异常聚集并实现业务订单的预测，在遇到纠纷争议时可以实现车辆轨迹的回放以及特殊车辆的查找。该平台还提供信息查询服务，包括公司信息、车辆信息、驾驶员信息、运价信息以及订单业务信息等，真正做到了信息的公开透明，较大限度地降低了乘客与平台之间、乘客与驾驶员之间的信息不对称。此外，该平台还对诸如平台公司数量、平台车辆数据、注册乘客数量、行业违规处罚以及平台运营收入等基础信息进行统计并对数据进行专题分析，多层次、全方位地用数据呈现网约车平台的运营以及合规情况。

为加速实现网约车平台的规范化，2016年7月，交通运输部、工信部等七部门联合发布了《网络预约出租汽车经营服务管理暂行办法》，这意味着网约车的合法地位在国家的法律层面被界定。在《网络预约出租汽车经营服务管理暂行办法》的规则指引下，全国共42个城市相继出台了针对网约车行业的监管实施细则，填补了网约车行业的监管空白，是对整个网约车行业健康有序发展的重要保障。同时，交通运输部高度重视网约车行业的规范发展，采取了多项举措推动网约车监管信息交互平台的建设。例如，交通运输部向各省（区、市）发布通知，要求地方交通运输厅进一步提高思想认识，充分认识到依法合规经营是保障网约车运营安全的前提条件，是保障司乘人员合法权益、维护公平竞争市场环境的基本要求，督促网约车平台公司依法依规开展经营，并加强监管执法，严格规范执法行为。同时，制定网约车合规化工作方案，明确目标，细化举措，切实推进合规化工作。

四 多措并举完善网约车监管信息交互平台建设

网约车监管信息交互平台的建立初衷是加大对网约车平台的监管力度，不断加快行业的合规化进程，规范行业的发展。但是，从全国网约车监管信息交互平台发布的网约车平台合规情况来看，行业合规程度仍有待提升。一方面，平台订单合规率差距较大，如2021年12月享道出行的订单合规率为

92.4%，同期花小猪出行的订单合规率仅为31%。另一方面，部分平台的订单合规率环比出现下滑，例如，蓝道出行的订单合规率下滑20.2%，如祺出行的订单合规率下滑9.1%，阳光出行的订单合规率下滑6.5%（见图1）。因此，要完善网约车监管信息交互平台建设，还需要发挥多方力量的叠加效应。

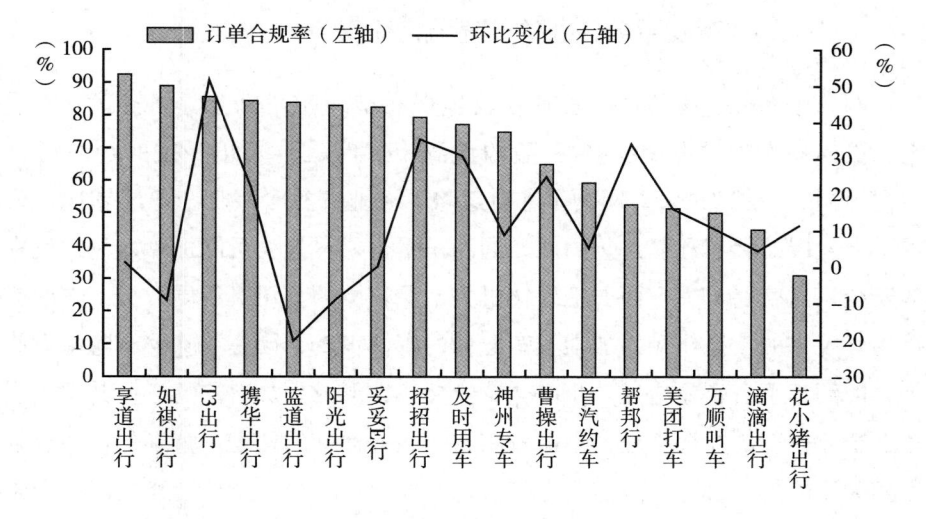

图1　2021年12月中国主要网约车平台订单合规率

资料来源：网约车监管信息交互平台。

（一）提高网约车监管信息交互平台的数据分析能力

数据体系是网约车监管信息交互平台运营的重要基础，完善的数据体系有助于构建更好的与业务相匹配的指标体系，提高数据信息共享效率，不断提升精准分析、快速响应和服务指派能力，强化对平台流程的监督。这不仅能够减少重复建设和资源浪费，还能够准确发现问题并为相关部门有针对性地解决相关问题提供数据支撑。为持续完善网约车监管信息交互平台功能，应增加月报统计、城市报表、平台报表等统计报表功能，提升对各省（区、市）网约车行业合规化数据的分析能力。同时，相关部门应指导各省（区、

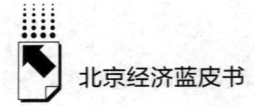

市）修订网约车管理办法，建立月报制度，坚持加强线上、线下督导检查，持续推进网约车行业规范、健康、持续发展。此外，还要进一步加快云计算、大数据等新技术在平台经济中的应用，提升数据分析处理、数据挖掘等后台信息技术服务能力，为网约车监管信息交互平台的运营提供更有力的信息技术支持。

（二）切实落实平台企业的自身监管职责

网约车平台企业的社会责任不仅体现在增加就业机会、创新就业方式上，更体现在对司机和乘客利益的保障上。但是，近几年在网约车行业"野蛮增长"的背景下，网约车平台忽略了企业的社会责任，急于求成，成了平台发展的堵点和痛点。因此，网约车平台要尽最大可能保障运营过程中的安全，这就要求一方面要把好司机关，严核网约车司机资质；另一方面要运用好技术的支撑作用，加强人车合一的资格审查，彻底清除安全隐患。此外，网约车平台企业应进一步净化企业文化，形成更加自律的行业共识，承担起企业应有的社会责任，不能背离企业服务社会的初衷。特别是，平台推出相关产品时，设计理念与实际经营行为要保持一致。此外，相关部门应制定合理的方案，对促进网约车合规化发展的总体目标和阶段性指标进行规划和量化，安排部署清除不合规存量、遏制不合规增量、科学把控变量、纯净合规总量四项主要工作任务，强化组织领导、社会宣传、督导检查、长效机制、维护稳定五项保障措施，从而加快网约车行业的合规化进程。

（三）完善事前、事中、事后全链条联合监管

互联网使得人类社会面临从线性社会向网状社会的转变，多元化的平台形成，"去中心化"的社会也在逐步形成。在这样的时代背景下，政府必然面临着多利益群体博弈、多治理主体共存的秩序结构。因此，各相关部门应根据网约车行业的特点，探索一套基于互联网思维的创新监管模式，充分利用网约车监管信息交互平台，在各部门内部以及各部门之间实现信息互通和资源共享，从而达到提升监管效能的目的。依托网约车监管信息交互平台提

供的网约车车辆和驾驶员许可信息查询服务，为网约车平台公司核查车辆和驾驶员注册信息、严把入口关提供支撑。依据现有法律法规对网约车行业实施信用监管，并将失信人及其失信行为及时向公众进行披露。同时，属于网约车平台企业责任的，除对其执行行政处罚外，还需记入企业信用记录，并通过国家企业信用信息公示系统、"信用交通"等网站向公众进行披露。

（四）组织网约车服务质量信用考核

进一步推动各省（区、市）将网约车行业融入出租汽车服务质量信誉考核体系，并分别针对网约车驾驶员和网约车平台实施服务质量信用考核，以加快推进网约车行业的合规化进程。对网约车驾驶员的考核，主要从遵守法规、安全生产、经营行为、运营服务等方面进行。如果网约车驾驶员在考核周期内的考核分数不合格，其必须按照相关要求重新接受培训后再上岗。同时，相关的网约车平台以及上级行政主管部门分别要建立网约车驾驶员的服务质量信誉档案。对网约车平台的考核，主要从企业管理、信息数据、安全运营、运营服务、社会责任、加分项目等方面进行。同样，如果网约车平台在考核周期内的考核分数不合格，上级行政主管部门有权要求其整改，并将其纳入信用档案管理。此外，相关部门应将具体的考核结果对外公开，接受社会各界的监督，进一步提升出租汽车行业的服务质量和水平。

比 较 篇

Comparison Reports

B.12 北京平台经济与国内其他区域比较分析

李 婷[*]

摘 要: 平台经济作为基于电子信息快速发展而兴起的一种创新型经济发展形式,逐渐形成规模。国内各城市的平台经济规模日渐壮大,市场格局趋于稳定。北京市平台经济整体排名位于全国前三,在城市治理方面仍有进步空间;政策举措主要面向平台经济监管;平台企业数量多,大力推动高新技术企业平台发展。基于对北京市平台经济发展现状及其与国内平台经济发展前列的城市的比较分析,未来北京市应当从两方面促进平台经济发展:一方面,推动政府治理数字化,持续推进城市治理平台建设;另一方面,推进业态融合背景下的生态体系构建,发展综合性平台。

关键词: 平台经济 平台监管 城市治理

---

[*] 李婷,对外经济贸易大学国家对外开放研究院国际经济研究院硕士研究生,研究方向为区域经济、世界经济。

一 北京平台经济发展概况

平台经济作为基于电子信息快速发展而兴起的一种创新型经济发展形式，经过十多年的发展壮大，逐步形成规模。北京市凭借其技术优势、人才优势和地理优势，吸引了大量平台企业入驻，平台经济得到迅速发展。根据《北京数字经济研究报告（2021年）》统计，2021年北京数字经济规模达2.0万亿元，占北京GDP的比重达55.9%，位列全国第一。其中，2021年北京市数字产业化规模达6808亿元，占GDP的比重由2008年的11.5%提升至18.9%。北京平台经济结构持续优化，市场格局逐渐趋于稳定。

（一）平台经济稳步前进

北京市推动产业转型升级，加快产业数字化，大力推动高精尖产业发展，平台经济增速领先于其他区域，平台经济稳步向前发展。根据《北京工业年鉴（2020）》的数据，在电子信息和软件与信息服务业方面，截至2019年底，电子信息产业累计实现产值2600亿元，比2018年同期增长4.4%，软件与信息服务业实现产值35371亿元，同比增长6.8%，平台经济占地区生产总值的比重逐年上升。据《北京市2021年国民经济和社会发展统计公报》，2021年北京市大中型重点企业的研发费用增长31.4%，其中信息服务业的研发投入较多。同时，新基建是平台经济发展的重要支撑点，2021年北京市新基建投资占全市投资额的比重为9.1%，较2020年上升1.5个百分点。北京市加快5G、车联网、工业互联网等领域布局，推动平台经济发展。

（二）政策导向作用凸显

平台经济是推动北京市经济高质量发展的重要动力，北京市出台政策支持和规范平台经济不断发展。根据《北京数字经济研究报告（2021年）》统计，2017年，北京市政府仅出台2项数字经济相关政策，到2020年出现井喷态势，累计出台58项数字经济相关政策，重视平台经济发展。2021年7月，北京市发布《关于加快建设全球数字经济标杆城市的实施方案》，明确提出了大力发展数字经济的愿景，指出明确的发展方向，分三阶段推动北京市平台经济发展，逐步从巩固国内标杆地位到成为国际先进城市再到建设全球标杆城市，说明北京市将持续推动和扶持平台经济发展。政策数量的迅速增长说明北京市政府高度关注数字产业发展，合理布局平台经济产业链，推动平台经济高质量发展。值得注意的是，北京市支撑平台经济发展的产业政策与环境较为完善，重视对平台经济相关政策环境的建设，数字经济政策与环境指数为0.865，位居全国第一（见图1）。

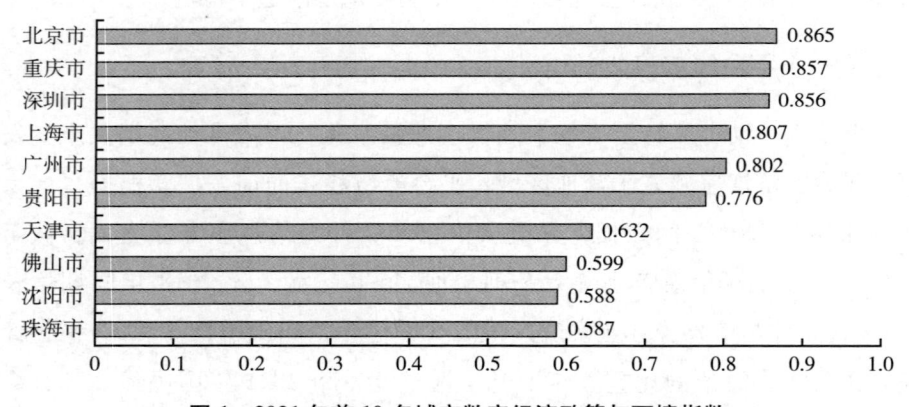

城市	指数
北京市	0.865
重庆市	0.857
深圳市	0.856
上海市	0.807
广州市	0.802
贵阳市	0.776
天津市	0.632
佛山市	0.599
沈阳市	0.588
珠海市	0.587

图1 2021年前10名城市数字经济政策与环境指数

资料来源：北京大数据研究院。

（三）平台企业数量众多

在政策鼓励下，北京市吸引大量优秀平台企业入驻，无论是数量还是质量都远超其他省（区、市），数字产业化创新活跃。据《北京数字经济研究报告（2021年）》统计，截至2019年，北京市高技术产业规模、战略性新兴产业规模分别累计增长56.9%和58.5%，我国市值排名前30的互联网企业中有11家位于北京，包括京东、百度、美团等头部企业，阿里巴巴将总部搬至北京，实行北京、杭州两个城市双总部策略。北京市互联网企业涉及电商服务、生活服务、金融服务、综合服务等多个领域,几乎涵盖所有互联网创新业态。在高新技术行业,北京拥有人工智能企业486家,占全国总数量的39%[1];瞪羚企业达2331家,居中国城市首位[2]。在政策导向和市场吸引的作用下,北京市加大新兴产业研发投入,形成研发资源丰富、科研学术环境优良、企业创新能力突出的良好局面。

二 北京平台经济与国内其他主要区域对比

《2021中国数字经济产业发展指数报告》从政策环境、规模质量、头部企业、创新能力和产业投资热度五个维度对国内各城市进行评估,排名前十的城市大多是省会城市、直辖市,其中北京、上海和杭州位居前三,因此本报告主要将北京市平台经济与上海市和杭州市平台经济进行对比。通过对比分析发现北京市平台经济发展尚可改进的地方,并提出改进建议。

(一)平台经济整体情况对比

2017~2021年三大城市的数字经济指数见表1,北京市2021年得分为89.4分,排名第三,前两名分别是上海市和深圳市。上海市排名较前,自2018年起一直占据首位。杭州市在2017年排名第一,近两年保持在前五的位置。城市数字经济指数基于产业融合、城市服务、数据及信息化基础设施以及城市治理四维度进行考量测度。以2021年为例,上海市城市服务评分为91.7分,北京市该项评分只有88.5分,城市治理评分为93分,产业融合评分为89.8分,数据及信息化基础设施评分为92.3分。可以看到,北京市平台经济各方面评分较高,发展状况良好,但在城市服务方面还有待进一步改进。

---

[1] 数据来源于《北京数字经济研究报告(2021年)》。
[2] 数据来源于北京大数据研究院发布的《2021中国数字经济产业发展指数报告》。

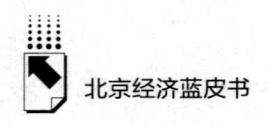

表1　2017~2021年三大城市数字经济指数

单位：分

城市	2017年	2018年	2019年	2020年	2021年
北京市	83.3	87.9	89.4	90.5	89.4
上海市	83.8	89.0	89.8	91.6	90.5
杭州市	84.9	87.9	89.4	90.0	89.1

资料来源：新华三集团·数字经济研究院。

（二）平台经济发展战略对比

三大城市平台经济主要发展战略见表2。北京市目前尚未针对平台经济出台明确的政策文件，但通过对数字经济的规划可以窥得一二。《北京市促进数字经济创新发展行动纲要（2020~2022年）》显示，北京市的发展目标是在"四个中心"定位的基础上建设全球数字经济标杆城市，因此北京市平台经济的发展方向应当是注重科技创新平台建设的同时带动其他产业数字化，使北京成为可供借鉴的标杆城市。上海市的发展战略则是以建设经济中心为重要目标，在上海扶持一批具有带动力的龙头企业，大力培育和发展平台经济，使平台经济成为上海经济转型的重要抓手。杭州市则更加注重统筹发展和安全，推动平台经济规范健康持续发展。

表2　三大城市平台经济主要发展战略

城　市	政策举措
北京市	在立足北京市"四个中心"功能定位的基础上,体系化构建数字经济发展体制机制,全面提升基础设施支撑能力、技术产业协同创新能力、产业数字化转型能力、安全保障能力,坚决推动数据要素有序流动和培育数据交易市场,大胆探索关键领域对外开放及跨境数据流动等新模式、新业态,积极稳妥推进与国际数字经济、数字贸易规则对接,引领和赋能国内数字经济发展,将北京市建设成为国际数字化大都市、全球数字经济标杆城市
上海市	上海市主要以创新驱动、转型发展为战略要求,围绕平台企业的培植和引进两大板块,在创新型人才培养平台集聚和建设的基础上,为平台经济的蓬勃发展营造良好的商业环境,以做好平台型企业服务建设为着力点,加强平台经济的技术创新,促进平台经济商业模式和业态创新,打造一批具有国际影响力和带动力的龙头型平台企业,以平台经济为主要载体,加快上海经济转型与发展

续表

城市	政策举措
杭州市	杭州着力于从经济社会发展全局高度深刻把握平台经济日益凸显的地位作用,从构建城市新竞争新优势的战略角度出发,把握平台经济规范健康持续发展的总体考虑、工作原则和重点任务,坚持数字化引领,统筹发展和安全,坚决落实平台经济治理属地责任,规范网络交易行为,持续激发市场活力,推动杭州市平台经济规范健康持续发展,展现杭州市平台经济"头雁"风采

资料来源:根据各城市人民政府网站和网络公开资料整理。

(三)配套政策支撑对比

三大城市发展平台经济的主要配套政策见表3。2021年北京市提出建设全球数字经济标杆城市,并出台有关平台经济政策举措,主要涉及平台经济监管、就业、企业扶持,其中大量提及平台经济监管。上海市从2014年开始针对平台经济发展出台相关政策,包括出台指导意见、规范统计制度与鼓励技术型平台企业发展。杭州市致力于打造"数智杭州",2021年杭州市人民政府针对加强平台经济治理、促进规范发展提出17条意见,推动杭州市平台经济规范发展。可以看出,北京市与上海市和杭州市相比,更加注重对平台经济的监管,防范平台经济乱象,从就业、反垄断、营商环境、合规手册等方面规范平台经济发展。

表3 三大城市主要配套政策

城市	政策举措
北京市	北京市于2021年7月提出要建设全球数字经济标杆城市,打造中国数字经济发展"北京样板"。《关于促进新就业形态健康发展的若干措施》对平台经济相关就业问题如劳动者权益保护、拓宽就业渠道、增强就业创业帮扶、强化监管等制定举措,推动平台经济就业形态健康发展。2021年11月发布《北京市培育和激发市场主体活力持续优化营商环境实施方案》,明确提出要建立全市统一的平台经济监管信息平台,形成"1+N"体系;分类制定平台经济"一业一策"工作方案,编制重点领域平台经济合规手册;更好地监管和规范平台,推动平台经济健康发展。2021年12月出台《北京市平台经济领域反垄断合规指引》,引导企业建立和加强反垄断合规管理制度,自觉规范经营行为,保障企业持续健康有序发展

续表

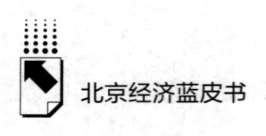

城　　市	政策举措
上海市	上海市在2014年提出要培育"四新经济"企业，做大平台经济。在金融业平台经济发展方面，上海市公布了支持互联网金融发展的20条"意见"，是国内首个出台新政支持互联网金融发展的地区，有利于进一步提升上海的国际金融中心地位。上海市在2015年开始实施平台统计报表制度，用来衡量新型平台企业的功能和贡献度，旨在为平台经济的发展建立市区联动机制。2016年，上海市人民政府发布了《杨浦区"十三五"产业发展专项规划》，规划中提出要以沪江网、众美联等平台企业为核心，大力发展以信息整合为技术手段的平台经济。2020年，上海市提出加快智慧城市建设，通过建设市场管理信息平台、地下空间管理信息平台、食品安全监管和信息服务平台、智能化消防数字平台、道路交通综合信息应用服务平台等，提升城市建设的精细化和智能化管理水平
杭州市	杭州市致力于打造"数智杭州"，推行"152+125"的数字化改革，建设"数智"网监平台，不仅能够全方位地维护网络安全，还能对平台企业的垄断和不正当竞争行为进行数字化监管。2021年5月，杭州市人民政府针对加强平台经济治理、促进规范发展提出17条意见。同时，杭州市通过召开行政指导会议以及出台各类政策意见的方式，完善平台经济市场监管网络，形成贯穿平台经济发展整个过程的发展前规范指导、发展中风险预警、发展后及时处理的监督管理机制，加快推进平台经济的"数智"治理

资料来源：根据各城市人民政府网站和网络公开资料整理。

（四）主要平台企业对比

1. 平台企业数量

根据《2021中国数字经济产业发展指数报告》，从头部企业情况来看，北京市排名第一，得分0.962；上海排名第二，得分0.917；杭州则排名第三，得分0.912。北京市的头部企业数量多，但与上海和杭州的差距不大。

具体而言，表4显示了北京市、上海市和杭州市的头部企业数量。可以看到，2021年北京市头部企业数量在三大城市中最多，尤其是瞪羚企业数量达到了2331家，高新技术企业有3356家。这说明北京市吸引企业入驻能力较上海市和杭州市更强，能较好地维护平台企业的成长发展，平台企业的科技创新能力全国领先，形成企业不断入驻和入驻企业不断创新成长的良好格局，推动北京市平台经济不断向前发展。

表4 2021年三大城市头部企业数量

单位：家

城市	上市企业	独角兽企业	瞪羚企业	高新技术企业
北京市	379	57	2331	3356
上海市	145	27	147	2166
杭州市	121	20	245	2141

资料来源：北京大数据研究院。

2. 平台企业类型及发展模式

（1）北京市主要平台企业类型及发展模式

随着互联网经济的发展，信息安全的重要性日益凸显。北京市信息安全平台起步早、发展快，相关平台企业的综合实力在国内处于领先地位，头部企业主要包括启明星辰和网神信息等。同时，国内主要社交平台企业也扎根北京，如新浪微博、知乎、领英等。北京提出要基于"四个中心"的功能定位发展平台经济和数字经济，可以看出高新技术平台企业必将成为北京平台经济中不可或缺的一环。北京市主要平台企业类型及发展模式见表5。

表5 北京市主要平台企业类型及发展模式

平台类型	平台名称	平台模式
金融服务平台	百度理财	百度理财旨在为广大客户建立一个金融服务中心和贷款中心，将传统金融服务的各个环节纳入线上平台，专注于为广大客户提供创新的产品和服务
	积木盒子	积木盒子的目标群体为中产阶级，服务对象为个人，旨在为中产阶级提供一站式、全方位和网络化的金融产品和服务
	融360	融360作为一款与金融服务紧密相关的搜索平台，目标群体为企业或个人，主要业务范围是为客户提供贷款、理财等金融领域相关产品的搜索、价格比较和应用服务
信息安全平台	启明星辰	启明星辰是一家专注于提供从网络安全产品到网络安全综合解决方案的信息安全平台，主要业务范围包括网络安全、数据安全和应用业务安全
	江南天安	江南天安是国内位于前列的商用密码服务商，主要为用户提供完整的密码体系应用解决方案
	网神信息	网神信息是一个旨在为用户提供安全服务和安全产品的高科技信息平台。不仅专注于技术研发，也进行生产制造并提供方案

续表

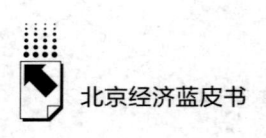

平台类型	平台名称	平台模式
电子商务平台	京东商城	京东商城是国内几大网络零售商之一,为买卖双方提供交易平台和物流服务
	当当网	当当网是一家B2C形式的电子商务平台,主要业务范围包括图书和音像制品出售,同时也是中国第一家完全以线上平台销售为基础的网上购物商城
搜索平台	百度	百度是一个专注于使用户更便捷获取信息的搜索引擎平台,主要赢利模式为收取第三方广告费用和推广费用
	搜狗	搜狗的主要业务范围是向用户提供更加便捷的搜索引擎,帮助用户更快获取信息。最初由搜狐公司创立,后独立于搜狐,是中国第一个第三代互动式中文搜索平台。主要收益来源于广告费用和推广费用
社交平台	新浪微博	新浪微博是国内社交平台的龙头企业,主要运营形式为实时信息分享、用户基于广场信息联系,并提供热点知识话题
	知乎	知乎的主要模式是一方提问、另一方回答,从而建立联系。用户通过问题和答案互相联络并交换意见。主要赢利模式为第三方广告投放费及会员费
	领英	领英是专注于建立职场联系的社交平台,用户可以通过平台建立并扩展自己的"人脉圈"
生活服务平台	美团	美团是国内领先的生活服务平台,服务范围涵盖生活方方面面

资料来源:根据网络公开资料整理。

（2）上海市主要平台企业类型及发展模式

上海市制造业目前正处于产业换档期,正朝着技术密集型制造业的方向发展,主要平台包括上汽集团的车联网以及宝钢集团的东方钢铁;在文化创意产业平台经济发展方面,上海市的文化创意产业倾向于聚集式发展,主要平台包括巨人网络、聚力传媒以及喜马拉雅。除此之外,上海市正通过"四新经济"企业发展以及智慧城市建设,将平台运用到经济发展的各个领域。上海市主要平台企业类型及发展模式见表6。

表6 上海市主要平台企业类型及发展模式

平台类型	平台名称	平台模式
金融服务平台	普兰金融	普兰金融分别依托普兰金融村和"艳阳天"两大"互联网+"平台,在金融市场和农村金融两大领域提供服务
	快钱	快钱是在移动支付兴起背景下建立的第三方支付平台,服务对象为企业及个人,同时也是以用户电子邮箱和手机号码为基础的金融服务平台
现代物流平台	菜管家	菜管家是上海市一个B2C类型的农产品订购平台,依托信息技术和物流配送,提供农产品、生鲜和其他食材的配送服务
	甫田网	甫田网是专注于提供食品类商品的线上购物平台,同时建立了完善的仓储和物流系统,成为从食品供应到物流运送一站式的电子商务平台
	1号店	1号店是目前国内最大的B2C食品电商,同时拥有独特的电子商务管理体系,该体系在国际上处于领先地位
健康服务平台	掌健网	掌健网是将互联网、移动互联网以及健康产业三者相结合的独特平台,主要业务范围是向用户提供便利化和快捷化的移动医疗信息
	优谈网	优谈网旗下包括一系列与心理相关的健康服务平台,如优谈心理、优谈宝宝、闺蜜联盟等,旨在为用户解决心理上的问题和困难,同时推出个性化定制服务
制造业平台	车联网	车联网是由上汽大众研发的智慧车载系统,主要服务形式是通过电脑网页及手机App为用户提供便捷的在线服务
	东方钢铁	东方钢铁是由宝钢推出的制造业在线平台,核心业务为钢铁的在线分销和在线采购,除核心业务平台外,东方钢铁还建立了服务钢铁企业闲废物资处理的电子交易平台"循环宝"
文化创意平台	巨人网络	巨人网络最初以经营网络游戏为主,后发展为包括研究、运营以及销售在内的综合性文化创意平台,当前主要业务范围包括互联网游戏、社区工具、互联网金融以及互联网医疗
	聚力传媒	聚力传媒是一家网络电视技术平台提供商,核心业务包括传媒应用软件开发和销售、电影发行、广播电视节目制作、影视策划以及文化艺术交流活动策划等
	喜马拉雅	喜马拉雅是中国领先的音频分享平台,核心业务范围包括有声内容、教育、直播、智能硬件、新零售以及创作者生态等

资料来源:根据网络公开资料整理。

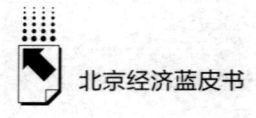

(3) 杭州市主要产业园区类型及发展模式

杭州市作为"中国电子商务之都",在发展电子商务平台的基础上,为推动平台经济发展,建设了多个平台经济产业园区,具体情况见表7。在平台经济产业园区建设基础之上,充分发挥当地龙头平台企业的带动作用,建立完善的产业生态系统,并依托浙江大学等当地高校,发挥人才优势,促进平台经济发展壮大。

表7 杭州市主要产业园区类型及发展模式

园　　区	园区类型	园区企业	发展模式
东方电子商务产业园	文化创意产业园	西子奥的斯、佑康、巨星科技、海明控股、龙达新科等	东方电子商务产业园依托浙江省大学科技园、江干区科创中心创业平台,主要发展方向是引入和培养电子商务平台、信息软件平台以及研发平台等新兴产业,发展成人才、技术和潜力三项并重的产业园区。根据此发展方向,结合园区内平台企业,构建了"云计算数据服务中心"、"东方电子商务园BPO呼叫基地"和淘宝"杭州网商园"等六大平台
下沙跨境贸易电商产业园	跨境电子商务综合试验区	天猫国际、苏宁易购、母婴之家、网易考拉、银泰网等	下沙跨境贸易电商产业园是将涉及跨境的电子商务平台独立出来,以杭州电子商务产业发展为基础,成立园区专门进行跨境电子商务,使跨境类平台更加集中,推动涉及跨境的平台企业向前发展
西溪谷互联网金融小镇	互联网金融创新产业园区	阿里巴巴支付宝、网商银行、浙商创投、网金所、芝麻信用等	西溪谷互联网金融产业集聚区旨在吸引国内外具有电子商务和互联网投资经验的知名投资机构,将园区建设成杭州市电子商务产业的金融中心服务带。主要发展模式是建设一个核心区、一个产业带,带动多点发展,即"一核、一带、多点"。一个核心区即互联网金融核心区,是基于浙江大学科技园区开展电子商务金融服务和互联网金融创新;一个产业带是指西溪路互联网金融产业带;多点发展是指发展古荡莲花商圈、福地创业区、山坞创投区等产业区,使其成为区域互联网金融产业的孵化地

续表

园区	园区类型	园区企业	发展模式
杭州未来科技城	科技创新产业园区	贝达安进、诺尔康、微泰医疗等	杭州未来科技城旨在建设第二产业与第三产业融合发展的产业园区，园区内包括生物医药、新能源材料、装备制造以及生产加工等产业。主要发展模式是一方面吸引高新科技创业平台，另一方面以电子商务产业为基础，发挥人才优势，将人才优势与产业发展相结合，同时以人才优势吸引大型央企和民企平台入驻，形成人才吸引资本、资本反哺人才的良性循环发展模式

资料来源：根据网络公开资料整理。

三 北京市发展平台经济的对策建议

一方面，在互联网高速发展背景下，以大数据、云计算和人工智能为突出代表的新型基础设施平台建设正在成为我国数字政府发展的"发动机"。由于北京市城市服务评分相对较低，未来北京市政府应基于北京市发展的实际需要，进一步将区块链、大数据和人工智能等新型基础设施建设融入政府治理当中，建立共性的底层应用平台，充分发挥数字政府的数字效能。例如，发挥平台经济的作用，构建完善的城市服务系统平台，形成从问题处理到问题解决再到结果反馈的城市治理闭环，更好地推动北京市城市服务发展。

另一方面，平台经济的不断发展推动了整个价值链的演进，从而构筑起跨行业的生态体系。北京市不管是瞪羚企业数量还是高新技术企业数量，都远超国内其他城市。因此，北京市拥有构建跨行业生态体系的能力。北京市要支持和推动构建平台企业的商业生态系统，给予政策优惠，鼓励龙头平台企业发展多种类型的产业新业态。在打造综合性平台的基础上，北京市应当在平台经济生态化的趋势背景下，以构建"总部+互联网+金融"平台模式为核心，出台推动平台经济发展的专项支撑政策，打好政策"组合拳"。制

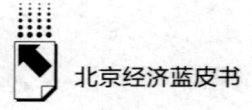

定新的发展战略，吸引大型平台经济企业总部入驻北京，将北京建设成平台企业的总部集聚区，成为国内平台经济发展示范区。与此同时，设立专项资金，优先支持产业驱动性强、前景广阔的平台企业以及新培育的平台经济示范区，推动上下游价值链不断扩张，构建完整的平台经济价值链体系。在此基础上，进一步促进整个价值链系统走向平台生态系统，建设产业内生态体系。

参考文献

[1] 贝壳财经、中国信息通信研究院：《北京数字经济研究报告（2021年）》，贝壳财经网，2021年8月6日，http：//www.bkeconomy.com/detail-162823525814672.html。

[2] 北京大数据研究院：《2021中国数字经济产业发展指数报告》，2021年10月20日，https：//mp.weixin.qq.com/s/hRJeMbyV4ZAiJRiXDqQWxA。

[3] 新华三集团·数字经济研究院：《中国城市数字经济指数蓝皮书（2017~2021）》，2021年4月7日，http：//deindex.h3c.com/2022/Insight/Citycompare/。

B.13
北京平台企业与国外典型平台企业比较分析

赵宇欣[*]

摘　要： 本报告基于不同领域对北京市平台企业和国外典型平台企业的商业模式、用户分布以及收入结构等内容进行了对比分析，得出了以下结论：首先，北京市平台企业的用户主要分布在国内的一、二线城市，而国外平台企业更加倾向于在全球布局；其次，北京市平台企业虽在理念上与国外典型平台企业有所不同，但商业模式和发展模式大多与国外典型平台企业相似，或在其基础上进行拓展；最后，相对于北京市平台企业来说，国外典型平台企业的经营范围更广，收入结构更加多元化。对此，本报告认为北京市平台企业应以人才为依托，充分发挥企业的核心优势；积极"走出去"，拓展市场范围，努力提高国际竞争力；充分发挥龙头企业的引领作用，提高北京市平台企业发展的整体水平。

关键词： 平台企业　商业模式　用户分布　收入结构

中国信息通信研究院发布的《平台经济与竞争政策观察（2021年）》显示，即使世界经济面临严重的衰退，平台经济依然保持着高速增长的态势，

---

[*] 赵宇欣，对外经济贸易大学国家对外开放研究院国际经济研究院硕士研究生，研究方向为数字经济、区域经济。

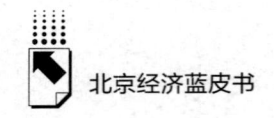

成为经济复苏和发展的重要动力。从世界范围内平台经济发展现状来看，中国和美国仍处于领先地位，由于美国平台经济发展起步较早，中国和美国的平台经济发展仍存在较大差距。2017~2020年，排在全球市值前十位的企业中有七家是平台企业，分别是苹果、微软、亚马逊、谷歌、脸书、腾讯以及阿里巴巴，主要涵盖了电子商务领域以及社交领域的平台企业。由此可见，上述领域的平台企业在平台经济中的发展较为成熟。近年来，随着公共交通和线上旅游平台的快速发展，人们出行的信息不对称问题得到了有效的解决，大大降低了出行的时间成本。但是自新冠肺炎疫情发生以来，公共出行和旅游业都受到了较大的冲击，因此该领域平台企业今后的发展规划尤为重要。本报告以电子商务平台、社交平台、在线旅游平台以及网约车平台四个领域的典型平台企业为例，对北京平台企业与国外典型平台企业进行比较分析，借鉴国外平台企业的成功经验，更好地助力北京市平台企业的发展。

一 电子商务平台比较分析

电子商务平台是以互联网及其基础设施为基础的在线交易平台，企业、消费者可以通过该平台完成线上交易，降低经营活动的成本，提高交易效率，同时也可以根据消费者的不同偏好，为消费者提供差异化服务。电子商务平台的类型包括企业对接个人消费者的B2C平台、个人卖家对接个人消费者的C2C平台、充当导购角色的CPS平台以及将线上销售与线下交易相结合的O2O平台等，电子商务平台突破了商品交易的时间和空间限制，为商品交易创造了更大的空间。

2020年北京市的电子商务交易额为1.29万亿元，在各省（区、市）中排名第四。在《中国互联网企业综合实力指数（2021年）》发布的"2021年中国互联网综合实力企业"百强榜单中，京东集团位居第四，在促进北京市电子商务领域发展中起到了重要作用。美国的亚马逊公司是全球最早涉足电子商务领域的公司之一，京东的经营模式与其有很多相似之处，因此本报告选取京东和国外典型的电商平台——亚马逊进行比较分析。

（一）商业模式

亚马逊最初以图书销售为主，并以"地球上最大的书店"作为发展经营的目标。在之后的发展中，亚马逊对其所销售的产品种类进行了扩充，涉足服装、电子产品、家居产品、食品、美妆产品等传统商品，还有自营的电子阅读器Kindle及其周边产品，主要包括Kindle Touch和Kindle Fire等系列产品，并逐渐发展成为最大的综合网络零售商。

京东以柜台经营起家，主要经营光磁产品。进军电商领域后，京东将IT数码产品作为主要的经营内容，实现了从以3C产品销售为主到全品类销售的转变。亚马逊主要采用第三方平台支付，包括亚马逊支付、维萨卡、万事达卡、发现卡、大来卡、JCB以及中国的银联。除与第三方支付平台合作外，京东也支持货到付款的方式，同时，京东推出了"京东白条"以满足部分消费者提前消费的需求。

由此可见，两者的相同之处在于都是从各自的优势领域出发，在强化核心优势的同时不断扩充产品种类，转变成为综合性的网络零售商。除最初的优势产品不同之外，亚马逊与京东在自营产品方面也存在差异。亚马逊的自营产品是由自己设计并销售的电子阅读器Kindle及其系列产品，而京东的自营产品主要是与品牌商合作销售的商品，主要是食品、日用品、家电等。

（二）物流模式

在物流方面，亚马逊和京东在发展初期都进行了大规模的投资，构建了自己的物流体系，主要采取自建配送中心以及与第三方物流公司合作的模式，既提升了配送效率，也降低了配送成本，但两者在具体的配送方式上存在差异。亚马逊的FBA重点关注仓储，与DHL、Fedex、UPS和TNT等第三方快递公司合作进行配送，并创新了"邮政注入"的新型配送模式。京东则是构建了仓储配送一体的物流体系，由自营的京东快递进行配送，同时，除了京东商城自身的配送业务外，京东快递也对外提供物流服务，这也成为京东的重要收入来源之一。

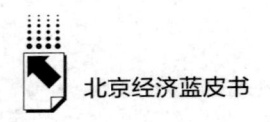

（三）收入结构

亚马逊的收入主要包括各类商品销售的收入、广告收入、会员收入、平台收入以及云服务收入。亚马逊2021年财报显示，第三季度总收入为1108.12万亿美元。其中，线上销售收入为499.42万亿美元，占45.07%；线下销售收入为42.69万亿美元，占3.85%；第三方卖家服务收入242.52万亿美元，占21.89%；会员订阅服务收入81.48万亿美元，占7.35%；广告服务收入76.12万亿美元，占6.87%；AWS收入161.1万亿美元，占14.54%；其他收入4.79万亿美元，占0.43%。亚马逊2021年第三季度收入结构见图1。京东的收入主要包括商品销售收入、平台收入、广告收入以及物流服务收入。京东2021年财报显示，第三季度总收入为3400万美元。其中，商品销售收入为2890万美元，占85%；平台及广告服务收入为260万美元，占7.65%；物流及其他服务收入为250万美元，占7.35%。京东2021年第三季度收入结构见图2。

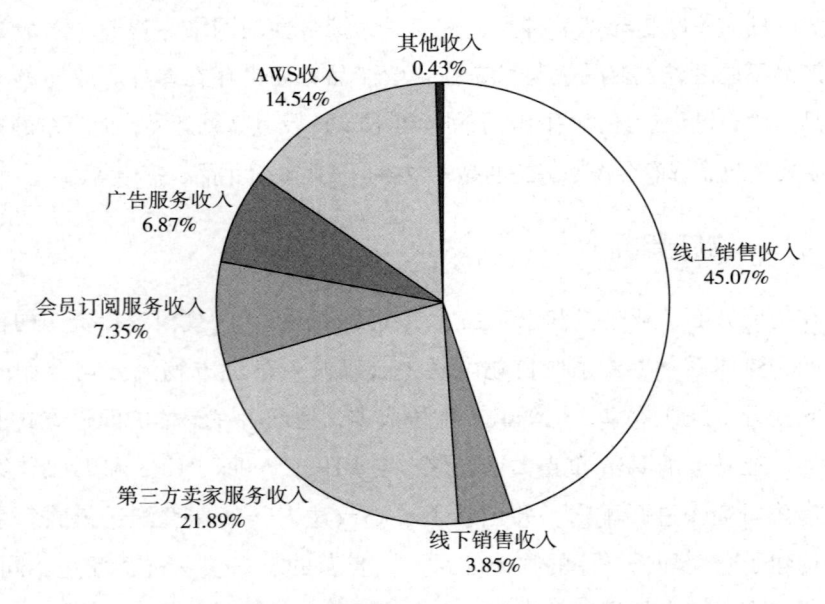

图1　2021年亚马逊公司收入结构

资料来源：亚马逊公司财报。

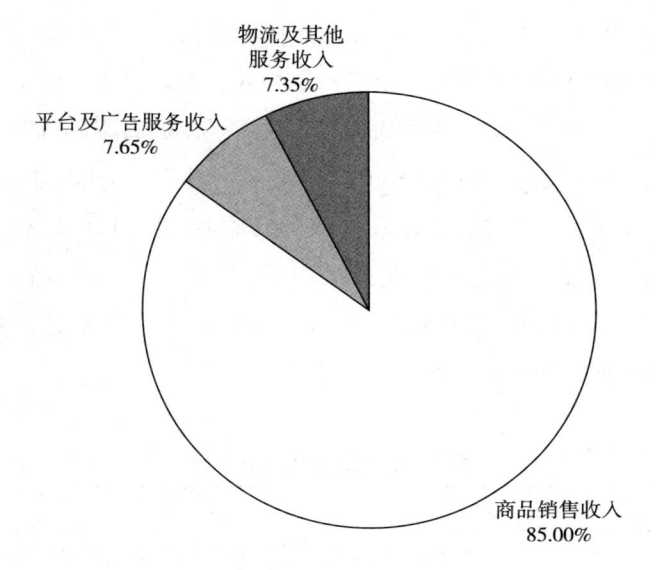

图2 2021年京东集团收入结构

资料来源：京东集团财报。

由此可见，亚马逊公司的收入结构较为多元，商品销售收入与服务收入相当；京东的收入结构相对来说较为单一，商品销售收入占总收入的85%，服务收入仅占15%。

（四）跨境电商

随着经济全球化的发展以及国内市场的饱和，众多电子商务平台开始致力于开拓国际市场，扩大经营范围。其中，亚马逊凭借其超强的竞争力开拓了众多国际市场，亚马逊的全球站点分布见表1。然而，一直占据全球电商霸主地位的亚马逊在中国市场屡屡碰壁，在中国本土头部电商平台的竞争下，亚马逊已失去了在中国市场的立足之地，于2019年宣布退出中国市场。同样，作为北京市电商的头部企业，京东也在致力于发展跨境电商业务，进军国际市场。2015年，京东正式上线全球购业务，实现了国外优质商品"走进来"。一方面，京东自主采购商品，并通过全球购的自营平台进行跨境销售；另一方面，海外品牌可以入驻京东平台，直接与消费者进行线上交

181

易。全球购模式下的跨境电商不仅为国内消费者提供了购买国外产品的平台，也为国外卖家提供了分享中国消费市场的机遇。同年，京东上线致力于发展全球出口业务的平台——全球售，入驻该平台的商家可以在全球200多个国家和地区销售商品。但在2021年，京东关闭了其全球售模式下的自有平台Joybuy，2022年，作为Joybuy升级版的国际跨境B2B交易与服务平台"京东全球贸"正式开放运营。在新冠肺炎疫情背景下，跨国贸易受到了巨大的冲击，但跨境B2B呈逆势增长态势，同时"京东全球贸"的正式上线也体现了京东进一步发展跨境电商的规划。

表1 亚马逊全球站点分布

亚马逊站点	站点简介
北美站	亚马逊北美站是亚马逊最主要的市场，卖家开通北美站账户时，可以随时切换美国、加拿大以及墨西哥的账户
欧洲站	亚马逊欧洲站是继北美站之后的第二大站点，目前欧洲站覆盖的国家主要包括英国、德国、法国、意大利、西班牙、荷兰、瑞典、波兰以及土耳其，入驻的卖家共同使用欧洲站联合账户
澳大利亚站	澳大利亚站于2017年开始对商家开放，但由于澳大利亚的人口较少，在一定程度上限制了平台的用户流量，因此澳大利亚站的市场与北美站和欧洲站存在较大差距
中国站	亚马逊于2004年通过收购卓越正式进军中国市场，但在与本土平台的竞争中一直处于劣势地位，并未实现较快的发展，因此2019年亚马逊退出中国市场
日本站	亚马逊日本站于2000年开始正式运行，得益于日本较大的电商市场以及相对较小的竞争力，亚马逊日本站成为亚马逊的第三大国际市场
印度站	亚马逊印度站于2013年正式成立，得益于印度具有的人口优势，亚马逊印度站具有较大的用户流量和消费潜力，成为亚马逊增长最快的站点之一
新加坡站	亚马逊新加坡站于2019年正式开通，作为"亚洲四小龙"之一的新加坡具有完善的物流基础设施、较强的居民消费能力以及优越的地理位置，为跨境电商的发展提供了巨大的优势
中东站	亚马逊中东站包括阿联酋、沙特阿拉伯、埃及、科威特、巴林、阿曼以及卡塔尔七个国家，中东虽具有较高的经济发展水平，但市场较小，发挥空间有限
巴西站	亚马逊于2012年开始进军巴西市场，2018年开始允许第三方卖家向巴西消费者提供电子产品，作为拉丁美洲最大的零售市场，巴西站具有巨大的发展潜力，也是亚马逊继印度、墨西哥后增长最快的市场

资料来源：根据网络公开资料整理。

然而，跨境电商的发展会面临比国内电商更多的困境，比如不同国家和地区的经济发展水平、基础设施水平以及消费者消费偏好都存在巨大的差距，单一模式下跨境电商很难成功实现"本土化"，电商巨头亚马逊退出中国市场也为京东发展跨境电商提供了教训。

第一，要根据当地市场环境灵活调整发展模式。亚马逊秉持其固有经营理念，不加变通，导致无法融入中国市场。因此，京东在发展跨境电商的过程中一定要重视"本土化"，根据当地市场特点以及消费者偏好灵活调整经营模式，而不是一种模式实施到底。

第二，要注重当地基础设施的建设与完善。在京东着力于发挥物流优势实现当日达的情况下，亚马逊的两日达无法满足消费者的需求。但由于不同地区的经济发展水平不同，物流、仓储以及电商平台的基础设施水平也存在较大的差距。京东要想在当地发挥物流优势，不仅要与当地的第三方物流公司达成合作，还要致力于基础设施建设，加大基础设施投资，不断建设高效的物流体系。

第三，要充分抓住数字经济时代的发展机遇。在数字经济时代，数据成为企业经营决策的核心要素，京东应充分利用各个市场的数据要素，深入分析消费者习惯，为其提供更加精准的服务，提高消费者依赖度。同时，京东应进一步促进供应链的数字化转型，发挥供应链管理优势，提高自身应对突发事件的能力。

二 社交平台比较分析

社交平台在互联网上为用户建立个人主页，不同用户之间可以建立联系，从而实现线上社交的目的。在社交平台上，用户可以在自己的主页上发布动态，同时可以访问其他用户的主页并与其进行互动。通过这个平台，用户不仅可以与身边好友进行日常的交流，同时还可以与陌生人建立联系，扩大社交范围。

如今我国主流的熟人社交领域平台主要包括微信、QQ，陌生人社交领

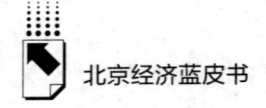

域平台主要包括陌陌和Soul等，短视频领域社交平台主要包括抖音、快手、Bilibili等，其他综合类社交领域平台主要包括微博、豆瓣、知乎、小红书等。其中陌陌、微博、豆瓣、抖音以及知乎的总部均位于北京市，成为推动北京市社交平台发展的核心动力。

Facebook和Twitter等大型社交平台的出现，标志着国外的社交平台进入了快速发展阶段，直到今天Facebook和Twitter对社交平台的发展都具有重要的借鉴意义。随后，我国相继出现了人人网、开心网和新浪微博等社交平台，自此我国的社交平台也进入了快速发展阶段。因此，本报告选取国外的典型社交平台——Facebook和Twitter与北京市的新浪微博进行对比分析。

（一）商业模式

Facebook最初是为哈佛大学的学生建立的一个社交平台，用户可以在平台发布动态，通过平台与朋友互动。随后Facebook逐渐扩展了注册范围，依靠所掌握的大量用户信息，逐渐发展成为一个开放的互联网社交平台，并成为美国排名第一的照片分享平台。Facebook最初的市场定位是PC端的社交平台，在移动互联网时代的优势较弱，但在之后的发展中，Facebook不断将其产品向移动端转移，不断提高在移动互联网领域的竞争力。

Twitter和新浪微博均属于微博类的社交平台，主要目的是使用户能够更加便捷地发布和共享信息，用户可以在平台上对全球实时事件和热议话题进行讨论，具有较强的开放性和及时性。与Facebook和新浪微博不同的是，Twitter最初的发展规划就是在手机上使用，但如今新浪微博的用户使用也主要集中在移动端。

总而言之，Facebook、Twitter和新浪微博均致力于为用户提供一个交流和共享信息的平台。但Twitter和新浪微博更加侧重于信息的传递，用户间关系的亲密程度明显要低于Facebook的用户。另外，由于Facebook在移动端起步较晚，所以在移动互联网领域的优势还有待加强。

（二）用户分布

Facebook 和 Twitter 均在全球开展业务，其中 Twitter 的用户主要分布在美国、日本、俄罗斯以及英国，其中年龄 18~29 岁的用户占 38%，年龄 30~49 岁的用户占 26%，其他年龄段的用户占 36%（见图 3）。

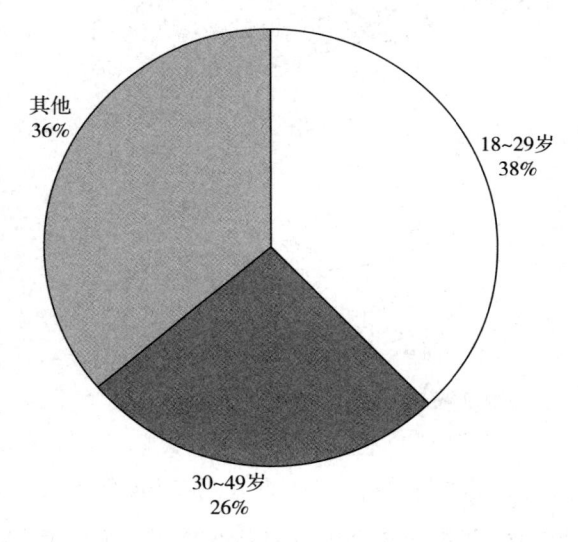

图 3　Twitter 用户年龄分布

资料来源：Twitter 财报。

新浪微博主要面向国内开展业务，用户最多的地区包括北京、上海、广州、深圳，其次是浙江、江苏、福建以及广东其他地区。其中年龄 22 岁及以下的用户占 30%，年龄 23~32 岁的用户占 48%，年龄 33~42 岁的用户占 18%，年龄 43 岁及以上的用户占比只有 4%（见图 4）。由此可见，新浪微博的用户群体以"90 后"和"00 后"为主，相对于 Twitter 来说用户年龄结构更加年轻化。

（三）收入结构

2021 年第三季度 Facebook 的总收入为 290.1 亿美元，其中广告服务收

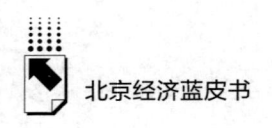

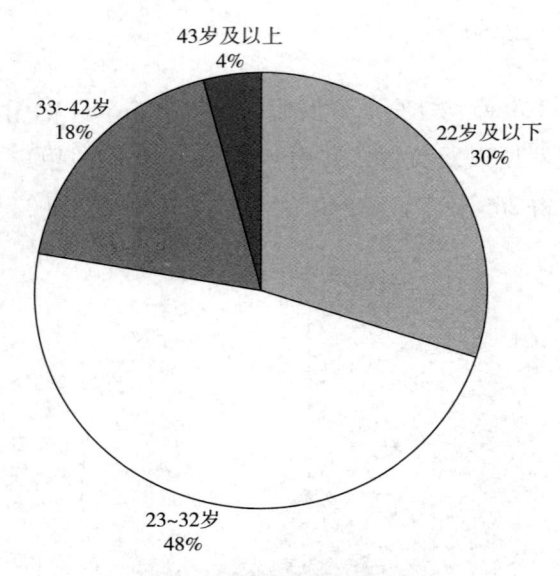

图 4　新浪微博用户年龄分布

资料来源：新浪微博用户分析报告。

入为282.76亿美元，占97.5%，其他收入为7.34亿美元，仅占总收入的2.5%。Facebook 2021年第三季度收入结构见图5。2021年第三季度Twitter的总收入为12.8亿美元，其中广告服务收入为11.41亿美元，占89.1%，其他收入为1.39亿美元，占10.9%。Twitter 2021年第三季度收入结构见图6。2021年第三季度新浪微博净收入为6.07亿美元，其中广告和营销收入为5.38亿美元，占88.5%，其他增值服务收入为0.69亿美元，占11.5%。新浪微博2021年第三季度收入结构见图7。

由此可见，在总收入水平上，Twitter和新浪微博与Facebook还有较大差距，但三者的收入来源均以广告服务为主，其中Facebook的广告服务收入占比最高，其次是Twitter，最后是新浪微博。

基于以上北京市社交平台与国外典型社交平台的对比，本报告对北京市社交平台如何实现进一步发展提出以下建议。

一方面，北京市社交平台应积极开拓用户市场，提高用户黏性。社交平

北京平台企业与国外典型平台企业比较分析

其他收入
2.5%

广告服务收入
97.5%

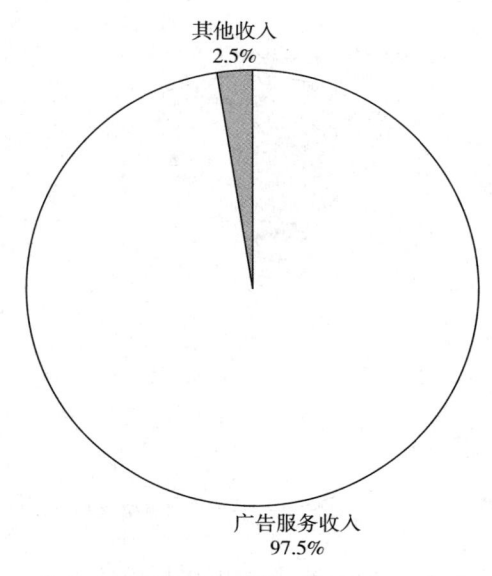

图 5　2021 年第三季度 Facebook 收入结构

资料来源：Facebook 财报。

其他收入
10.9%

广告服务收入
89.1%

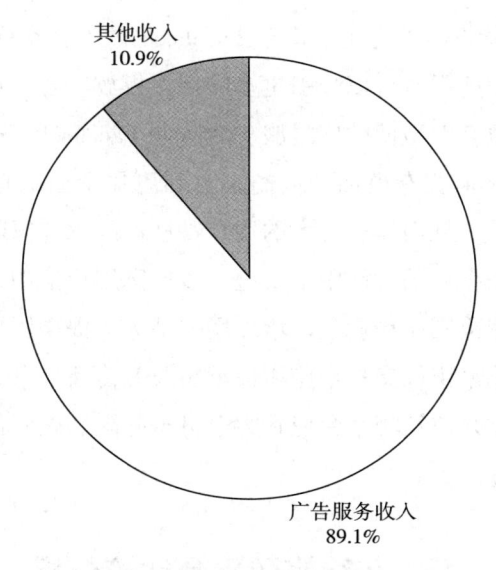

图 6　2021 年第三季度 Twitter 收入结构

资料来源：Twitter 财报。

其他增值服务收入
11.5%

广告和营销收入
88.5%

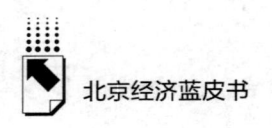

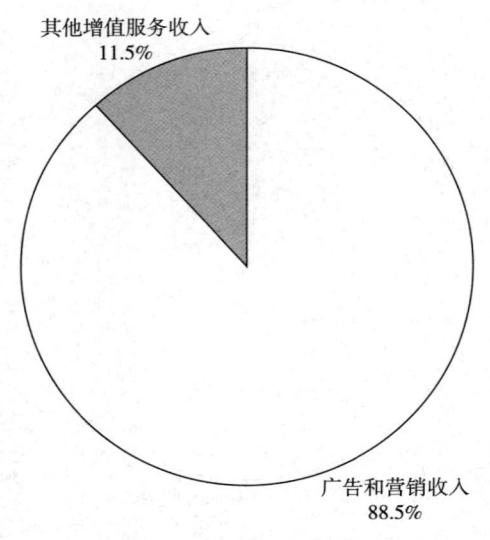

图7　2021年第三季度新浪微博收入结构

资料来源：新浪微博财报。

台的收入以广告服务收入为主，由于Facebook进入社交领域较早，拥有更大的用户基数，因此平台可以吸引更多的商家投放广告，从而获得更多的广告服务收入，导致新浪微博的广告服务收入与Facebook仍存在较大的差距。同时，由于Facebook拥有更加开放的平台和更加全面的功能，能够给予用户更加优质的体验，从而具有更大的用户黏性。因此，以新浪微博为代表的北京市社交平台在今后的发展中，要进一步拓宽用户范围，基于企业的实际情况，不断在全球范围布局业务，增加用户基数，提高用户黏性。

另一方面，北京市社交平台应积极承担及时传播信息、实现信息公开化的责任。同时，北京市社交平台应致力于打击并限制虚假信息的传播，提高信息传播的准确性。

三　在线旅游平台比较分析

在线旅游平台是指依托互联网技术，使旅游消费者能够在线上向提供旅游产品和服务的商家预订，并通过线上完成支付的旅游服务平台。在线旅游平台按照其提供服务的内容不同，可以分为垂直搜索引擎类旅游平台、中介服务类旅游平台以及资讯社区服务类旅游平台。其中，垂直搜索引擎类旅游平台主要为旅游消费者提供食、住、行、游、购、娱等信息，但不参与交易环节，所以此类旅游平台的收入主要来源于广告服务；中介服务类旅游平台在为旅游消费者提供信息的同时，也为其提供了一个交易平台，即消费者可以通过此平台预订或者购买旅游服务，比如交通预订、酒店预订等，所以此类旅游平台的收入来源主要包括交易过程中收取的中介费、在线广告及其提供的增值服务收入；资讯社区服务类旅游平台在中介平台的基础之上还为旅游消费者提供了旅游攻略和 UGC 交流平台。目前，我国主流的在线旅游平台主要包括携程网、去哪儿网、同程旅行、途牛旅游以及马蜂窝旅游网等。其中，企业总部位于北京市的马蜂窝旅游网是我国资讯社区服务类旅游的典型平台。同时，目前全球领先的旅游网站 Tripadvisor 也为旅游消费者提供了旅行信息服务和 UGC 交流平台。因此，本报告选取 Tripadvisor 与马蜂窝旅游网进行对比分析。

（一）商业模式

Tripadvisor 作为全球的头部在线旅游平台，其核心业务是为全球的旅行者提供旅游信息和旅游服务。Tripadvisor 平台除了提供覆盖世界各地的大量旅行信息，还提供对各地酒店、美食以及经典景点的点评，同时 Tripadvisor 还构建了虚假点评的识别机制，致力于为用户提供更真实、更准确的旅游信息。在旅游服务方面，Tripadvisor 主要为用户提供酒店预订、景点预订以及餐厅预订服务。马蜂窝旅游网是北京市在线旅游领域的头部平台，也是中国领先的旅游平台。马蜂窝的核心业务与 Tripadvisor 有很大的相似之处，即都是为旅行者提供旅游信息和旅游服务，但二者也存在差异。一方面，马蜂窝的 UGC 交流平台的内容更加丰富，除游客点评外，还包括游记、旅游问答、足迹以及攻略等内容；另一方面，马蜂窝开设了蜂首俱乐部，为旅行者提供了一个线下分享旅行经验和结交朋友的平台，实现了线上业务和线下业务的融合。

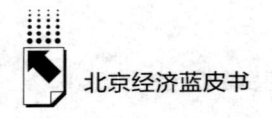

（二）营销策略

虽然二者在核心业务方面存在较强的同质性，但在平台的营销方面存在较大的差异。Tripadvisor 的线上营销主要依靠第三方平台的推广，通过第三方平台吸引流量，提高知名度。同时 Tripadvisor 除了经营自己的平台外，还链接了第三方预订平台，即消费者可以在 Tripadvisor 平台上查看信息，然后进入第三方平台进行相关服务的预订，这一方面可以为第三方平台引流，另一方面可以获得广告盈利。马蜂窝的营销方式主要是开设短视频和直播平台，通过旅游达人与其他用户互动，这一方面可以吸引用户流量，另一方面可以通过直播平台进行产品销售以获取收入。同时，马蜂窝为保证直播的质量，对直播设定了门槛，只有资质审核通过后才能在其平台上进行直播。

（三）用户分布

从地区来看，Tripadvisor 的业务在全球范围内开展，不仅提供美国本土的旅游服务，还提供跨境游服务。同时，Tripadvisor 在中国、英国都开设了站点，并先后收购了荷兰、葡萄牙以及澳大利亚等的多家餐厅，以在全球范围内布局其餐厅预订市场。马蜂窝虽然也提供跨境游服务，但其市场主要在中国国内，其中，排在其用户搜索指数前五位的地区分别是北京、广东、上海、浙江和江苏。从用户年龄来看，Tripadvisor19 岁及以下的用户占7.75%，29 岁及以下的用户占 57.91%，39 岁及以下的用户占 89.64%（见图 8）；马蜂窝 19 岁及以下的用户占 2.06%，29 岁及以下的用户占 44.27%，39 岁及以下的用户占比 89.20%（见图 9）。

由此可见，Tripadvisor 在全球布局其经营范围，马蜂窝的用户主要集中在国内的一、二线城市；同时，Tripadvisor 和马蜂窝的用户年龄结构比较接近，但相对来说 Tripadvisor 的用户更加趋于年轻化。

综上，在线旅游平台主要通过为旅游爱好者提供旅游攻略及景点信息来吸引用户流量，从而获得广告收入，同时通过向入驻平台的旅游商家收取平台佣金来获得收入。新冠肺炎疫情使旅游业的发展受到了巨大的冲击，国内

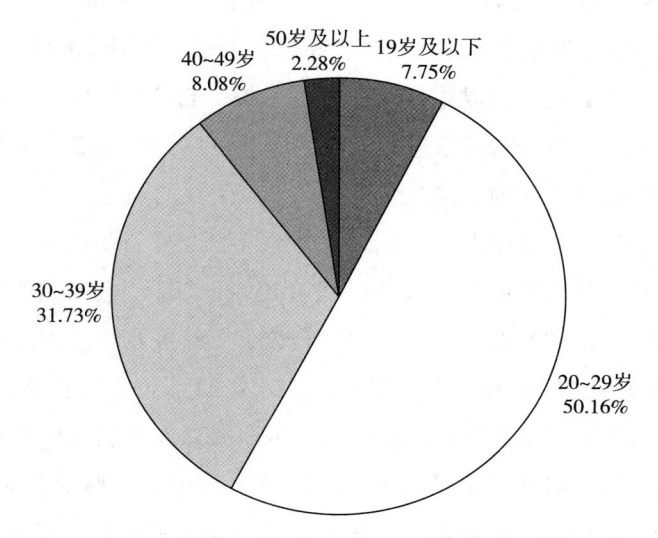

北京平台企业与国外典型平台企业比较分析

图 8　Tripadvisor 用户年龄分布

资料来源：百度指数。

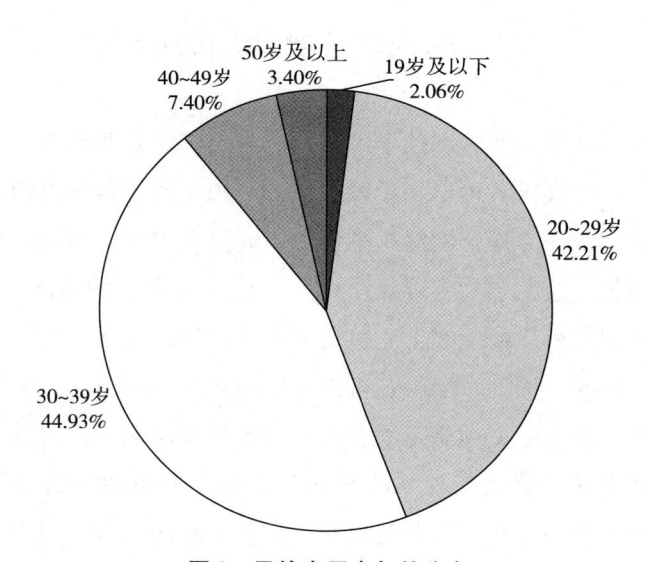

图 9　马蜂窝用户年龄分布

资料来源：百度指数。

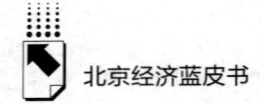

外各大在线旅游平台都经历了大量的亏损和大规模的裁员。其中，Tripadvisor在进行裁员的同时，还对在职员工采取了降薪20%以及减少工作时间的措施，以缩减运营成本，从而降低亏损。自2019年起，马蜂窝也陷入了裁员的风波，但公司并未进行正面回应。在疫情防控常态化背景下，在线旅游平台如何寻找新的出路是各大平台重点关注的问题。

随着数字经济的快速发展，在线旅游平台能否搭上数字经济快车，是决定在线旅游平台是否能够长久发展的重要因素。2021年马蜂窝与北京第二外国语学院旅游科学学院达成了共同培养数字文旅人才的合作，致力于实现传统旅游业的数字化转型。众所周知，人才资源是企业科技创新的关键因素，马蜂窝采取与定点高校合作的方式，可以提高人才能力与企业需求的匹配程度，减少磨合时间，降低人才培养成本。同时，马蜂窝可以借鉴"数字敦煌"的成功经验，打造数字化景点与数字化文旅产品，从而打破时间、空间限制，使用户在线上就可以置身于景色之中。

四 网约车平台比较分析

网约车平台是指以互联网技术为依托，为司机和乘客提供一个直接交易的服务平台，平台提供者可以从中赚取服务费用。网约车平台的出现大大地提高了出行效率，一方面，网约车平台可以通过实时定位系统，为乘客匹配距离最近的司机，避免了乘客寻找司机、司机寻找乘客的情况；另一方面，乘客在行程结束时可以使用线上支付的方式支付出行费用，为司机和乘客均提供了便利。同时，网约车平台还可以根据乘客的不同需求，为乘客匹配不同档次的汽车，最大限度地满足乘客出行的差异化需求，优化乘客的打车体验。我国在各个城市普及率较高的网约车平台主要包括滴滴出行、万顺叫车、斑马快跑、神州专车以及首约汽车等，其中滴滴出行、神州专车以及首约汽车的总部均位于北京市。滴滴出行于2016年与Uber China合并，经过不断发展，已经成为北京市在线出行领域的头部平台，因此本报告选取滴滴出行与Uber进行对比分析。

（一）商业模式

Uber旨在为需要乘车服务的消费者匹配自主经营的乘车服务提供商，根据消费者不同水平的出行需求，Uber依据价格从低到高推出了UberX、Uber Taxi、Uber Black、Uber SUV以及Uber Lux等服务，出行费用直接从乘客的信用卡扣除，不需要乘客再自行缴纳。同时Uber也为乘客提供其他形式的交通工具，包括公共交通工具、自行车和滑板车。除打车服务外，Uber还将其业务范围扩展到了生活服务领域，包括送花、送餐、遛狗以及洗车等服务，不断将业务融入消费者的生活。滴滴出行与Uber一样均为乘客提供差异化服务，包括滴滴快车、礼橙专车、快的新出租、滴滴顺风车、滴滴公交以及滴滴豪华车，同时滴滴出行还拓展了代驾服务，为酒后不便开车的用户提供便利。

（二）国际化方式

Uber除了在美国本土开展业务之外，还在其他国家运营，包括法国、英国、新加坡、墨西哥以及中国等，截至2016年，Uber平台已经将业务范围拓展到了全球400多个城市。与Uber不同的是，滴滴出行的业务范围主要集中在中国国内，同时为其他国家的在线出行平台提供运营和技术等方面的支持，并通过与当地公司成立合资企业，扩大了国际业务范围，提高了国际知名度。

（三）收入结构

Uber 2021年第三季度的总收入为48.45亿美元，预订量为231.13亿美元。其中共享出行业务收入为22.05亿美元，占45.5%；快递业务收入为22.38亿美元，占46.2%；货运业务收入为4.02亿美元，占8.3%。Uber 2021年第三季度收入结构（分业务）见图10。从全球范围来看，2021年第三季度Uber来自美国和加拿大的收入为26.48亿美元，占54.7%；来自拉丁美洲的收入为3.90亿美元，占8.0%；来自欧洲、中东和非洲的收入为

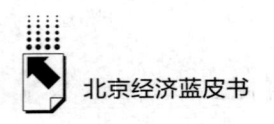

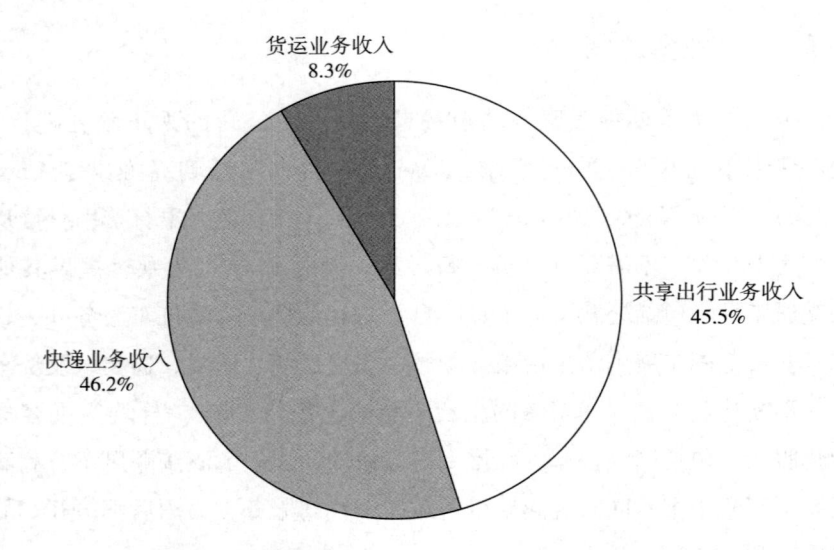

图10　2021年第三季度Uber收入结构（分业务）

资料来源：Uber财报。

10.64亿美元，占22.0%；来自亚太地区的收入为7.43亿美元，占15.3%。Uber 2021年第三季度收入结构（分地区）见图11。滴滴出行2021年第三季度总收入为427亿元，其中，国内出行业务收入390亿元，占91.3%；国际业务收入10亿元，占2.3%；其他业务收入27亿元，占6.4%。滴滴出行2021年第三季度收入结构见图12。

综上，滴滴出行与Uber的运营模式非常接近，但Uber的用户范围更广，更有利于其对用户进行分析。同时，Uber的业务种类更多，从而使其收入结构相对多元化。但究其根本，滴滴出行和Uber的业务都是基于共享出行平台的发展，新冠肺炎疫情影响下人们的出行会相对减少，同时出于安全考虑，人们会增加对私家车出行的需求，从而在一定程度上减少公共出行。

虽然网约车平台面临诸多挑战，但也蕴藏着转型发展的巨大机遇。首先，由于北京市采取限行、限牌等措施，私家车购买和使用在一定程度上受到了限制，而追求出行高效化和多样化的用户会增加对网约车的需求；其

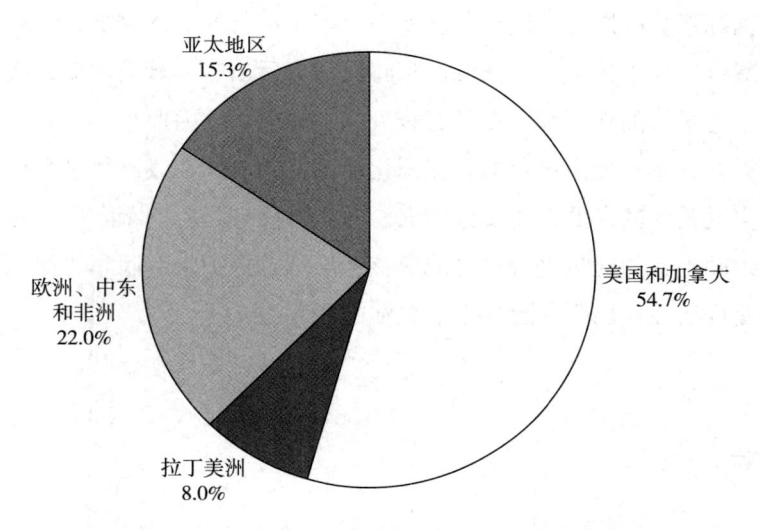

图 11　2021 年第三季度 Uber 收入结构（分地区）

资料来源：Uber 财报。

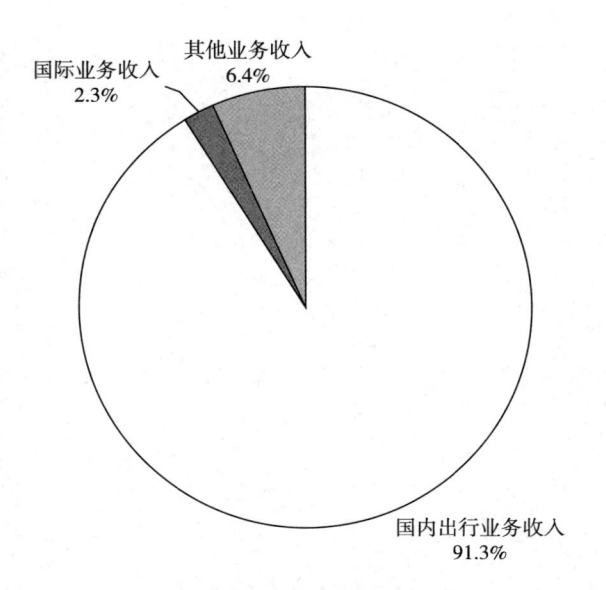

图 12　2021 年第三季度滴滴出行收入结构

资料来源：滴滴出行财报。

次，受国际形势的影响，油价上涨使得私家车出行的成本增加；最后，为实现节能减排，保护环境，新能源汽车将成为今后出行领域的主流，滴滴出行等共享出行平台的新能源汽车具有较大的发展前景。因此，平台要加大新能源汽车投入，不断提高平台的新能源化水平。同时，在线出行平台想要抓住机遇，实现长久的发展，还要注意加强对平台的监管，保证平台的合规经营，对入驻平台的司机进行严格的审核和培训，保护乘客隐私，保证乘客安全，这是今后在线出行平台要重点关注的问题。

参考文献

［1］中国信息通信研究院政策与经济研究所：《平台经济与竞争政策观察（2021年）》，2021。

［2］商务部：《中国电子商务报告2020》，2021。

B.14 北京平台经济与国外平台经济服务模式比较分析

程钰娇*

摘 要： 互联网平台具有资源集聚和再分配能力，产业与平台经济融合有利于发挥各自优势，形成良性产业系统。目前，我国平台经济应用已渗透至服务业，并逐渐成为企业竞争力的关键组成部分。本报告以物流业、金融业以及医疗业为例，将北京不同产业平台经济与国外平台经济的服务模式进行比较分析，得到以下结论：其一，相较于北京平台企业，国外企业通过市场细分，形成了更为成熟的服务发展模式；其二，北京平台企业发展大多晚于国外平台企业，诞生初期的服务模式以模仿国外经验为主；其三，国内外制度环境的差异导致国外平台的成功发展经验并不完全适用于北京平台企业，同时在国内庞大市场规模和经济体量的支持下，北京平台企业的服务模式在实践中由借鉴效仿向自主创新转变。本报告的研究对于认识北京平台经济发展模式，明确"十四五"期间北京服务业的数字化发展方向具有重要意义。

关键词： 平台经济 物流平台 互联网金融 医疗平台 服务模式

---

* 程钰娇，南开大学经济学院博士研究生，研究方向为产业经济。

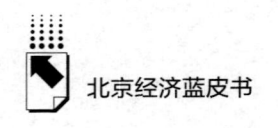

一　物流平台服务模式分析

（一）北京物流平台服务模式

京东属于北京物流领域的头部平台企业，因此本报告选择京东与国外物流平台企业亚马逊进行对比分析。

1. 高校代理模式

高校学生是一个日渐庞大的消费群体，越来越多的学生加入线上购物群体，但由于需要上课等各种因素，其不一定能及时接听电话、取货，而快递人员无法长时间停留在校园内，京东商城针对这一现象在研究后决定成立代拿组织。具体表现为在全国各大专院校内招募"高校代理人"，同时为学生提供一系列特色服务，比如货到付款、送货上门等，解决学生购物的后顾之忧。正是这些极具人性化的服务，为京东争取到高校学生这一个消费群体，巩固了市场地位。

2. 建立自营物流体系

京东为了实现覆盖全国各大城市的目标建立了七大物流中心，2009年3月，京东成立自有快递公司并陆续在天津等40余个重点城市建立配送站；2012年6月，京东商城的自主配送范围已高达90%，服务快捷、消费者体验良好，京东用户数量不断上升。京东建立的自营物流体系，将物流、商流、资金流和信息流有机结合，不仅为顾客提供了更加多样化的增值配套服务，而且全面提升了物流配送速度和服务质量，巩固了京东在消费者群体中的地位。

3. 自营物流体系与第三方物流相结合

随着互联网应用的普及，京东的业务范围已逐步辐射至二、三线城市，针对这些区域，京东未进行自营物流体系的布局，而是根据需求选择合适的第三方物流企业进行合作，由第三方物流企业完成配送工作，不仅可以节省成本，还能把多余的资金和精力投入其他急需发展的业务，优化资源配置。

（二）国外物流平台服务模式及经验借鉴

1. 国外物流平台服务模式

（1）与第三方物流公司合作

亚马逊采取与第三方物流公司合作的服务模式，以消费者满意度为首要考虑因素，对第三方物流公司进行选择。一方面，有利于管控成本，提高管理效率；另一方面，有利于企业为消费者提供及时跟踪服务并即时掌握消费者的使用感受。这种服务模式的优势在于可以将亚马逊的物流业务与主体业务相分离，不仅可以节省资金，最大限度地降低物流的控制成本，使企业集中优势资源进行市场开发，还能增强亚马逊的核心竞争力，提升对外扩张能力。

（2）加大信息技术投入

亚马逊有自己独立的数据分析系统，它可以自动收集消费者的商品购买行为、购买偏好、购买频率等大数据资料，完成对收集资料的自主分析，再根据分析结果精准预测未来某个时间点消费者的购买行为，为亚马逊员工提供库存所需货物的数量，节省运营成本，提升工作效率。在节假日等特殊时期，很多快递公司会因网购量暴增而出现"爆仓"。亚马逊自身拥有强大的IT系统、完善的ERP系统，无论是否处于特殊时期，都可以做到流程管控，在全国范围内进行库存的调配，使物流过程的流畅性得到保证，为消费者提供便捷快速的网购体验。

（3）实施高效的仓储管理

亚马逊并不像其他电商平台那样按种类摆放产品，这种方式虽然能做到一目了然，但无形中加大了库房空间的压力，因此亚马逊将产品摆放模式更改为随机摆放，大大节约了库房空间，并且为仓库内每个产品贴上专属标签，这样就能够在库房中规划出一条能迅速找到对应商品的最优化路线。

（4）组合包装以扩大运输批量

亚马逊推行承运人将来自不同消费者但相同类别、配送中心存在现货的商品安排在同一货车内发货的做法，这样可以扩大运输批量、降低成本、提

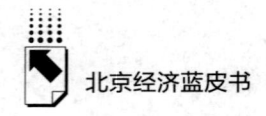

高效率。同时也推荐消费者根据所购买商品是否存有现货的方式进行归类，把同一类的商品放在同一个购物清单内下单，这种组合包装的方式能大幅缩短用户的等待时间。

2. 国内外物流平台服务模式对比分析

（1）从建设物流体系的角度分析

亚马逊通过投入巨资建立可靠高效的物流配送网络，实现制度化精细管控，提升消费者服务体验，成为同其他电商平台相互竞争时制胜的关键。2015年，亚马逊已经拥有40架波音767货机；2018年底，亚马逊增加了10架波音767-300飞机；2019年3月，亚马逊又增加了5架波音737-800飞机；2021年，亚马逊将空运机队规模扩大到70架左右。[①] 此外，亚马逊还在物流的各个环节应用人工智能技术，诸如打包机器人、快递无人机等智能技术。

京东构建自己的物流体系，在全国重点城市均建立了配送站，并在部分地区启动无人机常态化配送，节省了物流运输时间，提升了用户的购物体验。如今，京东物流正加速智能物流技术的发展，准备以技术领先的优势"走出去"。然而，由于现代物流发展不够完善、第三方物流市场专业化程度不高、物流运输现代化程度远低于国外水平等种种原因，京东的物流模式无法发挥出最大的效用。

（2）从配送流程的角度分析

亚马逊长期对物流配送系统投入大量资金，作为一家电子商务公司，其物流配送系统的发展趋于完善，仓储系统以及ERP管理技术非常成熟。当客户下单后，亚马逊后台系统会立刻做出响应，在全国范围内进行调配，并严密监控物流过程的每一个环节，保证物流过程的流畅性，尽可能快地将商品送到客户手中。但是亚马逊的弱项也很明显，其物流服务模式伴随高昂的运营成本，如何达到规模与利润的平衡，这是亚马逊必须面对的一个重要问题。

---

① 数据来源于亚马逊官方宣布的消息或高管访谈内容。

相较之下，京东物流的特点是：全链可控、配送效率极高、客户体验好。同时在售后服务这一方面，京东努力为消费者提供特色服务，如商品拍卖、京东礼品卡、延保服务等，以提高客户黏性。京东商城完善售后服务机制，全方位保障消费者利益，深度贯彻"以客户为中心"的服务精神。但是京东物流追求快速发展，导致出现运输过程中货损量大、差错率高等情况。当前京东的物流配送能力无法及时解决订单暴增现象所带来的订单积压问题，导致订单延误，降低了顾客的体验。因此，完善物流服务系统是京东首要解决的难题。

3.经验借鉴

（1）加强与第三方物流服务商的合作

企业自营物流体系需要较大的资金投入，且容易存在客户满意度低和物流成本高等问题。随着电子商务的发展，线上购物的大环境逐渐形成，越来越多的企业或个人加入线上购物平台，加上电子商务技术日益成熟，电商企业可以朝着多元化、全面化的方向迅猛发展。电商企业应基于客户满意度选取合适的第三方物流服务商展开合作，一方面建立合作机制，共享物流数据资源，进而降低管理成本；另一方面严格监督第三方物流服务商的行为，及时收集客户反馈意见，形成有效的管理体系。

（2）利用网络大数据发展差异化服务

首先，在定位上，每一家物流企业都应找准自己的优势特征，抓准企业自身的定位再进行精准突破。其次，在物流服务上，每一位顾客的需求不同、自身条件也各不相同，导致他们的期望满意度也不同，所以并不能简单地用同一种服务水平使所有顾客都感到满意。

（3）向提供综合性物流服务转型

随着平台经济的日趋成熟，物流企业不仅提供高质量的配送服务，还应逐步延伸产业链条，从提供单一的快递基础服务积极地向提供多样化、定制化的综合服务拓展。围绕物流供应链的价值体系进行模式探索与资源部署，开发综合性快递物流解决方案，提高与其他产业协同发展的能力，为更多类型的客户群体提供一体化、定制化的综合服务。

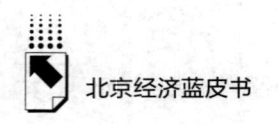

二 互联网金融平台服务模式分析

（一）北京互联网金融平台服务模式

1. 服务创新亮点纷呈

互联网金融各领域发展迥异，业务模式众多。网贷领域以清退为主，模式创新乏善可陈；互联网股权融资发展相对滞后，相应的监管制度并未建立。但在支付、银行、消费金融等领域，互联网金融模式创新出现了不少亮点。第一，在支付行业，中国银联与商业银行合作开发刷脸支付产品"刷脸付"，实现银行间支付连通。第二，银行加快数字化转型。中国人民银行成立数字货币研究所、深圳金融科技有限公司、长三角金融科技有限公司、成方金融科技有限公司等金融科技公司，涉及数字货币、区块链金融、密码学等多个方向。除此之外，部分商业银行成立了数字金融子部门推动数字化转型，与科技公司合作推进互联网金融发展。第三，为了满足人们"非接触"诉求下的消费与生活需求，金融机构与互联网平台推出了更多的线上服务场景，线上金融业务从无接触支付发展到无接触贷款、无接触理财，业务规模均实现飞速增长。比如，银行业充分对接网络银行、手机银行、小程序等电子渠道，远程线上办理业务，助力企业复工复产，为客户提供安全便捷、优质高效的"在家"金融服务。

2. 巨头企业回归技术或寻求转型

在金融持牌经营的严格要求下，互联网金融平台要么获取牌照，要么回归技术。第一，各大数字金融巨头纷纷通过发起设立或参股的方式获取金融牌照。例如，快手通过收购持牌支付机构易联支付间接获得支付牌照。第二，头部金融科技公司退出金融服务，转向数字科技。2018年9月，京东金融更名为"京东数科"。

（二）国外互联网金融平台服务模式及经验借鉴

1. 国外互联网金融平台服务模式

（1）细分市场和衍生服务促使利润持续攀升

"二次脱媒"促使美国互联网金融直接融资的市场份额持续提升。美国的金融科技公司包括传统支付和贷款公司 Mission Lane 和 SoFi、保险科技公司 Assurance IQ、风险管理公司 Onestream Software、B2B 支付企业 CSI Enterprises、理财规划平台 Envestnet 等。另外，目前美国互联网金融企业的行业分布呈现明显的多样性。比如，有支付领域估值最高的公司 Stripe，还有加密货币交易所 Coinbase、保险科技公司 Lemonade、互联网券商 Robinhood、供应链金融公司 Tradeshift、小企业金融科技公司 Bbex 等。因此，从总体上看，美国金融科技各细分领域均衡发展并且呈现明显的多样性，不断涌现新的应用领域，也不断出现新生的互联网金融平台企业。

（2）注重中小企业和个人消费体验

一方面，美国的金融体系以资本市场直接融资为主，因此在利用大数据、人工智能、区块链等新兴技术提升资本市场服务效率方面，美国金融机构和互联网金融平台企业都非常积极。根据 CB Insights 的数据，2010 年至 2020 年 8 月，美国银行机构对互联网金融创业企业的投资中，有 86 起与资本市场相关，远远超过其他领域。另一方面，美国互联网金融在服务中小企业融资方面也发挥了重要作用。由于美国金融体系非常发达，而且银行体系分工明确，大多数企业的金融服务由传统金融机构提供，但是在中小企业金融服务方面还存在很多空间，这正是互联网金融平台企业可以发挥作用的领域。

（3）重视金融科技产业集聚发展

在浙江大学发布的《2020 全球金融科技发展报告》的全球金融科技中心排名中，美国纽约、旧金山和芝加哥进入全球前十。根据咨询公司 CB Insights 的统计，美国的金融科技创业公司分布在全美 42 个州中，每个州都

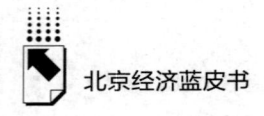

出现了在某些金融科技细分领域比较知名且专业的金融科技创业企业，并且获得了投资机构的投资和支持。因此，从金融科技产业的分布来看，美国既有纽约、旧金山这些全球性的金融科技中心，在其他城市也形成了一定的金融科技产业集聚。

在互联网金融企业的集聚发展下，美国已经成为全球最大的金融科技市场（按投资金额），也催生了一批在各个细分领域提供专业金融科技服务的互联网金融独角兽企业。根据CB Insights的数据，截至2020年上半年，全球互联网金融独角兽企业共有66家，估值总额为2480亿美元。其中，美国互联网金融独角兽企业有37家，估值总额为1286亿美元，企业数量和估值总额均占全球一半以上。

2. 经验借鉴

（1）加强互联网金融行业监管和自律

第一，鼓励互联网金融企业参考Lending Club先监察后运营的模式，主动对自身业务进行监管，制定风险管理制度。第二，推动互联网金融跨部门、跨行业监督。在金融监管部门之间，需要在中国人民银行的协调下建立跨银保监、证监以及地方金融监管局的监管沟通与合作机制，消除各监管部门之间的数据和信息沟通障碍，实现监管协同。

（2）推动营造公平竞争环境

公平的竞争环境是互联网金融发展的重要保障。金融机构、互联网巨头、金融科技企业以及科技型创业企业均成为互联网金融领域的重要参与者，如何平衡创新与效率，营造公平竞争环境是政府必须考虑的优先事项。一方面，监管部门应强调"同样的行为，同样的监管"原则，无论是金融机构、互联网金融企业还是互联网企业从事金融业务或金融科技业务，必须采取一视同仁的监管政策，按照同样的标准和要求开展相关业务；另一方面，政府应强调互联网金融领域的公平、平等竞争，防止在个别领域出现行业过度集中现象，为中小型金融科技企业创造公平、平等的发展环境和生存空间，推动互联网金融行业有序、健康、平稳发展。

三 医疗平台服务模式分析

（一）北京医疗平台服务模式

北京互联网医疗平台处于创新发展初期，按照对象类型来说，覆盖行业主管部门等行业管理者、医疗机构和医生等服务提供者、医药设备行业等行业参与者、病患等医疗服务接受者等方面；按照就医环节来说，覆盖挂号问诊、医药电商、健康管理、医生工具等方面。表1列出了北京主要互联网医疗企业的名称及主营业务。

表1 北京主要互联网医疗企业名称及主营业务

名 称	主营业务	名 称	主营业务
好大夫在线	医疗信息查询、咨询、转诊、分享	春雨医生	用户自诊、健康咨询、医患互动
医护到家	移动健康信息服务平台	叮当快药	提供O2O医药产品和服务
贴心医生	垂直社交的健康管理服务	微 糖	专业的糖尿病全程管理服务

资料来源：根据新闻资讯整理所得。

本报告按照服务对象将互联网医疗平台分为面向患者、面向医生、面向医院三类，分类别归纳医疗平台的服务模式。

1. 面向患者的医疗平台

一是在线问诊服务模式。相关平台包括春雨医生、好大夫在线等。这类平台通过网上看病入口进行问诊，用户以图片或语音方式咨询病情，医生进行专业解答。同时平台整合线上、线下医疗资源，建立用户健康档案，提供电话咨询服务，以促进在线问诊服务的发展，实现对服务市场的拓展。

二是非互动医疗健康信息服务模式。该类模式主要是指人与机器、人与数据库之间的互动，采用该类模式的医疗平台使用率较低。

三是健康监测管理模式。通过实时监测血糖、血压、心率、血氧、体

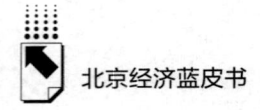

温、呼吸频率等人体健康指标，可穿戴设备让生命体态数据化，并通过网络传到云端，平台收集到异常数据会及时警示患者，也会依据动态实时监测数据为每位咨询者制定精细的营养食谱，提供个性化营养食谱建议与中医药材膳食建议，还可通过图像、视频等做远程诊疗，为用户提供多元定制服务。

四是医药电子商务服务模式。各类医疗市场主体通过互联网等现代信息技术，进行医药产品交换，提供相关健康服务。相关平台包括叮当快药等，美团等外卖平台也积极投身医药电子商务。医药电商模式打破了药品交易壁垒，用户可以在平台上比较价格，更方便、更快捷、更便宜地购买药品，同时在隐私药、短缺药、新特药购买上也更加便利。具体的商业模式包括自营式 B2C 模式、平台式 B2C 模式、医药电商 O2O 模式、外卖 O2O 模式、医疗资源整合 B2B2C 模式。

2. 面向医生的医疗平台

该类平台从医生的角度出发，联通医生使用的各个信息系统，打造移动医疗平台，重构医生与医院的关系。目前，针对医务人员的互联网医疗平台众多，以临床决策工具和医医社交网站为主流。其中一类平台是智能手机移动医生站查房系统，通过整合电子病历、医嘱、护理、检验、检查等信息系统，实现对不同信息系统资料的实时调阅，医务人员可随时随地掌握患者的诊疗信息，还能进行录音、拍照和笔记书写等，提高医生查房效率。另一类平台是为医生提供专业信息查询工具。

3. 面向医院的医疗平台

该类平台主要指院内的全流程信息化服务平台。该类平台提供一站式移动医疗便捷服务，比如通过手机应用程序或微信，开展涵盖智能导诊、在线挂号、候诊提醒等诊前环节，在线诊断、预约会诊或转诊、预缴住院押金、办理住院结算等诊中环节，以及在线支付药品、在线预约取药、随访管理、就医满意度调查等诊后环节在内的全流程服务，实现从门诊到住院的全程无纸化医疗健康服务，优化就医流程，改善患者的就医体验，提升医院的服务和管理能力。

（二）国外医疗平台服务模式及经验借鉴

1. 国外医疗平台服务模式

不同国家在互联网医疗平台应用上的关注点有所差异。从医疗平台发展类别来看，美国的平台发展较为全面，其次是欧洲、非洲和拉美国家。本报告将介绍部分国家的医疗平台服务模式。

美国医疗平台注重建立数据库，实现对医疗数据资源的整合和运用。具有代表性的是凯撒永久医疗集团（Kaiser Permanente），不同于常规的以医院、医生为核心的平台系统，该集团将保险公司纳入系统中，扩大数据库资源覆盖面积，完成了患者、医疗系统与保险机构之间的融合。英国医疗平台通过全科医生在平台上对患者转诊实施强制性干预，提高患者分诊就医的准确率和效率。加拿大医疗平台将医生的电子处方发送到患者所在地的当地药店，方便患者就近取药，极大地节约了时间成本。日本采取的是医疗联盟模式。医疗平台覆盖各个医疗机构的医疗数据，并可实现远程医疗、住宅医疗等多种治疗形式，形成大范围的医疗联合网络。新加坡推行患者特别是老年患者的健康云建设，致力于"老年人监测系统"的开发。

2. 经验借鉴

（1）发展互联网医院

医疗平台应立足患者的根本需求，以实体医院及线下医疗资源为核心，与基层医疗机构积极开展合作，构建集看病、急救、重大疫情防控于一体的便捷通道，进而达到普惠医疗的效果。政府应建设和发展互联网医院，并在卫生健康发展规划中予以体现，在制度上保障互联网医院的长远健康发展。同时，加强5G与传感技术、人工智能等的交互发展，使得线上医疗平台能够融合更大量的患者医疗资料，方便医生做出更合理的医疗诊断，消除医生和患者之间的时间损耗与距离障碍。

（2）完善服务监管体系

首先，政府与医院应携手加大对互联网医疗平台的宣传力度，提高平台利用率。其次，完善互联网诊疗服务的监管体系，严格医生资质审核和人员

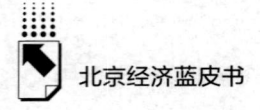

管理，加强和规范诊前、诊中和诊后管理，强化信息安全、严格监管和问责制度。同时，构建大数据库安全防火墙，完善信息安全保障体系。

（3）健全医疗收费标准

一方面，建议政府部门制定互联网医疗的业务形式、业务规范及与服务项目相关的行业规范和质量标准。另一方面，建立相对统一的费用分担支付机制和支付政策，完善互联网医疗收费和报销标准。促进商业医保与互联网医疗的深度融合，完善医保对互联网医疗的在线支付政策，进一步减轻患者的经济负担。鼓励商业保险公司推出并完善适合互联网医疗的商业医疗保险产品，满足市场多样化、多层次的需求。

案例篇
Case Reports

B.15
网约车平台的运营模式及安全防范

——以滴滴出行为例

支 晨*

摘 要： 网约车平台是平台经济的重要组成部分。随着网约车平台的快速发展，线上打车这一新兴出行方式已深刻改变了人们的生活习惯。在各类网约车平台公司的激烈竞争中，滴滴出行最终脱颖而出并成功占领最多市场份额。本报告选择滴滴出行作为行业中的代表性企业，对其发展历程、运营现状、运营模式和平台特征进行梳理，发现滴滴出行在信息分享、资源整合、技术创新等方面具有优势，然而也存在隐私泄露、数据伦理、企业垄断和平台治理失灵等问题，为此需要相关主体加强监管以防范各类风险，进而推动平台健康发展。面对未来复杂多变的宏观环境，滴滴出行将继续积极参与社会公共服务、推动技术变革创

---

* 支晨，对外经济贸易大学国家对外开放研究院国际经济研究院博士研究生，研究方向为世界经济、区域经济。

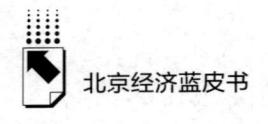

新并不断加深产业融合。

关键词： 网约车平台　滴滴出行　平台运营模式　平台风险防范

　　网约车是网络预约出租汽车的简称，是以网络技术为支撑的新兴业态，与传统巡游揽客式出租车不同，网约车以网约车平台为载体向社会公众提供各类运输服务。网约车平台是网约车运营的核心，其搭建的互联网平台能够聚集多方主体、减少信息误差、整合多边资源，赋予交通运输这一传统产业新动能。随着网约车市场规模的不断增加，网约车平台的商业发展潜力巨大，中国互联网络信息中心（CNNIC）发布的第48次《中国互联网络发展状况统计报告》显示，截至2021年6月，我国网约车的用户规模已经高达3.97亿人，占整体网民数量的39.2%；2021年上半年，网约车已经覆盖了全国400多个城市，总订单量超过43.1亿单。在国内众多网约车平台中，滴滴出行（简称"滴滴"）具有较强的代表性，将CNNIC公布的2020年10月订单完成量数据作为统计口径，滴滴占据了国内网约车平台90%的市场份额。因此本报告以滴滴为案例，在探究网约车平台运营模式的基础上，分析网约车平台的现存问题并提出防范风险的策略建议，最后对网约车平台未来的发展方向进行展望。

一　运营思路：扩市场提效率

（一）滴滴发展历程和运营现状

1. 滴滴发展历程

　　2012年，北京小桔科技有限公司成立并推出嘀嘀打车App，利用互联网平台提供网约车与乘客在线匹配服务。2013年，在腾讯1500万美元战略投资的推动下，嘀嘀打车迅速发展。2014年，嘀嘀打车更名为滴滴打车，并与快的打车共同掀起补贴大战,其中滴滴 App 仅在安卓平台的下载量,就从 2013 年底的 700 万次猛增至 2015 年 10 月的 7100 万次[1],移动出行自此开始普及。随着移动出行市场的快速扩张,滴滴的企业规模也在不断膨胀。2015 年,滴滴打车与快的打车合并,同年 9 月正式更名为滴滴出行,明确构建一站式出行平台,次年滴滴收购优步中国[2]的品牌、业务、数据等全部资产。

2. 滴滴运营现状

自成立以来,滴滴不断拓展核心业务范围,现已成为全球最大的移动出行技术平台,业务涵盖快车、出租车、顺风车、货运、公交、代驾、豪华车、专车和共享单车等。滴滴不仅在国内市场迅速扩张,还在努力探索进入全球市场的可能性。滴滴于 2018 年初开始向国际扩张,截至 2021 年 3 月 31 日,滴滴全平台年交易额为 3410 亿元,已在包括中国在内的 15 个国家及地区的 4000 多个城镇开展业务,拥有全球年活跃用户 4.93 亿人,年活跃司机约 1500 万人。[3] 滴滴在迅速扩张的同时,不仅面临激烈的市场竞争,也暴露了诸如隐私泄露、不正当竞争、价格歧视、数据安全等运营方面的问题,并因此受到监管机构的审查和处罚,2021 年 7 月滴滴出行 App 因违规收集用户信息在应用商店被下架。

(二)滴滴运营模式分析

1. 营销策略

作为客户导向型互动服务平台,滴滴采取以用户为中心的营销策略。在发展初期,滴滴为了抢占市场份额,迅速培养客户使用滴滴 App 的习惯,一方面,向乘客发放红包,鼓励乘客使用网约车平台打车;另一方面,向司机发放补贴,提高司机对滴滴平台的认知度和线上接单的积极性。通过这种让利式精准营销,滴滴平台网约车用户的黏性在需求端

---

[1] 数据来源于清华大学产业发展与环境治理研究中心项目"新兴产业发展与适应性监管"。
[2] "优步中国"是优步(Uber)在中国大陆市场的名称。
[3] 数据来源于滴滴招股说明书。

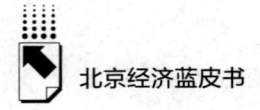

（乘客）和供给端（司机）同时提高，不但培养起第一批忠实客户，而且通过这些口碑用户"口口相传"的方式，滴滴提高了平台知名度，不断拓宽市场。

滴滴根据其他互联网平台的特点，探索出二次营销、合作营销等营销新方式，将线上与线下相结合。二次营销是指滴滴通过给予消费者红包和代金券，鼓励消费者在使用滴滴后向网络平台转发滴滴相关内容，利用其社交圈开展营销。比如，消费者在微信等线上支付平台支付滴滴行程的费用后，通过转发朋友圈的方式获得随机红包；消费者在使用滴滴专车后获得向朋友圈、微信群等分享"专车代金券"的机会。这种浸入式营销不仅优化了乘客的出行体验，还利用乘客的社交网络进行平台推广，提高了滴滴的知名度。合作营销是指滴滴与媒体平台合作，在网络页面和综艺节目中进行宣传，邀请明星代言，利用"粉丝"效应获得更多的关注和认可。

2. 业务体系

近年来，滴滴开始探索业务多元化扩张。滴滴招股说明书显示，滴滴的业务体系可以拆解为"三大现有业务"和"四个核心战略板块"两部分，其中，现有业务是滴滴的主要收入来源，内容覆盖国内、国际和其他业务，而核心战略板块则体现了滴滴对未来的构想，涵盖共享出行平台、汽车解决方案、电动出行和自动驾驶。就现有业务而言，国内业务涵盖网约车、顺风车、出租车和代驾等，是滴滴的主要收入来源，2020年订单量为77.50亿笔，占当年总收入的94.3%，根据滴滴官方网站统计，其部分国内业务如表1所示；国际业务涵盖海外网约车运营和送餐服务，2020年订单量为13.48亿笔；其他业务涵盖共享单车和电单车、部分汽车解决方案、同城货运、自动驾驶和金融服务等，虽然在总收入中占比较小，但具有较大的前景。[①]

---

① 数据来源于滴滴招股说明书。

表1　滴滴部分国内业务

业务名称	推出时间	服务内容
滴滴出租车	2012年9月	于2020年9月升级为快的新出租,利用大数据、信息化、市场化手段匹配人们的出行需求,"让用户打车更快",提高司机效率
礼橙专车	2014年8月	滴滴专车的升级,为用户提供高端出行服务和品质出行体验
滴滴企业版	2015年1月	为企业用户的出行管理及出行服务提供解决方案
滴滴快车	2015年5月	以实惠价格为大众提供更高效的服务,快速响应用户需求
滴滴顺风车	2015年6月	帮助路程相似的通勤者共享出行
滴滴代驾	2015年7月	为车主提供酒后、商务、旅游等定制化司机代驾服务
滴滴公交	2016年6月	滴滴巴士的战略升级,服务内容包括实时公交、包车、班车等
滴滴租车	2016年9月	与租赁公司合作,服务全程以线上化方式进行,免费上门送车、取车
共享单车	2018年1月	单车可以免押金骑行,为用户提供灵活轻便的骑行感受
滴滴货运	2020年6月	主打同城货运,提供运货、搬家等服务

资料来源:根据滴滴官方网站的信息整理。

3. 目标群体

滴滴本质上为资源整合平台,通过"互联网+交通"的模式,基于大数据对人们的出行需求进行匹配,因此其目标群体主要包括有出行需求的消费者(个人和企业)以及提供出行服务的司机。随着滴滴所提供业务种类的不断丰富,其在交通运输业链条上的"触角"不断延伸,利益相关方也不断增加。当前滴滴平台提供的服务不限于汽车驾乘,还包括汽车租赁、充电、维修、保养、加油,甚至还涉及基于平台数据资源的数据分析、道路设计、城市规划等信息服务。基于此,平台使用者除了有打车需求的乘客和汽车驾驶员之外,还涉及出租车公司、汽车租赁公司、汽车维修保养公司、汽车生产企业和加油站等,甚至还包括科研机构和政府部门。

滴滴的服务方式多样,面对不同的目标群体和业务类型,滴滴提供有针对性的服务。以滴滴最核心的出行服务为例,首先,在打车前乘客需要确认当前位置和目的地,并参考预计费用选择呼叫车型;随后,平台将收集的打车信息发布给乘客附近的司机,司机可以基于路况、距离和乘客信用评价选择是否接单,司机接单后乘客可以看到司机的信用评价,若有一方拒绝则整

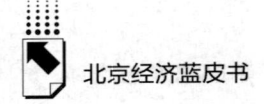

个流程重新开始；最后，当到达目的地后，乘客通过线上支付平台进行付款并对司机进行评价，若有异议可通过 App 向平台反馈。与传统巡游式出租车相比，滴滴缓解了"打车难、打车贵"的状况，具有使用方便、匹配精准、司机效率高、成本降低等优点，但也存在驾驶员资质审核不足、个人信息泄露、老年人使用困难等问题。

4. 赢利模式

滴滴充分挖掘已有业务的价值，赢利模式具有多元化特征。一是基于核心的打车服务，从行程订单的结算费用中抽取一定比例作为平台的服务费用；二是帮助商家在平台投放广告，收取广告费用；三是利用平台生成的海量出行数据，提供数据分析、出行规划等信息增值服务并收取费用；四是从各类专项、衍生服务中获利，如外卖业务、二手汽车交易业务、汽车保养类服务甚至是金融和保险业务等。随着滴滴不断探索进入新领域，未来其赢利模式也会有所变化。

（三）滴滴平台特征

1. 精准营销平台

滴滴是典型的生活消费类 O2O 平台，依托大数据，通过手机 App 将乘客和司机进行匹配，并为乘客提供个性化乘车服务。对于乘客而言，滴滴线上平台的出行服务类型多样，包括快车、顺风车、专车、豪华车和代驾等，乘客可以基于预期花费和特定需求进行选择。对于滴滴而言，乘客的出行信息、家庭和工作地址、消费习惯、个人收入情况以及司机的驾驶习惯、汽车保养、家庭住址等大量线下信息，均可通过平台的大数据技术进行采集和分析，并以此为基础对不同的人群投放不同的广告，实现精准营销。

2. 信息分享平台

滴滴不仅是改变人们出行方式的线上打车平台，还是综合信息分享平台。一方面，滴滴解决了传统巡游出租车模式下供需双方的信息不对称，搭建了出行需求侧和供给侧交互的桥梁，将虚拟地图与现实路况相融合，提供快速精准的交易信息匹配和行程路线导航，也为社会提供海量的个体消费、交通出行、城市经济等数据，使各社会主体优化决策成为可能。另一方面，滴滴在行程结束后收集乘客和司机的互评信息，赋予行程参与方双向选择的权利，尤其是乘客对司机服务态度、车内环境、行程体验等的综合评价，是平台考核监督驾驶员、规范其驾驶行为的有效途径，也是人本价值的重要体现。

3. 资源整合平台

滴滴平台的精准营销特征和信息分享特征，本质上也是其资源整合特征的体现，具有独特的网络外部性。就滴滴网约车平台本身而言，其搭建和维护是对滴滴企业内部人力、技术、软硬件设施等各类资源的整合；就核心目标群体而言，平台整合并匹配供需双方的信息，充分挖掘行业内车辆和驾驶资源，让人们的出行更加便捷高效，为曾经屡禁不止的"黑车"问题提供了新的解决途径；就利益相关方而言，滴滴平台是对金融、咨询等第三方资源的整合，参与主体数量越多，相关方价值越大，最终推动整个平台的生态系统良性发展。滴滴对各类资源的整合，有助于提高对现有资源的利用效率，增强平台的竞争优势和用户黏性，实现平台不同主体的共同繁荣，促进合作共赢。

4. 技术创新平台

滴滴的成功，不仅是因为精准抓住了出行供需信息错配的痛点，还在于对大数据、云计算、物联网、网络通信、在线支付、人工智能等先进技术的应用，让技术服务大众生活。技术创新赋予了滴滴核心竞争力，也盘活了传统服务领域，为交通运输业提供增长新动能。此外，滴滴作为技术创新型互联网平台，在推动交通领域产业变革的同时，也搭建了金融、通信、汽车制造等产业间跨界融合的网络，成为其他各类产业发展创新业务、优化服务质量的土壤，为"互联网+"模式提供了新思路。

二 安全防范：治乱象强监管

网约车平台对现代经济社会产生了重要影响，但平台的市场乱象屡见不

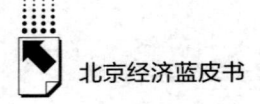

鲜。在经历了一段快速扩张时期后，滴滴运营中存在的问题逐一显现，发展频频遭遇瓶颈，其中安全问题最引人关注，折射出平台治理面临的困境，表明政府监管机制亟待完善。

（一）滴滴现存问题

1. 隐私泄露引发人身财产风险

大数据技术是把"双刃剑"，广泛收集的信息有助于经济分析、企业决策和服务优化，但过于翔实的隐私信息一旦泄露，则很有可能引发网络诈骗、账户丢失，导致消费者财产损失，对消费者的生命安全造成极大威胁。滴滴的信息收集以大数据技术为支撑，用户所有的注册资料、交易匹配情况、出行起止地点、生活消费信息等均被记录下来，以便滴滴提供精准服务。但在实际运营过程中，由于滴滴管理和技术上存在漏洞，用户信息泄露事件屡屡发生，甚至导致了2018年的两起刑事案件。根据央视网报道，2018年5月6日郑州空姐乘坐顺风车遇害，仅三个月后的8月24日，温州乐清女孩乘顺风车遇害。2018年8月27日，滴滴官方发表声明，在未完成隐患整改前，滴滴的顺风车业务无限期下线，直至2019年11月，顺风车业务陆续在多个城市恢复开通。两起乘客遇害案件令滴滴遭遇严重的公众信任危机，多部门对其开展联合约谈并要求其整改，顺风车的业务受到重创。

此外，滴滴还存在过度收集使用者信息的问题。在合同方面，滴滴同其他互联网平台一致，采用事先拟定、能重复使用的格式合同形式，用户只能选择全部同意或者全部不同意。这种格式合同往往会导致用户成为合同条款的被动接受者，可能造成滴滴依据所谓的条款过度收集用户信息并滥用的情况。

2. 数据伦理引发数据安全风险

数据泄露除了会增加消费者的人身财产风险，也会对国家安全造成严重威胁。当前，数据作为新型生产要素，深刻改变并重塑了全球经济和商业发展模式，数据伦理问题也受到各国越来越多的重视。数据是滴滴核心竞争力的重要来源,其积累的用户信息、城市交通、地理环境、经济发展等数据体量庞大,这些国家级统计数据一旦外泄,后果十分严重。考虑到滴滴可能引发的数据安全问题,国家互联网信息办公室等七部门自2021年7月16日起联合对滴滴开展网络安全审查,并于2022年7月21日向社会公布了调查结果。根据人民网报道,此次审查发现滴滴违反《网络安全法》和《数据安全法》等法律法规情况属实,最终滴滴被处以80.26亿元罚款,其董事长和总裁各被处以100万元罚款。

3. 垄断局面引发不正当竞争频发

滴滴操控价格的做法一直备受质疑。早在迅速扩张时期,滴滴就利用平台优势对司机和乘客进行补贴,这种掠夺式定价的方式虽然帮助滴滴抢夺到可观的市场份额,但也反映出网约车市场秩序的混乱。随着滴滴与快的打车、优步中国合并,其在行业的寡头垄断地位得到进一步加强。网约车市场高度集中,滴滴定价的话语权也不断提高。滴滴不仅调高了乘客的乘车费,还增加了对司机的抽成,清华大学发布的《2021年中国一线城市出行平台调研报告》显示,滴滴平台的平均抽成是27%,非滴滴平台的平均抽成是24%。此外,滴滴在网约车司机进行平台选择时,存在隐形"二选一"条款,扰乱了市场竞争环境,损害了司机的权益。尽管滴滴凭借较高的市场份额依然占据垄断地位,但随着监管机构出台的《关于维护公平竞争市场秩序加快推进网约车合规化的通知》加快了网约车合规化进程,其他平台纷纷抓住时机以低于滴滴的抽成和更大的乘车优惠对滴滴展开"围剿",市场争夺战仍在进行。

4. 逐利目标导致平台治理失灵

滴滴具有平台经济固有的优势,能够优化资源配置、减少信息摩擦、盘活存量资产,但本质目标仍是追求利润最大化。当平台价值与公共价值不一致时,由于相关法律配套不完善,监管机制缺失,可能产生平台治理失灵现象,导致"公地悲剧"等负外部性问题。随着滴滴平台市场规模的增加,网约车数量激增,尽管平台的信息整合优势能够动态优化资源配置,但大量出现的网约车造成交通拥堵、环境污染等负外部性问题,导致"公地悲剧"

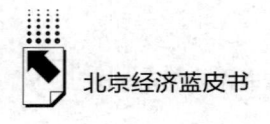

发生。

滴滴平台的治理失灵，还体现在对乘客的价格歧视上。大数据技术和智能算法赋予了滴滴平台治理能力，平台将算法作为"双手"，基于数据配置资源、制定价格。但在逐利目标的驱动下，平台的动态定价算法决定了乘客的基准价格、加价标准和派单逻辑，此时其背后的"算法黑箱"正是平台进行价格歧视、"大数据杀熟"的"凶器"。

（二）各类问题解决对策

1. 政府部门优化监管策略

我国是第一个将网约车合法化的国家，政府对网约车平台持宽容审慎的态度，采取有别于传统产业的监管政策，运用法律手段约束网约车平台的各类监管套利行为。清华大学《新兴产业发展与适应性监管》报告将政府对平台产业发展的监管过程划分为4个周期：无监管的默许时期、监管介入与有限干预时期、全面监管时期和二元监管融合时期。滴滴兼并优步中国后形成的行业垄断引发了监管部门的担忧，由此政府对网约车平台的监管进入全面监管时期，并于2016年7月26日和27日相继发布《关于深化改革推进出租汽车行业健康发展的指导意见》和《网络预约出租汽车经营服务管理暂行办法》，实施网约车经营者许可制度，设定经营者、车辆标准、驾驶员许可条例，进行运价管理。网约车管理新政自2016年11月实施，专车运营进入有法可依的时代。2022年2月14日，交通运输部等八部门联合修订发布《关于加强网络预约出租汽车行业事前事中事后全链条联合监管有关工作的通知》，对网约车平台实行更加严格的监管模式。

政府对网约车平台的监管在探索中前进，存在完善和优化的空间。网约车平台具有虚拟性，灵活多变的交易形式增加了政府监管的难度。一方面，政府部门需要及时完善相关法律法规，弥补监管漏洞；另一方面，政府部门应恰当把握监管的度，避免过度管制，比如，部分地方人民政府存在歧视性管制，出台的网约车监管细则要求本市户籍、本市车牌等，对市场各方的利益造成了损害。

2. 企业承担私人监管责任

平台经济的监管方式,既包括来自政府等行政部门的公共监管,也包括来自平台企业自身的私人监管。由于平台经济的经营方式存在有别于传统行业的特殊性,平台企业应依据自身情况对平台架构、算法技术和交易方式等进行自我审查、自我监管,对公共监管进行有益补充。以滴滴为例,2018年顺风车乘客遇害事件后,滴滴于当年12月向全社会公开《安全管理整改方案》,接受公众对执行情况的监督;2019年6月,滴滴正式向全社会公布《滴滴网约车驾驶员防疲劳驾驶规则》,上线"安全发布",面向社会公示安全运营情况;2019年9月,发布《滴滴网约车文明乘车指南》《滴滴网约车安全标准》,倡导文明、安全出行。滴滴积极配合公共监管,及时整改政府部门指明的问题,如针对严重违法违规收集使用个人信息的问题,滴滴于2021年7月修改了《个人信息保护及隐私政策》。

除了自我监督,滴滴也开通了社会监督的途径。2018年11月,滴滴试行"公众评议会",邀请全社会共同探讨平台治理;2019年4月,上线"有问必答",公开讨论用户关注的问题、收集相关意见并进行回复。法律法规要求了企业行为的"下限",滴滴在公共监管和私人监管的基础上,也要积极回应公众诉求,比如对于出行安全、"大数据杀熟"等问题,滴滴要积极承担企业社会责任和算法技术责任,利用平台的技术、数据优势,对司机加强监督审核、开展线上培训学习,对乘客打车收费规则进行详细公示,主动接受公众对定价合理性的质疑和监督。

3. 多方主体共同监督

社会多方主体是网约车平台监督的补充力量,在政府和平台自身都出现治理失灵时,需要依靠社会多方主体探求新的解决路径。然而,当前公众参与社会治理的理性和积极性有待提高,相关社会组织的力量和主体性有待加强。公民具有知情权、参与权、表达权和监督权,面对格式合同陷阱、"大数据杀熟"等问题,可以通过政府部门和滴滴平台提供的意见反馈机制,监督企业承担社会责任、算法责任。司机面对网约车平台制定的不合理抽成,可以考虑组建网约车司机工会,通过社会组织的力量维护权益。

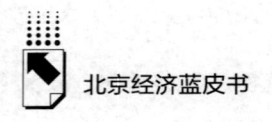

三　未来展望：让出行更美好

网约车平台具有先进的互联网技术和丰富的出行数据，在网约车平台企业的激烈竞争中，无论未来谁能成为最后赢家，参与竞争的各家企业都肩负着"回报社会，造福人民"①的重要责任和使命。

（一）积极参与公共服务治理

滴滴不仅创新了人们的出行方式，也利用自身的技术和平台优势服务社会，不断拓展承担社会责任的途径。2016年，滴滴接入公安部"团圆"系统，成为中国儿童失踪信息权威发布渠道之一，在同年举办的第三届世界互联网大会中，滴滴提出公私合营（PPP）建设智慧城市的交通系统。2018年，滴滴"打击黑产专项组"协助警方破获25起违法案件，进一步保障了用户利益和出行安全。2020年1月新冠肺炎疫情期间，滴滴成立保障车队免费接送医务工作者，为社区居民提供服务。

随着滴滴出行等互联网平台在公共服务领域扮演越来越重要的角色，未来公共服务供给与治理将呈现数字化、精准化和智能化的新特征。在数字化方面，滴滴基于O2O模式收集、整理人们的出行信息并进行模型化，利用大数据和算法技术对公共服务政策进行模拟，分析已有公共服务的效果，有助于政府部门合理规划公共服务政策，提高公共服务政策制定的合理性和有效性。在精准化方面，网约车平台的资源整合和供需匹配能力，使得政府部门对不同经济形态提供差异化公共服务成为可能，用精准治理替代传统的"一刀切"模式，提高各类主体对公共服务的满意度。在智能化方面，利用滴滴平台"大数据+机器学习"技术，政府部门可以对市政道路规划、城市经济情况、民众消费能力有更准确的了解，精准击破城市治理中交通拥堵、

---

① 2016年4月19日，习近平总书记在网络安全和信息化工作座谈会上，对互联网企业承担的社会责任提出了要求，"希望广大互联网企业坚持经济效益和社会效益统一，在自身发展的同时，饮水思源，回报社会，造福人民"。

资源闲置、出行困难等"痛点",推进治理能力现代化,建设高宜居度的智慧城市。

未来网约车平台企业深入参与政府公共服务,还需要双方共同应对诸多挑战。一是网约车平台企业和政府部门的治理目标不同,导致集体行动的困境。二是网约车平台企业和政府存在信息壁垒,双方各自拥有信息方面的比较优势,但信息共享的动力不足,协同合作存在障碍。三是企业运营与政府监管矛盾尚存,政府监管政策有待完善,跨部门、跨区域治理的协调性不足,网约车平台企业面临"九龙治水"式困境,陷入对政府部门的信任危机,政企间合作与对立并存。

(二)依然存在不确定性因素

今后相当长的一段时期内,滴滴仍面临着行业市场变化、监管政策调整以及外部环境冲击带来的不确定性风险,发展机遇与挑战并存。虽然网约车行业的运营模式日趋成熟,但网约车平台的各企业间对市场份额的争夺依然激烈,随着汽车制造企业试水网约车服务,行业内的不确定性因素增加。政府正在积极探索网约车平台治理的最优模式,但目前相关法律法规不够完善且缺乏可供借鉴参考的经验,这种政府监管治理的不确定性影响着人们对网约车行业的预期和平台各企业的经营行为。此外,中美贸易摩擦、新冠肺炎疫情、地缘政治危机等外部突发情况,对滴滴国内外业务的正常开展造成无法忽视的冲击,也对滴滴等平台企业迅速处理各类情况的能力提出了更高要求。其中,新冠肺炎疫情对滴滴的影响最引人关注,疫情期间人们居家隔离、城区间限制流动、驾驶员健康检测等防疫措施,增加了网约车的运营成本和程序,加剧了行业的不稳定性。

(三)坚持推动技术变革创新

滴滴的企业价值观,是做引领汽车和交通行业变革的世界级科技公司。作为平台型企业,技术创新是滴滴核心竞争力的重要来源,也是未来滴滴在行业内保持优势的有力抓手。滴滴招股说明书显示,共享出行平台、汽车解决方案、电动出行和自动驾驶是滴滴未来的"四个核心战略板块",指明了滴滴未来技术创新的方向。人工智能、机器学习、认知计算等计算机领域新技术的不断涌现,有助于滴滴进一步挖掘数据的"潜在价值"。对于未来出行所需的技术创新,滴滴已做了一系列准备和积累,如表2所示。

表2 滴滴采取的部分创新行动

时间	创新行动
2015年5月	成立"机器学习研究院",提升针对大规模数据的智能分析能力,并在全球范围招募相关人才
2016年4月	将"机器学习研究院"升级为"滴滴研究院",启动全球算法大赛,推动移动出行领域的技术突破
2017年1月	围绕"智慧交通",与密歇根大学在机器学习、大数据分析等方面开展深度合作
2017年5月	与斯坦福大学人工智能实验室在AI、智能驾驶等领域展开合作
2017年11月	滴滴美国研究院在硅谷山景城落成,对大数据安全、深度学习等进行研究,探索科研成果转化
2018年1月	成立人工智能实验室,通过加强对人工智能的研究加快推进全球智能交通技术发展
2019年8月	在自动驾驶领域发力,将自动驾驶部门升级为独立公司,进行相关的产品研发和业务拓展

资料来源:根据滴滴官方网站的信息整理。

(四)不断加深产业融合程度

滴滴致力于打造开源项目和开放平台,以更加包容的姿态与各领域开展合作,呈现产业间融合程度不断加深的趋势。一方面,滴滴通过共享技术开发更多可扩展的产品。另一方面,滴滴提供开放平台,包括用车开放、红包开放和数据开放,为合作方提供用车、资源互换、品牌推广等服务,构建出行生态产业链。2016年1月,滴滴上线开放平台,对第三方应用及个人开发者全面开放SDK接口。截至2016年4月,腾讯地图、新浪微博、58同城等400多个第三方应用和个人开发者的产品已接入滴滴开放平台。2019年7月,滴滴推出网约车开放平台,向一汽、东风、广汽等第三方出行服务商开放，连接开放平台的运力和海量用户，解决用户出行问题。通过接入移动支付、餐饮旅游、地图导航等应用，加入各类汽车出行服务商，滴滴基于平台构建起出行"生态系统"，使得各产业在平台上相互融合、相互渗透，在削弱产业间壁垒的同时，也方便了人们的出行，"让出行更美好"。

参考文献

［1］清华大学产业发展与环境治理研究中心：《新兴产业发展与适应性监管》，2019年4月。

［2］韩洪灵、陈帅弟、刘杰、陈汉文：《数据伦理、国家安全与海外上市：基于滴滴的案例研究》，《财会月刊》2021年第15期。

［3］王俐、周向红：《结构主义视阈下的互联网平台经济治理困境研究——以网约车为例》，《江苏社会科学》2019年第4期。

［4］王俐、周向红：《平台型企业参与公共服务治理的有效机制研究——以网约车为例》，《东北大学学报》（社会科学版）2018年第6期。

［5］甄艺凯：《网约车管制新政研究》，《中国工业经济》2017年第8期。

［6］刘建刚、马德清、陈昌杰、余婷婷：《基于扎根理论的"互联网+"商业模式创新路径研究——以滴滴出行为例》，《软科学》2016年第7期。

B.16 "短视频+"行业的全新业态

——以抖音短视频为例

郭 琳 潘雪婷[*]

摘 要： 近十年是我国短视频行业飞速发展的黄金时代。我国短视频行业目前已经步入平稳阶段，呈现行业规模进一步扩大、内容边界进一步拓展、竞争格局"百花齐放，并蒂盛开"的发展特征。短视频行业的发展业态趋于多元化，已经衍生出了"短视频+直播""短视频+电商""短视频+健身"等新形式，发展前景十分可观。以抖音短视频为代表的短视频平台的运营模式主要包含目标群体、营销策略、赢利策略、海外战略等方面。尽管短视频行业的发展趋于稳定，但仍存在内容质量、监管机制、隐私保护等方面的问题。为了未来可持续的发展，平台应更加重视数据安全、内容安全、创新力度，为用户营造安全、清朗、可信的平台环境；政府也应制定相应的管理条例，加大监管力度，推动"短视频+"这一行业新业态的健康发展。

关键词： 短视频平台 平台经济 "短视频+" 抖音短视频

一 短视频平台的兴起和现状

随着移动终端的广泛普及，以及网络的大幅提速，短视频因其较强的参

---

[*] 郭琳，对外经济贸易大学国家对外开放研究院国际经济研究院博士研究生，研究方向为数字经济；潘雪婷，上海财经大学城市与区域科学学院、长三角与长江经济带发展研究院博士研究生，研究方向为区域与城市经济。

与性和趣味性，迅速走入了大众视野。短视频制作并不要求特定的表达形式和高端的团队配置，制作门槛相对较低，制作周期也相对较短，因此很快便获得了用户和资本的青睐。

（一）短视频行业的发展历程

短视频行业的发展过程可以分为四个阶段：蓄势期（2011~2013年）、转型期（2014~2016年）、爆发期（2017~2019年）和稳定期（2020年至今）。

从2011年开始，智能手机开始取代功能机，3G网络日渐普及，秒拍、美拍之类的短视频平台开始借助新浪微博、腾讯微博等社交应用拓展市场，短视频平台进入蓄势期。在此阶段，短视频的内容质量不高，行业发展速度缓慢。从2014年开始，我国的网络基础设施完善程度大幅提高，4G网络进入主流舞台，互联网提速降费，短视频发布渠道和平台类型呈现多元化的趋势。字节跳动相继推出抖音、西瓜视频等独立的短视频平台，依靠智能算法抢占市场份额。步入2017年后，短视频进入高速发展阶段，投资力度和监管力度相继加大。各短视频应用的内容质量也有了大幅提升，尤其是2019年，各大互联网巨头相继布局，短视频应用爆发式增长，用户规模迅速扩大。抖音、快手、视频号、火山小视频等短视频平台以攻城略地的姿态在市场上迅猛发展，成为行业发展强有力的引擎。目前，我国短视频行业在经历蓄势期、转型期、爆发期之后，顺利过渡到稳定期，市场格局趋于稳定。抖音、快手的头部优势继续扩大，并试图寻求资本化的发展新方式。资本变现模式也趋于平衡，虽然抖音独大的形势较为明显，但各平台仍然在探索更多元化、更深层次的商业模式。

（二）短视频平台的发展现状

近年来，随着用户审美水平的提升、大众娱乐要求的提高和数字化网络技术的进步，短视频平台已经从单纯的娱乐服务平台转型成为具有"直播+电商"、知识内容付费等多种新形式、新业态的互联网生态圈。

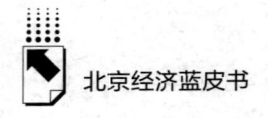

1. 行业规模进一步扩大

短视频的时长短，为了在短时间内吸引用户目光，内容往往集中又有趣，满足了当下用户群体碎片化的观看需求，能够有效渗透人们日常生活。同时，短视频制作的低门槛与个性化，满足了用户群体视频化的分享意愿和表达需求，上传内容的用户也越来越多。基于此，用户的表达需求与观看需求在短视频平台能同时得到满足，形成良性循环，使得平台内容日益丰富、平台用户日益活跃、平台规模日益扩大。

（1）用户规模扩大

根据中国互联网络信息中心（CNNIC）的数据，2016~2019年，我国的短视频用户规模处于急速扩张的阶段；2019年之后，用户规模慢慢进入增速放缓的稳定期（见图1）。2016年我国短视频用户规模在全体网民规模中仅占26%，而2022年发布的第49次《中国互联网络发展状况统计报告》中指出，2021年我国短视频用户达到了9.34亿人，同比增长约7%，占全体网民规模的90.50%。可见，当前的互联网用户大部分已成为短视频平台用户。根据中国广视索福瑞媒介研究（CSM）发布的《2021年短视频用户价值研究报告》，2021年我国短视频用户渗透率达90.4%，用户主体逐渐转向40岁及以上人群，占比高达47.1%。其中，"银发e族"（50岁及以上人群）用户占比约为2020年的两倍，30%的"银发e族"除观看外还会制作并发布短视频，短视频成为中老年人满足陪伴和互动需求的重要渠道。

（2）使用时间延长

除用户规模以外，用户在短视频应用上的使用时长也保持持续增长的状态。《2021中国网络视听发展研究报告》中的数据显示，在2020年的短视频用户中，每周使用短视频超过三天的用户达到61%，其中有53.3%的用户每天都使用短视频，这一比率相较于综合视频（36.3%）高出了17个百分点。超过七成的用户在休闲放松时选择短视频，超过六成的用户将短视频作为睡前的放松娱乐活动，近四成用户在乘坐交通工具出行或排队等候的间隙选择观看短视频。可以看出，短视频作为一种移动化、碎片化的传播载体，深入渗透用户生活的方方面面，"见缝插针"式地占据了用户的闲暇

"短视频+"行业的全新业态

```
总体网民规模   短视频用户规模   —— 短视频用户占比
```

年份	总体网民规模(亿人)	短视频用户规模(亿人)
2016	7.31	1.90
2017	7.72	4.10
2018	8.29	6.50
2019	9.04	7.70
2020	9.89	8.73
2021	10.32	9.34

图1 2016~2021年短视频用户规模

资料来源:中国互联网络信息中心(CNNIC)发布的第49次《中国互联网络发展状况统计报告》。

时间。

(3) 市场规模扩大

在用户规模保持增长态势的同时,我国各大短视频平台也在不断挖掘更深层次、更具多样性的变现模式,如抖音开启了商品购物车和橱窗,直播带货的形式也越来越丰富。在此基础上,近几年我国短视频行业的市场规模如用户规模般迅速增长。2020年我国短视频行业市场规模达2051.3亿元,同比增长57.50%;2021年短视频行业市场规模扩大至2916.4亿元,同比增长42.17%(见图2)。由此可知,尽管我国短视频行业规模在用户和市场两个层面都在不断扩张之中,但相较于爆发增长时期,目前用户层面和市场层面的扩张速度都显著放缓,行业已经步入内容沉淀、平缓发展的状态。基于此,如何推陈出新、如何保持用户黏性必然成为短视频平台在新的发展阶段将要面临的问题。

2. 内容边界进一步拓展

在发展初期,短视频应用靶向针对的是用户群体的休闲娱乐需求。例如,快手App最初是用于制作分享GIF图片的工具应用,随后转型为记录

图 2　2016~2021 年中国短视频行业市场规模

资料来源：中国网络视听节目服务协会发布的《2021 中国网络视听发展研究报告》。

分享生活的平台，而抖音 App 在 2017 年上线初期的定位是音乐创意短视频社区。用户数量的激增和市场规模的扩大，导致用户需求在一定程度上发生了转变，用户观看短视频的动机逐渐变得多元化。尽管放松休闲仍然是主要用户的诉求，用户在此层面的观看需求可以得到充分满足，但越来越多的用户将短视频视为知识获取的新场景，用户的学习需求大幅提升，此类观看需求仍未得到完全满足。泛知识类需求日益旺盛，加上泛娱乐类需求有所弱化，促使短视频平台不断拓展内容边界，助推短视频平台上的知识普惠得到进一步发展。

根据 CSM 发布的《2021 年短视频用户价值研究报告》，2021 年短视频平台上房产、财经、汽车、体育运动等实用、知识层面的细分 KOL 发展有着不可忽视的潜力。虽然多种新形式、新业态的短视频内容生态圈逐步完善，但用户群体对优质内容的需求尚未达到饱和状态，短视频内容边界的不断拓展是未来发展的重要思路，提升短视频的深度也是提升内容价值的点睛之笔。短视频发展必须摆脱"短视"，方为长远之计。

3. 平台百花齐放，两强竞争格局稳定

与综合视频市场较高的集中度不同，短视频市场呈现"百花齐放，并蒂盛开"的竞争格局。因为近年来短视频的发展势头迅猛，各大互联网巨头纷纷下场打造旗下的短视频平台，当前已经形成了字节跳动系（如抖音、西瓜视频等）、快手系（如快手、梨视频等）、腾讯系（如视频号、微视等）、百度系（如好看视频、全民小视频等）、阿里系（如土豆视频、电流小视频等）、B站系（bilibili）、新浪系（如爱动小视频、小咖秀等）、美图系（如美拍）、360系（如快剪辑）等近十个派系的竞争格局。近十个派系的短视频平台，可划分为综合类、聚合类和工具类三种类型：综合类一般是具备多种功能的短视频平台，代表性产品如抖音、快手等；聚合类短视频平台主打大数据算法，如西瓜视频、梨视频等；工具类短视频平台一般为视频剪辑服务，如快剪辑等。竞争派系众多，类型划分明确，短视频平台已然"百花齐放"。

在"百花齐放"的短视频市场格局中，第一梯队的抖音和快手是市场中"并蒂盛开"的两大头部应用。截至2020年12月，抖音和快手的活跃用户规模占据了整个市场规模的54.4%[①]，稳居第一梯队。第二梯队的应用包括西瓜视频、快手极速版、微视、抖音极速版、抖音火山版，除了西瓜视频和微视外，均为第一梯队应用的其他版本，占整个市场的31.6%[②]。2020年短视频平台各梯队用户占比见图3。作为短视频市场第一梯队的应用，除了近几年加入直播外，如今抖音已经引入了"短视频+电商""短视频+健身"等新兴业务，不断开发新的互动功能，在吸引新用户关注的同时提高老用户的黏性，行业发展前景十分可观。

二 短视频平台的运营分析——以抖音短视频为例

（一）抖音发展历程及发展现状

1. 抖音发展历程

抖音短视频是北京字节跳动科技有限公司于2016年9月正式推出的创

---

① 数据来源于《2021中国网络视听发展研究报告》。
② 数据来源于《2021中国网络视听发展研究报告》。

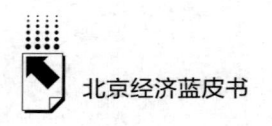

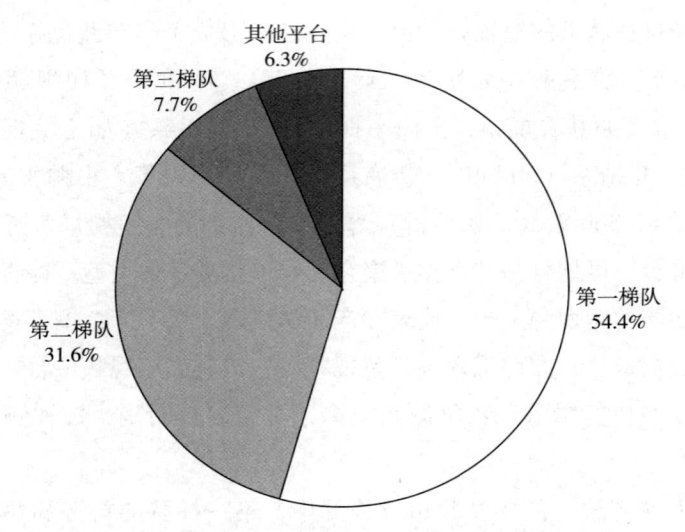

图 3　2020 年短视频平台各梯队用户占比

资料来源：中国网络视听节目服务协会发布的《2021 中国网络视听发展研究报告》。

意短视频社交软件，面向全年龄段的用户群体。用户可以通过该应用拍摄短视频并选择音乐，从而制作自己的作品并上传平台进行分享。2017 年 11 月，北美知名度较高的短视频平台 Musical.ly 被收购，并入抖音。2018 年 6 月，抖音与中央企业媒体联盟开展战略合作，25 家央企入驻抖音，一改往日群众眼中的"高冷"形象。2019 年 1 月，抖音短视频正式成为《2019 年中央广播电视总台春节联欢晚会》的独家社交媒体传播平台，以短视频方式配合春晚宣传和社交互动工作。2021 年 1 月，抖音短视频与央视春晚二次合作；同年，海外版抖音 TikTok 在 Cloudflare 榜单进入前十，成为唯一一个占据一席之地的非美国网站。2021 年 11 月，字节跳动称将进行组织调整，将头条、西瓜、搜索、百科及其国内垂直服务业务并入抖音。2022 年 3 月，抖音及其海外版 TikTok 成为全球移动应用下载最热门 Top1。

2. 抖音发展现状

自 2018 年以来，抖音在全球市场稳定发力，发展形势大好，活跃用户规模倍数提升，从 2018 年 1 月的 0.55 亿人飞速增长至 2020 年 11 月的

4.9亿人[①], 现已成为我国用户数量最多的短视频平台。抖音海外版TikTok在海外市场的成绩也非常出色, 抓住发展机遇, 从东南亚市场出发, 目前已经成为罕见的能在欧美主流市场引起热烈反响的中国内容平台。然而, 抖音在我国乃至全世界的短视频行业快速扩张的同时, 也逐渐暴露出一些平台监管方面的问题, 诸如用户个人信息泄露、对不良信息的监管不到位、短视频抄袭之风盛行、电商直播不合规等, 并因此被北京市监管局、浙江省消保委等监管机构约谈。2018年7月, 抖音海外版TikTok也在印度尼西亚被封禁。自此, 抖音开始平台自查、上线青少年模式、加强"饭圈"乱象专项整治等相关的净网活动, 加大平台监管力度, 营造清朗的互联网环境。

（二）抖音运营模式分析

1. 目标群体

抖音短视频选择的宣传标语是"记录美好生活", 在宣传中强调"美好"表明其对自身的平台基调定位在相对较高的水准之上。与其他的短视频平台相比, 抖音在用户画像类别和平台引导机制上都完全不同。抖音定位的初始目标群体主要是一线城市的年轻人群, 尽管近年来随着平台规模的扩张, 抖音开始往三、四线城市下沉, 但抖音的用户群体整体水平还是高于同类型的短视频应用。

得益于字节跳动系的应用生态圈和高质量的视频内容, 抖音成为用户使用频率最高的短视频平台, 拥有相当庞大的用户群体。从用户特征来看, 目标群体有以下几个方面的特点: ①用户性别比例较为均衡, 短视频平台用户对抖音的使用并不存在性别上的偏好; ②在年龄层面, 年轻用户对抖音的集中度较高, 这也符合抖音的平台定位; ③全国各地区短视频用户使用频率最高的应用都是抖音, 而各地区之间抖音使用率最高的是华南地区, 华东、华中地区次之, 进一步反映出抖音的用户群体收入也相对较高。

2. 营销策略

从2018年仅有的0.55亿活跃用户, 到2021年超过5亿的用户规模,

---

① 数据来源于艾媒咨询。

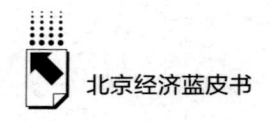

抖音抓住了数字时代短视频发展的黄金时机，把握住了短视频"内容至上"的核心竞争力。在数字时代，用户每天接触庞大的信息流，抖音又如何从中脱颖而出呢？

（1）内容优质，精确营销

抖音基于字节跳动特色的算法机制，在用户画像和市场定位的基础上，根据平台所面向的受众群体，近乎量身定制式地为受众提供满足其审美需求的短视频。在满足前序需求后，继续为用户提供后续的优质内容，提高用户对推荐内容的共鸣，从而促进用户之间的传播。精准的用户定位、优质的推荐内容，使得抖音保持着较高的用户黏性，进而维持高水平的传播效率。

（2）制造热点，话题营销

抖音定制站内话题，邀请签约网红或者 MCN 机构产出优质内容，随后将其引流至其他平台争取更大的曝光度和流量。平台自身设立不同的热门榜单，拓宽挑战赛道，制造热点话题，借助其他的平台流量快速吸引新用户。热点主题的接连制造，使用户活跃度不断提升；热点人物的不断出现，使大众看到更多成名的可复制性，从而吸引越来越多的用户涌入平台。

（3）明星效应，口碑营销

在产品运营上，抖音采用的是"自上而下"的明星效应与"去中心化"的视频创作相结合的方式。基于平台调性，抖音主要通过明星效应吸引"粉丝"群体成为活跃用户，采用明星带动普通人这样"自上而下"的方式，利用明星口碑来进行营销，打开大众市场。当用户被明星效应所吸引加入抖音后，平台"去中心化"的视频创作方式激发了用户积极性。短视频的低门槛给予大众创作的机会，低成本又进一步鼓励了用户创作，形成了良好的创作生态环境。

3. 海外战略

与国内短视频平台"百花齐放"的竞争格局不同，抖音海外版 TikTok 在全球短视频市场上堪称"一枝独秀"。TikTok 如今在世界上大部分国家都可以下载，在欧美成熟市场也获得了热烈反响。抖音的海外战略可以从三个方面来概括。

(1) 借助算法优势，定位年轻用户

在国内产品抖音已经提供了优秀经验的前提下，TikTok依托字节跳动行之有效的推荐算法，准确契合海外年轻用户的内容偏好。国内成熟的市场推动抖音平台不断进行优化，成熟高效的TikTok具有便于操作、快捷分享的特点，完美满足了各国偏年轻群体的分享需求。

(2) 结合内容优势，把握竞争要素

跨国界传播首先要面对的是语言障碍和文化习俗差异，而短视频平台内容生产的中心化和内容推荐的去中心化恰好可以应对这个难题。短视频的核心竞争力是"内容至上"，借助技术算法，TikTok上不满足当地用户群体需求的内容会被及时处理，转而用更合适的内容替代。TikTok针对各国用户的不同特点，紧跟本地潮流，牢牢把握行业的关键竞争要素。

(3) 依托文化优势，打造品牌形象

跨国传播不仅要考虑传播技术和传播效率，更要考虑传播内容。在当今的数字时代，技术只是传播的载体，文化才是传播的内核，将应用与文化相结合，才能找到我国"出海"平台的特有优势。抖音在国内市场进行本土化运营时，其海外版TikTok也在致力于将国内的流行文化和传统文化向海外输出，打造中国特色的"爆款"内容，如传统乐器、传统舞蹈、中华美食等。抖音短视频依托我国深厚的文化底蕴，助推TikTok特色形象的设计，打造TikTok独特的品牌形象，而TikTok又将我国的文化传播到全球各地，形成良性循环。

4. 赢利模式

发展至今，除了短视频，抖音还涉及了直播、电商、健身等诸多领域。抖音的赢利模式也呈现多元化的发展趋势，其主要的赢利业务包括广告业务、电商业务、直播业务等。由于用户流量巨大，能够实现高强度曝光，极具商业价值，因此广告业务是抖音排名第一的赢利来源。排名第二的赢利来源是直播业务，抖音主播在平台进行直播时所收到的打赏与礼物，通常都需要给予平台一定比例的分成。排名第三的赢利来源是电商业务，如今抖音已实现了"短视频+电商""直播+电商"的拓展模式，所发布的短视频中插

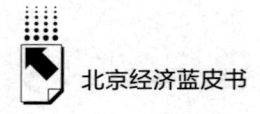

入的商品链接、直播带货中的橱窗商品，都能够为抖音平台带来一定的收入。随着抖音内容边界的拓展，更多的"短视频+"将会出现，赢利模式也将随之发生改变。

（三）抖音未来发展方向

1."短视频+教育"

从短视频平台发展现状中可知，用户的休闲娱乐需求现已基本得到满足，但泛知识类需求日益旺盛。尽管抖音已经在加快泛知识领域的布局——2021年"双一流"高校的抖音入驻率达到92%，高校在抖音进行直播的场次达到14463场，高校公开课的观看总时长达145小时[①]，但与充分满足用户的知识学习需求仍然相去甚远。英语四六级知识、历史知识、心理知识、韩语教学、消防知识是播放量增长最为迅速的五个类别[②]。东方甄选的双语直播之所以能为新东方打赢翻身仗，也是基于用户的学习需求。因此，未来抖音平台的知识学习内容深化将是大势所趋，知识付费也将逐渐成为主流业务。

2."短视频+体育"

2022年6月，抖音集团成为2022年卡塔尔世界杯特权转播商、中央广播电视总台直播战略合作伙伴，快手与腾讯也曾在此前达成奥运会的转播合作，可以看出短视频平台都试图以赛事转播作为破局点，打破综合视频平台在体育舞台上"常驻"的局面。结合抖音、快手等短视频平台的社交属性，"短视频+体育"在此后几年将是观众、品牌、媒体的关注焦点。

3."短视频+旅游"

自从新冠肺炎疫情暴发以来，各地旅游业受到严重打击。抖音开辟了"短视频+旅游"这一垂直内容领域，在一定程度上缓解了旅游业受到的冲击。一方面，抖音短视频传播速度快、网络流量大，有助于旅游城市的知名

---

① 数据来源于《2021抖音数据报告》。
② 数据来源于《2021抖音数据报告》。

度提升，促进线下旅游业的发展，进而带动当地的消费和经济水平；另一方面，能够为各地乃至全球用户提供线上"云旅游"的独特方式，有效规避疫情带来的风险，同时满足用户的文娱需求。

4. 形成电商闭环

2021年抖音推出"抖品牌专向扶持计划"，目标是为处于早期发展阶段的新消费品牌提供专项权益支持。2022年抖音平台上的"直播+电商"模式蓬勃发展，抖音俨然已经成为淘宝、京东等专门购物平台以外的又一个购物平台。在此基础上，抖音可以继续利用自身的竞争力，打造自己的电商闭环，完善整个"商品—销售—售后"的抖音电商体系，进一步扩大商业版图。

三 抖音短视频的监管分析

数字化潮流席卷而来，随之而来的智能移动终端升级和互联网络提速，都给短视频行业带来了广阔的发展前景。当下碎片化的时间特征和多样化的生活场景，让短视频作为新的传播语境，不断渗透人们的日常生活。与此同时，由于传播速度快、传播规模大，侵权、隐私泄露等问题也逐渐暴露出来，因此加大对短视频平台的监管力度刻不容缓。

（一）抖音平台存在的监管漏洞

1. 内容质量参差不齐

随着近几年平台规模的扩张，抖音逐渐下沉至三、四线城市，用户群体也不再局限于一线城市的高收入人群。在用户数量急剧增加的同时，显然，用户差异也会因经济收入和受教育程度的不同而扩大。抖音平台上不同的受众群体，自然而然会产生参差不齐的视频内容。同时，若一味迎合部分受众群体过度的泛娱乐化需求，会导致内容表达的浅层次性，导致平台出现大量低俗、无意义的视频内容。随着数字时代技术的发展与改革，短视频的视听效果也在不断提升，受众很有可能在感官刺激下渐渐忽略视

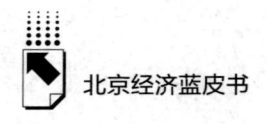

频内容的深度和价值。长此以往，抖音上的视频内容质量参差不齐的现象会越来越严重。

2. 对青少年用户的引导不到位

青少年正处于塑造自身价值观的关键时期，且因为身心不成熟，容易被外界的刺激和诱惑所影响。同时，青少年群体具有易冲动的性格特征，娱乐圈的明星效应在这一群体中会被显著放大。如今娱乐圈中为明星"应援打榜""集资消费"之风盛行，抖音平台中存在诱导未成年"粉丝"参与"应援打榜"、煽动未成年"粉丝"群体大额消费甚至提前消费、挑拨未成年"粉丝"之间谩骂吵架的不良信息。除此之外，抖音基于其算法推荐机制为用户定制推荐内容，极大地提高了用户黏性，但黏性过大容易造成未成年人沉迷短视频的现象。

3. 知识产权保护不到位

抖音拥有目前国内短视频平台中规模最大的活跃用户，面对如此庞大的市场，内容生产者为了在激烈的竞争中脱颖而出，需要长期提供高质量的视频内容，进而获取更多的关注。视频内容要同时保持高质量和高水平创新，对于内容生产者来说并非易事，而保护知识产权也相当困难。由于短视频的抄袭难以界定，抄袭成本低且维权成本高，所以抖音上的知识产权保护仍然是值得关注的问题。雷同的视频内容对内容生产者、消费者和平台三方都造成了影响，跟风的内容创作也使得平台展现的内容越来越单一。

4. 侵犯用户隐私

在注册抖音平台过程中，用户需要同意平台的隐私政策方可进行下一步，抖音的隐私政策预览中只显示"收集用户的联系方式、位置、通讯录等隐私信息"，但在完整版的条款中还增加了"身份证号码和地理位置"。在简略版的隐私政策中隐去最关键的两类隐私信息，打消了用户使用应用的警惕心，避重就轻地侵犯了用户的隐私。同时，抖音算法一方面为用户定制推荐内容，另一方面在用户的使用过程中不断出现"对方是你的通讯录好友""对方与你有共同好友"之类的提示，算法也在把用户的个人隐私日益透明化。2018~2021年抖音涉及的监管事件见表1。

表1 2018~2021年抖音涉及的监管事件

时间	监管事件
2018年6月	北京市网信办、北京市工商局针对抖音广告中出现侮辱英烈内容的问题,依法联合约谈查处抖音、搜狗
2018年7月	因内容存在不良影响,抖音海外版TikTok在印度尼西亚被封禁
2019年3月	抖音陷入侵害作品信息网络传播权纠纷
2020年7月	北京互联网法院宣判抖音App存在侵害用户个人信息的情形
2020年9月	国家网信办称抖音App存在诱导未成年人的不良信息和行为
2020年9月	北京市市场监管局约谈抖音等6家互联网企业负责人
2021年1月	抖音平台因部分内容传播低俗信息被处以行政处罚
2021年6月	抖音因提供含有禁止内容的互联网文化产品被罚款
2021年12月	浙江省消保委约谈抖音、淘宝、拼多多、京东、快手五个平台及相关主播,称存在不合规商品和直播现象

信息来源：根据公开资料整理。

（二）抖音平台采取的监管措施

1. 净网行动

自2018年以来,抖音平台每年都发布对违规账号及内容的处罚通告,对不良、违规内容进行清理,对违规账号进行封禁或处罚。2019年开始打击黑产专项行动,封禁作弊、黑产带货的抖音账号;同年还发布了对网络色情的打击公告。2021年,抖音针对"低俗色情""炒作作弊"等违规内容和行为开展长期专项治理行动共计18次,处理违规账号逾60万个,封禁违规直播间超过16万个。2022年抖音推出相关功能,对生产雷同、同质化视频内容进而获取"粉丝"流量的现象进行严格打击;同年4月发布《2022年抖音直播机构管理条例》,对直播进行更为严格、更符合规范的管理。除此之外,抖音平台最新上线的IP地址显示功能,能够有效减少恶意造谣、网络暴力等网络不良行为的发生。

2. 加强青少年模式监管

抖音启动"向日葵计划",通过自审自查、内容监管等多方位的管理措

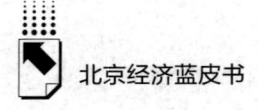

施,为青少年成长保驾护航。2021年,抖音确认在用户注册阶段实名认证时,直接对14岁以下的用户强制开启青少年模式;对14~18岁的用户实施更加严格的安全保护,禁止公开个人信息。同年9月,抖音发布公告宣称开展"饭圈"乱象专项整治行动。

3. 加强平台管理

针对算法推荐机制下用户黏性过高的问题,抖音先后上线了"防沉迷系统"和风险提示功能,以帮助用户实现自我时间管理。"防沉迷系统"主要有两部分功能:一是使用时间提醒,二是"时间锁"。前者对用户的使用时间进行定时提醒,后者对使用时长达到预先设定的阈值的用户系统进行自动锁定。"防沉迷系统"主要是抖音为使用时间过长的用户提供的提示性系统,促进用户对使用时长进行自我管理。风险提示功能主要是针对视频中的动作、行为存在的风险性内容,为用户提供风险告知,以免出现意外的伤害性后果。同时,2022年抖音上线算法关闭功能,用户可以选择关闭算法个性化推荐内容,防止个人隐私的泄露。

四 短视频平台发展的建议

基于以上分析,短视频行业在内容质量、技术算法、用户隐私等方面都存在问题,因此本报告为短视频平台的健康发展提出如下建议。

(一)基于平台视角

1. 重视数据安全,保护用户隐私

在数字经济时代,用户隐私已不仅仅是简单的数据流,隐私保护成为世界范围内共同关注的焦点。国家网信办于2022年发布了《互联网用户账号信息管理规定》,保护公民的合法权益。用户群体对个人隐私的保护意识日益提升,平台若无法给予用户足够的隐私安全感,未来必将面临用户流失的困境。除此之外,我国短视频平台不乏"出海"尝试,隐私保护方面的漏洞,将会导致在开发海外市场时面临更多的投资壁垒与更严格的资质审查。

短视频平台应构建完善的隐私保护机制，杜绝"阴阳"隐私政策条款，禁止平台本身或是平台用户之间套取隐私牟利的行为，为广大用户提供安全的平台环境。

2. 重视内容安全，健全自查机制

互联网的普及与进步在很大程度上降低了使用门槛，不管是年龄门槛还是地区门槛。使用短视频应用的用户的年龄分布、地区分布、收入分布都非常广泛，这也进一步导致了平台内容的参差不齐。平台应重视内容安全，实现对低龄用户的有效保护，杜绝低素质用户群体对平台环境的恶劣影响。健全自查机制，严格审核短视频内容，及时处理违规行为，加强监管，为广大用户提供清朗和谐的平台环境。

3. 加大创新力度，保护知识产权

知识产权的侵权认定一直以来都是复杂的问题，尤其是短视频这类文化传播产品，极易滋生抄袭侵权的"灰色地带"。短视频平台的核心竞争力是内容，因此平台更应该重视创新，保护内容生产者的合法权益。从用户方面来看，平台应大力鼓励内容创新，同时及时推进用户的知识产权登记，提醒用户申请知识产权保护。从平台自身来看，平台应健全侵权认定的相关条例，严厉打击抄袭或者"擦边"行为，保证创新的安全性和积极性，为广大用户提供自由创作的平台环境。

（二）基于政府视角

针对短视频平台的行业乱象，我国政府应该进行综合治理整顿，出台相关管理条例，加大知识产权保护力度，强化行业自律行为，为短视频的健康发展营造良好环境。第一，有关部门应从影响力大的头部短视频平台入手，建立行业统一的审核标准和管理系统，从上至下、从大到小地对平台的审核和管理进行严格把关。第二，积极开展专项整治活动。短视频平台用户更新换代的速度较快，信息流通的效率较高，监管部门应多次、全面地开展整治活动，遏制违规内容的生产和传播，督促平台进行自审自查，保持网络环境的安全稳定。第三，严厉打击盗版侵权行为。知识产权保护一直是保证自由

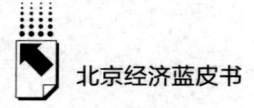

创作环境的重要前提，我国的相关监管措施在其他文娱产业方面已经卓有成效，短视频知识产权保护也应加大力度，为优质短视频创作保驾护航。

我国短视频行业具有蓬勃的生命力，在互联网技术的大力支持下，平台不断拓展内容边界，积极产出优质内容，满足用户日益广泛化、深层次的要求，未来必将出现越来越多的"短视频+"新业态。

参考文献

[1] 中国互联网络信息中心：第 49 次《中国互联网络发展状况统计报告》，2022 年 2 月，http://www.cnnic.net.cn/hlwfzyj/hlwxzbg/hlwtjbg/202202/P020220407403488048001.pdf。

[2] 中国广视索福瑞媒介研究：《2021 年短视频用户价值研究报告》，2021 年 10 月，https://www.csm.com.cn/Content/2021/10-15/1053494058.html。

[3] 中国网络视听节目服务协会：《2021 中国网络视听发展研究报告》，2021 年 6 月，http://www.cnsa.cn/attach/0/2112271351275360.pdf。

[4] 艾媒咨询：《2020~2021 年中国短视频头部市场竞争状况专题研究报告》，艾媒网，2021 年 1 月，https://www.iimedia.cn/c400/76654.html。

[5] 巨量算数：《2021 抖音数据报告》，2022 年 1 月，https://trendinsight.oceanengine.com/arithmetic-report/detail/584。

[6] 傅海、顾凤南：《抖音短视频用户再生产的传播模式探析》，《中国出版》2020 年第 13 期。

[7] 蒋沐淋：《移动短视频的可持续发展探析》，《记者观察》2019 年第 33 期。

B.17
即时物流平台如何改变人们生活
——以闪送为例

李慧榕*

摘　要： 随着互联网和移动终端的普及与应用，居民新消费观念兴起，对高效配送的需求增加，即时物流应运而生，迅速发展，深刻影响人们生活。即时物流平台闪送专注于即时专人直送，与其他众多即时物流平台一道满足了全方位的新消费需求，配合解决"最后一公里"配送问题。闪送的发展一方面离不开政策的规范，另一方面离不开其众包模式的优势和数字技术的支持。在新冠肺炎疫情冲击下，闪送迎来了居民对即时物流的刚性需求，也受到了短期流动受限、运力短缺的巨大挑战。在疫情防控常态化的背景下，闪送等即时物流平台能够减少非必要的流动，为疫情防控贡献重要力量，但同时又将风险集中到少数群体，对平台监管提出了新要求。

关键词： 即时物流　平台经济　闪送

一　提供全场景服务，培养新消费习惯

随着移动互联网的普及和新零售的崛起，消费者对物流提出了"快速""即时"的新需求，客观上推动着末端配送方式的变革，即时物流应运而

---

* 李慧榕，中国人民大学应用经济学院博士研究生，研究方向为区域与城市经济。

生,进一步培养并巩固了新的消费习惯。即时物流,指无中间仓储,直接门到门的即时送达服务,以同城配送为主,并将扩展到更大的地域范围。即时物流平台闪送聚焦共享经济,专注于即时专人直送,与其他众多即时物流平台一道满足了全方位的新消费需求。

(一)新需求产生:为"省时省事省力"买单

即时物流平台的发展根植于国民经济发展实际,移动互联网的普及为高频次物流需求奠定了渠道基础。据CNNIC《中国互联网络发展状况统计报告》中的数据,截至2021年6月,我国网民规模为10.11亿人,较2020年12月新增网民2175万人。由图1可见,中国网络购物用户规模和使用率持续攀升。作为国家首都、政治中心以及国家中心城市,北京高素质人才集聚,生活节奏快、生活方式新,移动互联网的应用更加频繁,居民更乐于接受新事物,追求高效快捷,并且网络用户的消费习惯更加碎片化、移动化、差异化,城市居民对即时物流的需求更加多元,更愿意为"省时省事省力"买单,城市网络购物用户对即时物流的消费倾向和消费转化率较高,北京即时物流平台的市场前景广阔。

图1 2018年6月至2021年6月中国网络购物用户规模及使用率

资料来源:CNNIC《中国互联网络发展状况统计报告》。

基于大城市配送市场的细分需求，即时物流平台闪送以"互联网+"、大数据为依托，为用户提供平均1分钟响应、10分钟上门、同城1小时送达的全天候速递服务，切实迎合了消费者的新需求。从即时配送服务场景来看，消费者的即时物流需求明显有四个方面：一是餐饮外卖，二是同城零售，三是近场电商，四是近场服务。消费场景的升级与扩展，是运输商品品类变化的过程：从单纯的餐饮到米面粮油、生鲜日化、蛋糕甜品，再到数码产品、服饰、美妆产品，最后扩展到帮买帮送、到家服务等，即从特定商品到一般商品，从特定服务到定制化服务。即时物流本质上是一种"用金钱换时间"的商业逻辑，即时物流需求层次的提升伴随客单价的提升和消费频次的下降，这一交换的代价目前来看比传统快递或者外卖配送的成本更高，因此当前近场服务的市场渗透率与外卖服务相比较低，仍处于市场教育阶段，但在大城市，尤其是商业办公场所，由于生活节奏快、商业价值高，即时物流的消费场景更多，渗透率也较高。

即时物流需求层次的提升，也伴随服务商履约能力的提高，两者相互促进，互为因果。闪送，隶属北京同城必应科技有限公司，成立于2014年3月，目前已在229个城市开通运营，聚集100万名以上活跃闪送员、80万家以上签约商户，累计实际用户1亿人以上。据北京闪送科技有限公司2020年发布的《闪送2019~2020用户数据白皮书》，闪送2019年主要迎合了消费者在"难、忙、急、懒"四个方面的刚需，其中"难、忙"占比较高，分别为23.91%和20.65%。在配送效率上，闪送平台的平均递送时长为29分钟，服务效率不断提升，其中北京平均递送时长为41分钟，上海平均递送时长为46分钟，广州平均递送时长为50分钟，深圳平均递送时长为52分钟。

（二）新零售崛起：解决"最后一公里"配送问题

新零售的出现和壮大为即时物流的发展提供了广阔空间。据国家统计局数据，2021年，全国网上零售额①达130884亿元，比2020年增长14.1%。其中，实物商品网上零售额108042亿元，增长12.0%，占社会消费品零售总额的比重为24.5%；在实物商品网上零售额中，吃类、穿类和用类商品分别增长17.8%、8.3%和12.5%。由图2可见，网上外卖用户规模除受疫情影响在2020年有所下降外，总体趋势向上。据北京统计局数据，北京2021年限额以上批发零售业、住宿餐饮业网上零售额②为5392.7亿元，同比增长19.0%，两年平均增长24.5%。零售市场的逐渐成熟，自然而然地要求更高效的物流服务，区别于传统物流，即时配送点对点、无中转等特点保证了网络零售配送的高效性，解决了"最后一公里"配送问题。消费升级驱动物流升级，新零售打开了即时物流发展的新局面。

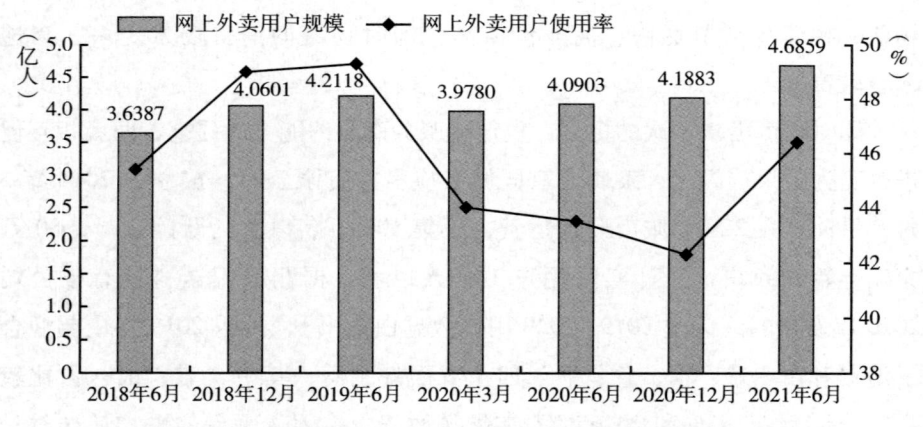

图2 2018年6月至2021年6月中国网上外卖用户规模及使用率

资料来源：CNNIC《中国互联网络发展状况统计报告》。

---

① 网上零售额是指通过公共网络交易平台（包括自建网站和第三方平台）实现的商品和服务零售额之和。商品和服务包括实物商品和非实物商品（如虚拟商品、服务类商品等）。社会消费品零售总额包括实物商品网上零售额，但不包括非实物商品网上零售额。

② 限额以上批发零售业、住宿餐饮业网上零售额指限额以上批发和零售业、住宿和餐饮业企业通过互联网取得订单并直接销售给个人、社会集团用于非生产、非经营用的实物商品金额以及提供餐饮服务所取得的收入金额。

在新零售发展的前提下，即时物流平台作为基础服务紧紧围绕在即时零售等电商平台周围。从赢利模式和业务发展的角度，即时物流平台大致可分为两类：一是自身拥有运力的平台，二是利用第三方运力的平台。自身拥有运力的平台主要以餐饮业和零售业为基础，随着消费者对外卖商品的种类需求不断增加，对外卖质量、新鲜度的要求不断提高，外卖平台将原有配送业务加以扩展，形成专业配送平台，提高了原有外卖配送平台的配送时效性。例如，饿了么外卖平台于2015年成立即时配送平台蜂鸟配送，2019年6月，蜂鸟宣布品牌独立，并升级品牌名为蜂鸟即配，为更多行业和区域提供综合配送解决方案；美团外卖平台于2019年5月发布"美团配送"品牌，为不同规模和不同业态的商家提供定制化的物流方案和全方位的高效配送服务；京东到家和达达一同搭建了本地即时零售平台。被即时物流行业的海量需求所吸引，传统快递公司也下场参与即时物流行业竞争。例如，顺丰速运在2016年成立顺丰同城，推出了顺丰同城急送、即刻送、夜配三种同城即时配送服务；韵达于2021年底推出特快项目"智橙网"；圆通于2022年初推出即时物流"圆准达"。

与上述物流企业不同，闪送以及同类型的UU跑腿在即时物流领域属于利用第三方运力的平台，既没有其他电商平台做流量支撑，也没有大量传统的专职运力做保障，重点在于提供视频指导采购、代选代买等新零售中更灵活多样的特质化服务。在产业链上，尽管利用第三方运力的平台与零售业的捆绑不那么紧密，但在消费习惯上，利用第三方运力的即时物流平台与新零售的即时配送具有相似性，可以说以闪送为代表的专业化即时物流平台是新零售、新物流发展的必然产物，是随新需求产生又将新需求加以巩固的专业化细分领域。新消费纪元下，消费者对即时配送服务的依赖程度还将不断提高。

二　匹配全运力模式，满足快节奏生活

在新零售发展与新消费观念兴起的背景下，以闪送为代表的即时物流平

台应运而生，迅速发展，为消费者提供专业、独特的全场景服务，那么即时物流平台对居民消费生活的这些改变又是如何达成的？一方面，即时物流的发展离不开政策的有力支持和规范；另一方面，即时物流平台的众包模式和数字技术支持为企业满足城市快节奏生活、提供高质量高效率的即时物流服务保驾护航。

（一）政策利好：畅通商品循环

北京市委市政府对"互联网+"物流业与新零售的相关扶持政策为北京即时物流的发展提供了必要的扶持，促进传统物流朝信息化、数据化方向高效发展。一方面，国家支持鼓励高效物流业发展，并加大金融、税收等政策支持力度。2016年7月，国家发改委发布《"互联网+"高效物流实施意见》（发改经贸〔2016〕1647号），着力推进"互联网+"物流发展，要求构建物流信息互联共享体系，夯实"互联网+"高效物流发展的信息基础。2021年11月，北京市发改委印发了《北京市"十四五"时期现代服务业发展规划》（京发改〔2021〕1606号），提出推动流通服务模式创新升级，培育新兴流通服务业态。物流业是畅通商品循环的重要服务环节，国家对高效物流业的支持鼓励为北京即时物流平台的发展奠定了政策基础。

另一方面，北京市推出专项政策支持"互联网+"物流业和新零售的发展。2016年，国务院办公厅发布《关于推动实体零售创新转型的意见》（国办发〔2016〕78号），提到为推动实体零售创新转型，应培育多层次物流信息服务平台，整合社会物流资源，提高物流效率，降低物流成本。同年，北京市人民政府发布《积极推进"互联网+"行动的实施意见》（京政发〔2016〕4号），重点推进"互联网+"商务，将支持网络零售发展、培育线上线下融合的消费新模式列为主要任务之一。北京市还颁布《关于鼓励开展2022年网络促消费活动培育壮大网络消费市场的通知》（京商电商字〔2022〕1号），鼓励企业积极拓展线上销售渠道，扩大线上销售规模，并对符合相关条件的企业给予资金支持。此外，《北京工业互联网发展行动计划（2021~2023年）》（京经信发〔2021〕102号）为北京的平台建设设立了目标，提出构建工业互联网平台发展基础,促进工业互联网新平台涌现。

除此以外,自2020年起政府加强了对互联网平台的监管,平台开放性和平台生态持续性成为政策关注点。国家市场监管总局于2020年10月发布了《网络交易监督管理办法(征求意见稿)》,2020年11月继续推出《关于平台经济领域的反垄断指南(征求意见稿)》。2021年2月《关于平台经济领域的反垄断指南》(国反垄发〔2021〕1号)正式发布,对平台经济领域进行切实的反垄断监管。2022年1月,国家发改委、国家市场监管总局等部门联合发布《关于推动平台经济规范健康持续发展的若干意见》(发改高技〔2021〕1872号),要求进一步降低平台经济参与者的经营成本,建立有序开放的平台生态,以及加强新就业形态劳动者权益保障。

(二)众包模式:聚集闲散运力

与传统物流相比,即时物流是具有较高灵活性的应急物流方式。因此,即时物流平台对运力的要求较高,需要足够的运力来响应各类订单的取和送。当前,即时物流平台的运力模式多样,主要包括自营、加盟代理以及众包三种模式,其中自营、加盟代理模式通常被划归为专业配送。不同模式各有特点,适应不同场景,即时物流企业通常以众包模式为主,即时物流平台闪送是众包物流的典型代表。众包模式是指平台通过调用闲散劳动力的自由支配时间完成即时配送服务的模式。众包物流将外包与物流行业有机结合,将承包者从明确的个人扩大为一组具有不确定性的群体。众包物流与共享经济一脉相承,是通过平台提供运力供需双方信息而完成配送的运力模式。在众包模式下,用户在平台发布配送需求,平台将运力外包给社会大众,由社会兼职配送人员自行接单,并按照订单量计算薪酬提成,而平台对订单金额进行一定比例的抽成。

众包模式潜在运力的基数大,能够充分利用企业的外部资源,调动社会闲置运力,可以减少中间环节,消除信息不对称,优化社会资源的配置,提高交易效率,能够在一定程度上解决专业配送供给不足的问题,填平了不同时段不同地区的运力"峰谷",同时也降低了企业的运力成本和交易成本。

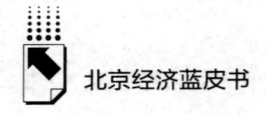

众包模式的优势在于成本低、效率高且运力足，但是相对来说，众包模式的运力资源闲散，流动性大，配送服务质量不确定性强，存在潜在安全风险，管理难度高。首先，受天气、环境、节假日、各种社会活动等不可控因素的影响，某些地区或者时间段的闲散运力同样不足，如果单靠众包模式，平台方配送能力的稳定性难以得到保障。其次，即时配送需求的变化波动很大，除地点、时间的约束外，配送货物的不同对配送人员的要求也不同，平台方需要提供配送小物件如文件、信件等的运力，也需要提供配送大件货物如大型家具等的运力。最后，平台还需要对物品的隐私性和安全性进行保障。

自营运力模式是指提供商品或服务的商家或平台自行招募并组织管理专职配送人员、参与即时物流配送各个环节的即时物流运力模式，配送人员的薪酬计算方式通常为底薪加提成。部分外卖即时配送企业和大多数传统快递企业的即时配送业务采用自营模式。加盟代理模式是指物流品牌商通过分享所有权与经营权迅速拓展业务范围或服务地域的即时物流运力模式。通常认为，自营、加盟代理等运力模式的配送服务相对专业，服务品质相对较高，管控力度较大，能够满足消费者对配送即时性和服务专业性的需求，但与此同时，这类运力模式的运营成本和配送成本较高，对配送供给端的限制较多。例如，为了保证各个时段、各个地区均有闲置零散运力可供即时调配，平台可能需要在各地全时雇用足够运力，导致配送成本较高，限制了闲时物流效率的提升。因此，许多即时物流平台并不单一采用一种运力模式，而是将不同特点的运力模式结合起来，相互补充。

（三）技术支持：数字化、智能化

随着生活节奏的加快，消费者对时间的重视程度越来越高，对即时物流时效性的要求也水涨船高，即时物流平台的服务随之升级和扩展。即时物流服务效率和质量的提升离不开数字化、智能化技术的支持，大数据、云计算、机器学习、物联网、人工智能等都是即时物流平台的底层智能技术和工具。闪送，作为同城配送领域的领先企业，通过数字化定位分析，由算法匹配合适的闪送员提供服务,并能精准预估配送时间,将技术服务渗透至即时物流服务流程的各个环节,为即时物流的用户和闪送员搭建了强大且可靠的平台,开创了以分钟计算的同城急送时代。在数字化、智能化技术的支持下,闪送平台提供最佳路径,实现高效调度,满足安全要求,逐步实现服务质量的提升与客户黏性的增强。

闪送主要通过两大系统完成平台任务,一是通过智能调度系统为不同订单精准匹配合适的闪送员。首先,闪送平台的客户群体数量庞大,业务订单类型多样,运输的物品种类繁多,对运输的要求各不相同,如文件类的物品要求速度快,蛋糕、鲜花等则应优先保证物品的完整性,与此对应的是,每个闪送员的服务装备、服务特点不同。如何将不同的订单更精准地推荐给合适的闪送员成为保证服务质量的关键,因此,闪送通过智能调度系统的运算,将客户需求和闪送员特征进行精准匹配,结合历史数据,综合考虑配送效率、地理位置、有无冷藏设备、交通工具、接单喜好及其他特征等因素。其次,订单在时空分布上具有不均衡,需要平台科学调度以保证匹配成功率和配送的效率,这是品牌保持竞争优势的重要方面。为此,闪送的智能调度系统还从全局的角度制定出最优的交叉派单方案,在保障订单送达时效的同时,也能使不同区域闪送员的订单量得到平衡。

二是通过人工智能系统,识别闪送员身份和所运送的物品,以确保用户的财务安全。在用户下单后,如何保证寄送的物品被完好送达以及出现问题后应如何判定责任,也是闪送平台关注的核心问题。对此,在订单配送过程中,首先,闪送将人工智能系统作为底层技术,采用人脸识别核验身份,将闪送员的信息与配送的订单进行一一绑定,便于对问题订单进行责任落实,督促配送人员提高服务意识。其次,为实现对配送过程的监控,闪送开发了实时定位系统,通过软件记录闪送员及其配送物品的轨迹,实现订单全流程可追溯。再次,在交付阶段,闪送应用图片识别系统验证配送物品的真实性。最后,在配送完成后,闪送利用自然语言处理技术,增强客服的质检能力,为用户和闪送员提供全流程的权益保障。闪送不断对技术进行迭代更新,为即时物流服务质量的提升提供全渠道的数字化支持。

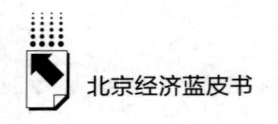

三 即时物流平台发展的机遇与风险挑战

2020年,新冠肺炎疫情的暴发给居民日常生活带来了巨大改变,也对依赖人与人、人与物接触的即时物流行业造成了重大冲击,与此同时,疫情带来了对另一部分即时物流的刚性需求,并倒逼即时物流行业韧性发展。从疫情防控常态化角度来看,闪送等即时物流平台的影响也有正反两面,既能够减少非必要的流动,又将风险集中到少数群体。

(一)挑战:流动受限,运力短缺

对新冠肺炎疫情的防控要求限制人与人、人与物的接触,这对即时物流的部分需求造成显著负面冲击,同时造成即时物流运力的严重短缺。在运力需求方面,疫情严重期间,餐饮外卖类订单数量断崖式下跌,导致即时物流行业损失较多订单,但随着疫情防控进入常态化阶段,这部分即时物流的需求逐渐恢复。在运力供给方面,受回家过年的传统习俗影响,城市在春节期间的即时物流运力本就不足,再加上疫情迫使骑手居家隔离,疫情严重期的运力紧张状况尤为明显。从长期来看,疫情对即时物流的影响在供给侧表现为多元运力模式的融合,以应对疫情的不确定性冲击。由图3可见,即时物流的长期发展趋势良好。

(二)机遇:倒逼行业韧性发展

在对即时物流的部分需求带来负面冲击的同时,疫情带来了对另一部分即时物流的刚性需求,并倒逼即时物流行业韧性发展。这部分即时物流需求并不是基于原先"省时省事省力"的诉求,而是基于特殊环境下减少不必要人员接触的刚需。疫情严重期间,餐饮外卖、药品急送、同城快送等即时物流活动渗透城市末端,对保障医护人员以及居民的日常饮食起居与安全防护用品供应意义重大。疫情强化了即时物流的需求,对提升即时物流行业在普通消费者中的认知度以及保持潜在用户黏性具有正向作用,成为即时物

即时物流平台如何改变人们生活

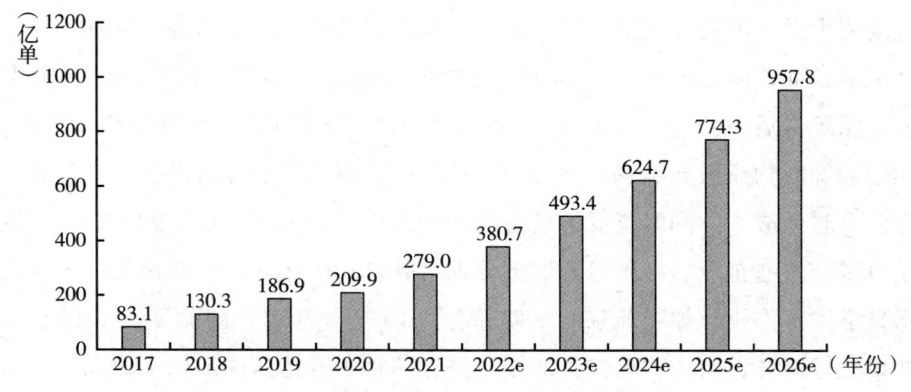

```
(亿单)
1200
1000                                              957.8
 800                                        774.3
                                      624.7
 600                            493.4
                          380.7
 400                279.0
           186.9 209.9
 200 83.1 130.3
   0
    2017 2018 2019 2020 2021 2022e 2023e 2024e 2025e 2026e (年份)
```

图3　2017~2026年中国即时物流行业订单规模

资料来源：艾瑞咨询。

行业加速、有序、健康发展的催化剂。在疫情防控常态化阶段，即时物流行业将加速迭代，更好地适应消费者购物习惯与偏好的改变，增强发展韧性，更好地应对业务结构、消费者诉求和市场竞争格局的不确定性变化。

在需求侧，消费者对即时物流的需求具有黏性，同时对即时物流服务的要求变得更高。首先，居民的生产生活逐渐回归正轨，同时即时物流需求保持黏性，订单数量总体回升。除个人消费者外，商户的即时物流需求同样见涨，对即时物流服务的需求增加。其次，在消费观念上，消费者在即时物流领域的理性消费观念及个性消费倾向并存，消费者对物流的时效性、安全性和服务质量具有较高预期。众包物流订单配送的一对一、点对点服务以及社会闲散运力的素质参差不齐增加了配送的安全隐患，类似众包运输行业内的安全事件也增加了消费者对平台经济安全性的担忧。

（三）风险控制：减少社会人员流动

在疫情防控常态化期间，闪送员的流动不仅不会带来严重的公共危险，反而能够限制社会面人员的非必要流动，从而达到控制疫情风险的作用。在疫情防控常态化期间，居民的日常出行、生活物资采买具有一定感染风险或是受到一定限制，为了避免商超、菜场等公共场所或公交地铁等公共交通的

251

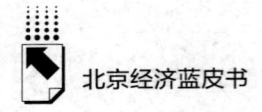

过度集聚并保障物品运输，闪送为居民提供了更多元的生活服务选择。在商品流通方面，闪送能够利用点对点的即时配送，与零售、快递企业协同配合，保障最后一公里"不断流"、生活消费品"不断供"。在物品流动方面，闪送的即时物流服务维系着部分商业活动或公事公务的照常进行，在节省工作人员时间成本的同时降低了疫情期间的人员流动风险。在通勤方面，闪送还可以与快递企业、社区等开展部分人力共享。闪送还可以在更具体的应用场景下发挥作用，如在北京的临时管控区内配合启动"内循环"式的独立外卖配送服务，由入住管控区的闪送员保障临时管控区内的物资流动。

（四）风险集中：闪送员安全成重点

在疫情风险控制方面，即时物流平台是把"双刃剑"，在减少社会人员流动的同时，也将风险集中到闪送员身上，因此对闪送员自身安全健康的监管和防控就变得至关重要。在疫情的严重暴发期，负责物品、人员接触与传递的闪送员更是影响疫情防控全局的关键点，这对平台的管理提出了更多要求。对此，闪送多次为闪送员购买疫情专项保险，为集中后的风险"上保险"。2021年6月，闪送公布将第三次为全国120万名发牌闪送员免费续签最高赔付30万元的"疫情专项保障险"，从2021年6月15日0时至2021年12月14日24时期间确诊感染新型冠状病毒，且确诊前的14天内有完成订单记录的闪送员，在特殊情况下最高可获赔30万元，并可获得每天100元的住院津贴，最多180天。除"疫情专项保障险"外，闪送一直通过各种方式关爱闪送员的健康和安全。闪送一对一急送的模式，最大限度地减少了接触。闪送也曾为闪送员免费发放口罩、酒精喷雾等防疫物资，督促闪送员勤换口罩、测体温、勤洗手，并免费组织闪送员参加核酸检测等。闪送已为超过120万名发牌闪送员提供了增加收入的机会，也一直关爱闪送员的健康和安全，率先为其提供疫情防控的相关保障，其负责任的态度也为各平台做出了表率。

参考文献

［1］艾瑞咨询：《2017 年中国即时物流行业研究报告》，艾瑞网，2017 年 8 月 21 日，https：//report.iresearch.cn/report/201708/3041.shtml。

［2］艾瑞咨询：《2020 年中国即时物流行业研究报告》，艾瑞网，2020 年 6 月 10 日，https：//report.iresearch.cn/report/202006/3588.shtml。

［3］艾瑞咨询：《2022 年中国即时配送行业趋势研究报告》，艾瑞网，2022 年 3 月 30 日，https：//report.iresearch.cn/report/202203/3964.shtml。

B.18 外卖平台的发展特征与趋势

——以美团外卖为例

张 元*

摘　要： 外卖平台是餐饮业与互联网深度融合的结果，不仅为商家带来了新的发展机遇，同时也为消费者提供了极大的便利。随着消费者消费习惯的改变以及互联网的进一步普及，外卖平台的发展也有了一些新的特征及趋势。本报告研究了外卖平台的发展特征与趋势，认为外卖平台的用户市场正在不断扩大，品牌化发展明显，且外卖形式多样化，但行业内马太效应显现，对配送员的控制也在不断增强。在未来，外卖平台呈现价值不断提高、科技含量增加、领域扩展、行业规范不断完善等趋势。本报告以美团外卖为例，介绍了美团外卖近些年的发展，并为外卖行业的健康发展提出了如下建议：首先，平台应加强对商家的监督，遵守法律法规，保护用户、商户、配送员的权益；其次，用户应积极行使自己的权利，对外卖行业进行监督；最后，国家应根据时代需要，制定相关的法律法规，政府部门也要贯彻落实好相关政策，推动外卖行业健康发展。

关键词： 外卖平台　平台特征　美团

---

* 张元，对外经济贸易大学国家对外开放研究院国际经济研究院硕士研究生，研究方向为区域经济、世界经济。

外卖平台的发展特征与趋势

随着互联网的快速发展，传统行业兴起了一股"互联网+"之风，意图与互联网深度融合以实现在新时期的进一步发展。外卖平台的迅速发展表明平台经济正是传统行业与互联网结合的有效方式之一。外卖发端于餐饮业，指的是销售供顾客带离店铺的现做的食品。在初期，外卖仅是传统餐饮业的一种补充业务，通常由商家主导自主完成。进入21世纪后，随着消费者消费习惯的改变，人们对便捷餐饮的需求不断上升，一些国际快餐巨头开始通过集中式呼叫、自动下单等外卖系统发展外卖业务。之后移动互联网与智能手机的推广与应用使得外卖实现了爆发式的增长，迅速成为众多人生活中不可或缺的一部分。现在，外卖早已不局限于餐饮业，它还包括生鲜、零售等多个领域，带动了即时配送行业的发展，并催生了"网约配送员"这一新的职业。

外卖平台经济是为商家、消费者、网约配送员通过外卖平台实现高效的连接和匹配，商家和网约配送员共同在外卖平台的组织下，为消费者提供商品和即时配送服务的新经济形式。外卖平台的出现给许多人带来了福利。对消费者来说，外卖平台使得消费者可以随时随地品尝到美味的食物、购买到急需的物品；对商家来说，外卖平台的存在降低了固定成本，也使得店铺拥有了更广阔的顾客来源；对配送员来说，外卖平台更是创造了大量的就业岗位，吸引了越来越多的人进入这个相较以往来说体力门槛较低的行业。本报告将研究外卖平台的发展特征及趋势，并以美团外卖为例进一步分析，提出相关建议，以期指导外卖平台走向更健康的发展道路，在未来经济发展中更好地发挥价值。

一 外卖平台的发展特征及趋势

外卖平台的发展与整个市场环境息息相关，宏观上受到国家政策、社会习惯变迁、市场偏好改变以及疫情等突发事件的影响，微观上则与参与到外卖中的每一个个体都密切相关。外卖平台根据这些发展特征，不断地调整未来的发展方向。

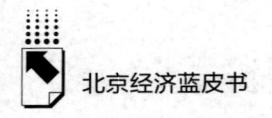

（一）外卖平台的发展特征

1. 外卖平台市场不断扩大

整体上，居民对外卖的需求不断扩大。2021年全国外卖占餐饮业的比例为21.4%，同比提高4.5个百分点。① 由此可见，人们对外卖的需求增长迅猛。

首先，在地域上，外卖平台的市场范围不断向低线城市扩展。中国饭店协会公布的《2020~2021年中国外卖行业发展研究报告》显示，外卖平台的市场正在逐步下沉，由一、二线城市向三、四线城市拓展，三、四线城市各年龄段的用户增长率明显高于一、二线城市。其次，在年龄上，整体发展趋势是由"90后"消费群体逐渐延伸到其他年龄段。无论是一、二线城市还是三、四线城市，"90后"的增长速度均远低于其他年龄群体。在一线城市中，"70后"的用户月均订单数量开始超过5单，标志着这些用户成为高黏性用户。在四线及以下城市，"95后"与"60后"的用户增长最为迅速。

整体而言，外卖平台用户与全国网上消费群体的发展趋势相一致。中国信息通信研究院发布的《中国信息消费发展态势报告（2022年）》显示，截至2021年6月，我国网民规模突破10亿人，互联网普及率高达72%；年轻人依旧是信息消费的主体，但"银发"族随着各方面适老化运动的有序开展开始在信息消费市场上崛起。

2. 品牌化发展明显

《2020~2021年中国外卖行业发展研究报告》显示，在外卖平台排名前十的平台中，除美团与饿了么这两大平台之外，其余的平台均为某品牌自营外卖平台，如肯德基宅急送是肯德基的自营外卖平台，专星送是星巴克的自营外卖平台。在综合平台上，由于新冠肺炎疫情以及消费者偏好改变等影响，传统的堂食品牌也加紧对外卖的布局，如姥姥家春饼在美团和饿了么上均开设了外卖业务。在用户一方，消费者也会更加青睐名声较好的品牌。

---

① 数据来源于中国信息中心发布的《中国共享经济发展报告（2022）》。

《2020~2021中国外卖行业发展研究报告》也根据订单规模、用户好评、营业收入、品牌价值等维度对外卖品牌进行了排名，排名前十的品牌为华莱士、麦当劳、肯德基、1点点、汉堡王、CoCo都可、古茗、星巴克、德克士、尊宝。

3. 外卖形式多样化，非正餐所占比例上升，用餐场景拓展

从时间来看，目前正餐（包括午餐和晚餐）依旧是大多数人在外卖平台上的选择。《2020~2021中国外卖行业发展研究报告》的数据显示，正餐占比约为43.96%。除去正餐以外，更多样的选择也正在涌现，如早餐、下午茶、夜宵等。

从空间来看，社区场景消费占比较高，但写字楼、高校等其他场景的消费也在发展。不同场景下的消费重点不同，如在社区场景中，外卖以快餐等为主，而在酒店等场景中，奶茶、果汁消费靠前。

4. 外卖平台马太效应显现，美团、饿了么占据绝大多数市场份额

除饿了么和美团两大平台之外，其他外卖平台也正在涌现，如肯德基宅急送、必胜客宅急送、海底捞外卖、专星送等。但这些外卖平台大多是某品牌的自营外卖，在综合外卖平台方面，美团外卖占67.3%，饿了么占26.9%[①]，两家合计占据绝大多数市场份额，形成了稳固的双寡头格局。为了维护外卖行业公平竞争的环境，国家市场监管总局于2021年4月和10月分别对饿了么和美团做出了行政处罚，使得这一现象在一定程度上得到了遏制。

5. 对配送员的保障尚不到位

目前，外卖平台与配送员之间主要有以下三种形式：专送模式，众包模式，以及外包模式。专送模式即平台的全职配送员与平台签订劳动合同，可能遇到的劳动纠纷较少；众包模式即平台向大众外包任务，众包配送员没有上线时间和何时上线的规定，工作时间自由灵活，绩效由自己的付出而决定，这种模式下的配送员多是将外卖作为兼职收入来源，门槛较低；外包模

---

① 数据来源于前瞻产业研究院。

式即配送员与外包公司签订劳动合同，配送员与外卖平台之间无劳动关系，这种模式下可能遇到的劳动纠纷较为严重，遇到配送员需保障权益的情况时，经常会出现外包公司与平台之间相互推诿责任的现象，极大地侵害了外卖配送员的合法劳动权益。除专送模式下配送员的劳动权益会以合同的方式得到保障以外，其余两种模式下配送员的权益无法得到有效的保障。

此外，女配送员还在此行业中面临一定的歧视。相较于以往高劳动密度的行业，外卖行业算是对女性较为友好的行业，因此有源源不断的女性进入外卖行业。但目前在外卖行业中依旧会出现"男女不同酬"的情况，这种情况可能源于女性体力较弱的天然劣势，也可能源于偏见。

6. 对配送员的控制加强

外卖的便捷与迅速的背后是复杂的分工与计算。在消费者向餐馆发送订单后，外卖平台收集到相关的信息，通过系统的精密计算，将订单分配到最合适的配送员手中，并立刻做出最合理的路线规划，使得每一份订单都能以最短的时间送到消费者手中。在这个计算过程中，系统综合考虑了多种因素，包括：配送员的年龄和身高，以测算配送员相应的步长和速度；消费者的耐心程度；商户的位置、平均出餐速度、订单挤压情况等；实时的交通情况、天气状况等。随着订单越来越多，系统收集到的特征维度和历史数据更加全面和精细，平台系统也计算出更加精准的预计送达时间。这样的精确计算却是平台系统对配送员的一种"数字控制"，配送员必须按照系统的指示进行工作，否则就会损害到自身的利益。这种控制是隐形的，却是不可忽视的。随着平台系统的不断优化升级，配送员的一些自主性行为被规制，对配送员的控制不断加强。

（二）外卖平台的发展趋势

1. 外卖"奇点"逼近，外卖与堂食相结合提供更优质的服务

在人工智能领域，"奇点"是指人工智能变得比人类更聪明的时刻。将这一概念借鉴到外卖平台来，外卖"奇点"即指线上外卖的价值超越线下堂食。外卖行业的价值主要体现在以下几个方面：在空间上，外卖的日常供

给范围远大于人们线下日常就餐的范围，扩展了消费者的选择；在时间上，在节假日或者深夜等特殊时段，依旧有较为确定的供给以满足消费者的需求；在拓展场景中，如在特殊天气、新冠肺炎疫情等特殊情况下，外卖凭借自己稳定的供给开始提供给消费者更高水平的选择。外卖行业以时间交换打破空间边界，重塑了城市隐形商业空间。

但外卖"奇点"的逼近并不意味着堂食终将被外卖取代，事实上堂食和外卖各有价值，如堂食的社交价值、专业价值等是外卖无可替代的，而外卖的便捷性也是堂食不可企及的。未来，外卖与堂食必将更好地结合，发挥各自优势，为消费者提供更优质的服务。

2. 外卖服务智能化发展

创新是平台产生并持续发展的动力，对外卖平台来说，创新亦十分重要。各个外卖平台不断地创新发展，提升自己的智能化水平。外卖平台的智能化发展主要表现在配送和分析系统方面。

在配送方面，以无人机、无人车代替配送员正成为一个风潮。在国外，美国 Yelp 旗下外卖公司 Eat24 与初创企业 Marble 合作，在旧金山社区测试使用机器人送外卖。在国内，饿了么于 2017 年在上海与万科联手推出外卖机器人项目"万小饿"，在上海虹桥万科中心用机器人为楼内消费者提供送餐服务，并在 2018 年将送餐无人机投入使用，主要航线位于金山工业园区。美团从 2016 年开始进行无人车的研发，目前已升级到魔袋 20，单程配送量达到 10 单，能全天 24 小时运营。但目前，无人车、无人机无法完全替代人工配送，且城市建筑错综复杂，多地设立了禁飞区，对无人机配送的普及造成了一定的阻碍。日后随着技术的日益完善，无人机、无人车或将融入现有的配送网络中，进一步提升配送效率。

分析系统主要面向商家，对商家的行为做出指导。例如，饿了么将推出名为"饿小味"的 AI 菜品分析系统，试图通过平台的数字技术及市场洞察能力，结合人工智能算法，帮助商家研发新菜品。美团也推出过聚合支付系统以解决商家面临的问题，并推出美团商业大脑来助力商家经营。

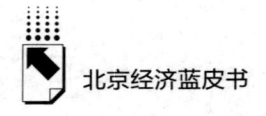

3. 由餐饮拓展到其他领域

过去，外卖主要集中在餐饮业。但随着业务的拓展，以及新冠肺炎疫情对线下生鲜市场的影响，非餐饮业务的外卖占比开始增大，外卖行业覆盖的内容越来越丰富。2017年，美团推出生鲜超市业务；2019年，美团推出"美团买菜"业务，并升级了配送平台；2020年7月，饿了么全面升级为满足用户身边一切即时需求的生活服务平台，将送餐服务升级到提供同城生活全方位服务。未来，外卖将会开启"万物到家"的时代，进一步为广大消费者提供便捷的服务。

4. 法律法规逐渐完善，指引外卖平台规范有序发展

近些年，由于外卖平台经济的迅速发展，国家对外卖平台的未来开始有了更深的思考，拟定了多项规定来规范外卖平台的发展。国家对外卖平台的规范主要体现在两方面：一是平衡好商户与平台的关系，二是解决配送员待遇问题。

在商户与平台之间，最重要的问题就是垄断问题，国家对此给予了足够的重视，通过行政处罚等形式督促外卖平台进行整改。2021年4月，饿了么因为对平台内商家提出"二选一"要求以获取不正当竞争优势被罚款；2021年10月，国家市场监管总局依法对美团做出行政处罚，除罚款之外还向美团发出行政指导书，要求其围绕完善平台佣金收费机制和算法规则、维护平台内中小餐饮商家合法利益、加强外卖配送员合法权益保护等进行全面整改，并连续三年向国家市场监管总局提交自查合规报告，确保整改到位。

除对违法的平台进行处罚以外，国家也不断推出相应的法律法规来监督整个行业健康发展。2021年的政府工作报告中强调，要强化反垄断和防止资本无序扩张，维护公平公正的市场环境。2021年2月，国务院反垄断委员会印发《关于平台经济领域的反垄断指南》，制定互联网反垄断规则。2021年6月，国家市场监管总局公布实施了《外卖送餐服务餐品信息描述规范》，规定了外卖餐品的信息描述要求，给出了信息描述和信息扩展方法，为外卖平台的规范管理和服务质量的提升提供了基础。2022年3月1日起，国家互联网信息办公室、工业和信息化部、公安部、国家市场监管总

局联合发布的《互联网信息服务算法推荐管理规定》正式开始实施,对算法歧视、"大数据杀熟"等算法不合理应用予以禁止。

除了外卖平台的垄断问题,国家还通过引导外卖平台合理让利来推动商户的发展。2022年2月,国家发改委等14个部门联合印发了《关于促进服务业领域困难行业恢复发展的若干政策》,其中第二部分餐饮业纾困扶持措施中专门提到"引导外卖等互联网平台企业进一步下调餐饮业商户服务费标准,降低相关餐饮企业经营成本。引导互联网平台企业对疫情中高风险地区所在的县级行政区域内的餐饮企业,给予阶段性商户服务费优惠"。3月,美团和饿了么先后做出回应,表示将会以降低佣金、减免佣金等形式为商家纾困。

国家也十分重视对配送员权益的保护。由于配送员是近些年新出现的职业,算自由工作者,因而大部分配送员并没有与平台签订劳动合同,出现问题时外卖平台拒绝给予相应的补偿,这对他们来说十分不利。但如果让外卖平台担负所有责任,对外卖平台来说则成本负担过大。2021年7月,人力资源和社会保障部、国家发改委等八部门联合发布《关于维护新就业形态劳动者劳动保障权益的指导意见》,承认了平台用工的特殊性,明确了新的用工形态,不仅为外卖配送员这样的灵活就业工作者提供了保障,同时也打消了平台的顾虑。

二 美团外卖的现状及发展趋势

(一)美团外卖发展现状

美团创立于2010年,在2013年正式推出了酒店预订以及餐饮外卖服务。现在,美团已经历了初创期和成长期,进入发展期。在外卖和到店餐饮良好发展的背景下,美团不断加快对生活服务其他赛道的布局,逐步发展为本地生活服务"超级平台"。根据美团2021年财务报告,目前,美团年均交易用户达6.9亿人,活跃商家用户为880万家,每位交易用户平均每年交

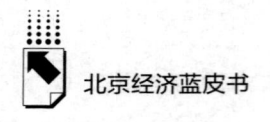

易笔数为35.8笔。

美团的核心战略为"Food+Platform"，以"吃"为核心服务支撑，加上平台其他业务流量接入，形成对餐饮、酒店、旅游、社区电商等本地生活场景的全覆盖，逐步完成构建本地生活服务超级平台的目标。而在这其中，外卖服务正是美团最重要的业务之一，外卖部分的盈利占据了美团10%以上的收入。

美团对外卖业务十分重视，不断提升经营效率，推出更丰富的服务选择以及更远距离的配送，使得多种需求能够得到满足。对于新用户不断增长的低线市场，美团意识到这一部分市场的服务水平仍然低下，消费者需求和商家需求未得到满足，在未来会通过扩大直营团队以及改善产品和服务的方式来触及更多的消费者；对于不断增长的远距离配送服务，美团除了通过系统对配送员进行科学指导之外，还将继续加大科技方面的投入，使用无人车、无人机等技术设备配合配送员。这样做的成果显然是有效的：2021年，美团的外卖业务收入同比增长45.3%，达到963亿元；餐饮日均交易数同比增长58.9%，达到38.9百万笔；整体利润增加95.2%，达到24亿元。[1]

配送网络的建设对于外卖业务十分重要。为搭建好配送网络，美团针对不同的消费场景和商家采取差异化配送解决方案。同时，美团对配送员的权益保障也较为关注，在相关部门的指导下积极参与职业伤害保障的试点工作，深入推进"同舟计划"以提升配送员的体验，同时召开座谈会收集相关意见以进一步优化算法。在配送员的生活方面，美团升级了相关的慈善项目改善配送员的家庭状况，并通过"站长培养计划"来规划配送员的长期职业发展路线。

对于商家，美团推出了"外卖管家服务"，以帮助中小商家适应线上运营。同时，美团为商家提供了两种配送模式，分别是平台配送和商家自行配送，其中平台配送为多数商家选择，2020年美团平台配送的订单量占

---

[1] 数据来源于美团公司2021年年报。

60%~70%①。

随着疫情防控逐渐走向常态化，美团总结经验，形成了一整套行之有效的举措。在消费者方面，美团推出"无接触"配送服务，确保提供充足的食物、药品以及日常物品；在商家方面，美团设立专项基金为商家提供支援，与银行合作为商家提供贷款，退还部分商家佣金以供市场推广，并为商家提供交通支援和补贴；对于配送员，美团对配送员实行严格的健康检测程序，并为配送员提供补贴、消毒工具以及防疫指导。

（二）美团外卖的未来发展方向

美团不断加大科技创新投入，以科技创新带动行业发展。美团超脑系统是全球超大规模、高复杂度的多人多点实时智能配送调度系统，基于海量数据和人工智能算法，综合考虑商圈、天气、路况、消费者预计送达时间、商家出餐时间等100多个变量计算配送路线，以保证在较短的时间内送达。美团的商业大脑是面向商户的大数据分析决策知识图谱平台，用AI技术分析用户对菜品、价格、服务、环境等的偏好，以进一步发现商户的竞争优劣势、用户对商户的总体印象、商户菜品受欢迎程度的变化等，从而获得多维营业诊断及经营方向建议，实现新店推广、效率提升、成本降低、会员营销、流量扶持、大数据选址六大能力提升。

在无人配送系统方面，美团新一代无人配送车魔袋20已在北京顺义等落地运营，标志着美团无人配送拥有规模化量产能力，发展进入新阶段。2020年10月，美团在北京首钢园落地了MAI Shop，这家AI智慧门店占地约200平方米，系统会通过自动拣选、AGV小车配货、打包以及无人车配送等流程自动完成订单运作，用户仅需在相应站点等待无人车送达，输入手机验证码，即可取到下单商品。数据显示，无人微仓拣货的效率是传统模式的7倍，每小时可出200单，平均出单时间为100秒②，证明无人配送大有

---

① 数据来源于头豹研究院。
② 数据来源于《美团2020年企业社会责任报告》。

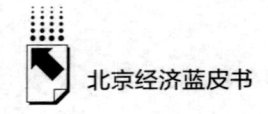

可为。美团将于近几年在北京、上海以及深圳等多地,实现外卖、买菜、闪购等业务场景的无人配送服务,为用户提供更加高效的服务。

三 结论与展望

总之,外卖平台的出现,给众多人提供了一种新的生活方式。对消费者而言,外卖平台意味着便捷;对商户而言,外卖平台意味着新的销售渠道;对配送员而言,外卖平台意味着与以往不同的门槛较低的就业岗位。在平时,外卖只是消费者就餐的众多途径之一,但在新冠肺炎疫情等特殊时期,外卖成为人们体验不同美食的重要途径。随着科技的不断进步,无人机、无人车等将相继加入配送网络,届时外卖行业将会为更多的人带来福利,真正开启"万物到家"的时代。

但在享受外卖便利性的同时,我们也不能忽视外卖行业存在的一些问题,例如,外卖的安全问题、对配送员的待遇保障问题、对用户的数据收集问题,以及外卖行业的垄断问题等。这些问题错综复杂,需要多方携手共同解决。首先,外卖平台应肩负起相应的责任,在响应政策补贴中小困难商家的同时也要加大对商家的监督力度,保证外卖质量;自觉遵守法律法规,保障配送员的相应权益,对用户的数据给予保护,维护外卖行业公平竞争的环境。其次,广大用户应行使自己的权益,对于不法的行为应积极举报,监督外卖行业健康发展。最后,国家应把握好时代脉搏,研究时代新特征,及时出台符合实际需要的法律法规,做好相关的政策指引。同时政府各个部门要做好监督,定时抽查,确保法律法规落实到位。

参考文献

[1] 美团:《美团年度报告 2021》,美团企业官网,2022 年 4 月 19 日,http://media-meituan.todayir.com/20220419164002110010215763_tc.pdf。

［2］美团：《美团 2020 年企业社会责任报告》，美团企业官网，2020 年 12 月 1 日，http：//media-meituan.todayir.com/20210729153938379538152_sc.pdf。

［3］中国饭店协会：《2020～2021 年中国外卖行业发展研究报告》，2021 年 5 月，http：//www.aliresearch.com/ch/information/informationdetails?articleCode=243631150608814080&type=%E6%96%B0%E9%97%BB。

［4］中国信息通信研究院：《中国信息消费发展态势报告（2022 年）》，2022 年 3 月，http：//www.caict.ac.cn/kxyj/qwfb/bps/202203/P020220311570337721006.pdf。

［5］中国信息通信研究院政策与经济研究所：《平台经济与竞争政策观察（2020 年）》，2020 年 5 月，http：//www.caict.ac.cn/kxyj/qwfb/ztbg/202005/P020200530560741723821.pdf。

［6］叶秀敏：《平台经济的特点分析》，《河北师范大学学报》（哲学社会科学版）2016 年第 2 期。

［7］周文、韩文龙：《平台经济发展再审视：垄断与数字税新挑战》，《中国社会科学》2021 年第 3 期。

［8］陈龙：《"数字控制"下的劳动秩序——外卖骑手的劳动控制研究》，《社会学研究》2020 年第 6 期。

［9］韩英：《平台经济的发展逻辑与利益分化——以外卖平台经济为例》，《改革与战略》2022 年第 2 期。

［10］走马财经：《外卖奇点》，2022 年 1 月 12 日，https：//mp.weixin.qq.com/s/L_0XpiAFp6-Ur0TelLWIaw。

B.19 在线旅游平台的转型之路
——以同程旅行为例

周梦雯[*]

摘　要： 新冠肺炎疫情暴发以来，北京市游客数量和旅游收入断崖式下滑，星级酒店、旅行社等与旅游业相关的经营主体损失惨重，旅游业遭受了前所未有的重创，在线旅游平台也面临新的机遇和挑战。本报告以国内主流在线旅游平台中唯一一家2020年四个季度净利润均为正的上市企业——同程旅行为例，梳理了该平台的发展历程和经营现状，分析该平台在疫情下如何转型自救并逆势赢利：一是强化战略指引，横纵双向布局；二是深耕微信用户，在小程序上打造销售平台，开辟新的服务赛道；三是深耕下沉市场和低线城市，采取"盲盒"、跨界合作等多种营销策略。最后，对其未来发展进行了展望。

关键词： 在线旅游平台　同程旅行　下沉市场

一　在线旅游平台发展现状

（一）北京市旅游业发展现状

1. 来京旅游人数和北京旅游收入大幅下降

新冠肺炎疫情暴发以来，来京旅游人数和北京旅游收入大幅下降。北京

---

[*] 周梦雯，对外经济贸易大学国家对外开放研究院国际经济研究院博士研究生，研究方向为区域经济、世界经济。

市统计局数据显示，2020年国内外来京游客人数为18386.5万人次，较2019年减少13823.4万人次，其中2020年国内游客人数18352.4万人次，是2019年的57.7%，国际旅游人数从2019年的376.9万人次骤降至2020年的34.1万人次，仅为2019年的9%，可以说是断崖式下滑。2020年北京市国内旅游收入为2880.9亿美元，较2019年减少2985.3亿美元，国际旅游收入2016~2019年连续四年保持在50亿美元以上，而2020年仅为4.8亿美元（具体见图1），新冠肺炎疫情给北京市旅游业带来极大的收入损失。北京市统计局发布的《北京市2021年国民经济和社会发展统计公报》数据显示，2021年北京市国内游客人数和国内旅游收入有所反弹，但是由于新冠肺炎疫情，为防止境外输入病例，国际方面仍处于回落态势。

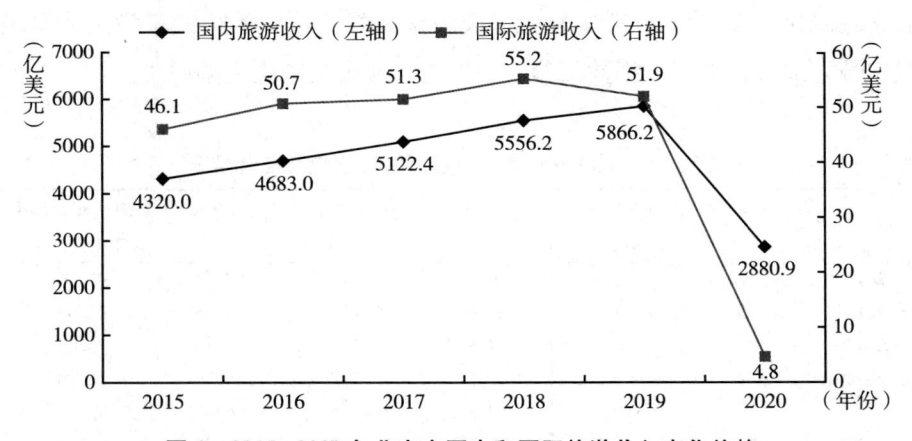

图1 2015~2020年北京市国内和国际旅游收入变化趋势

资料来源：北京市统计局。

从景区活动来看，2020年北京市A级及以上和重点旅游景区共244个，收入合计40561万元，仅为2019年收入的4.6%，其中门票收入仅为2019年的2.6%；接待游客1153万人次，仅为2019年的3.6%，其中入境旅游者仅2万人次，是2019年的0.3%。[①] 因疫情防控需要，景区严格控制游客密

---

① 数据来源于《北京统计年鉴》（2021）。

度，在疫情防控吃紧时期，更是采取封闭管理政策，在此背景下北京市景区的收入不甚乐观。

2. 北京市旅游业相关运营主体损失惨重

在新冠肺炎疫情影响下，北京市星级饭店和旅行社接待人数和营业收入迅速下滑，经营基本处于亏损状态。《北京统计年鉴》（2021）的数据显示，2020年北京市星级饭店接待住宿人数为713.7万人次，营业收入为151.63亿元，亏损49.57亿元，平均从业人员数为58389人，2020年全年出租率为31.3%，不达2019年出租率的一半。表1展示了2015～2020年北京市星级饭店接待及经营情况，从中可以看出2017年以来北京市星级饭店数量、接待住宿人数和平均从业人员数逐年减少，2016～2019年营业收入和利润总额增减变化不大，而2020年新冠肺炎疫情暴发，给以接待游客为主的星级饭店带来沉重打击，亏损数额较大，平均从业人员数也大幅减少。

表1　2015～2020年北京市星级饭店接待及经营情况

年份	企业数量（家）	接待住宿人数（万人次）	出租率（%）	营业收入（万元）	利润总额（万元）	平均从业人员数（人）
2015	528	2008.6	60.6	2576003	52866	92606
2016	523	2017.1	62.6	2614497	274585	84868
2017	519	1926.8	64.8	2575127	297712	76603
2018	419	1902.8	66.9	2759567	286677	74410
2019	395	1817.4	69.8	2747721	284366	69399
2020	378	713.7	31.3	1516259	-495687	58389

资料来源：《北京统计年鉴》（2021）。

从北京市旅行社接待及经营情况来看，2020年营业收入为199.42亿元，仅为2019年营业收入的19.2%；全年亏损28.97亿元，是2019年亏损金额的43.15倍；2020年北京市旅行社平均从业人员数是26155人，年度离职率高达34.2%。随着经济的快速发展和居民收入的持续提高，人们对精神文化有了更高的需求，作为首都，北京文化和自然风景类旅游景点众多，吸引了全国甚至全球游客。表2展示了2015～2020年北京市旅行社接待及经营情况,从利润总额来看,近年来,北京市旅行社经营出现较大波动,疫情给本就经营不稳定的北京市旅行社行业又加上了一层阴霾,旅行社经营亏损进一步加大,从业人员也出现了较高的离职率。

表2 2015~2020年北京市旅行社接待及经营情况

年份	企业数量 (家)	接待人数 (万人次)	营业收入 (万元)	利润总额 (万元)	平均从业人员数 (人)
2015	1238	468.0	8355826.3	-17132.1	37780
2016	1162	466.8	8788779.0	-29589.9	40812
2017	1139	422.3	8819738.7	122815.9	37952
2018	1192	377.8	9439120.6	590.2	37660
2019	1440	455.7	10394925.9	-6714.6	39779
2020	1413	91.1	1994239.0	-289717.0	26155

资料来源:《北京统计年鉴》(2021)。

(二)在线旅游平台的兴起

1. 在线旅游行业需求持续增长

2021年,我国新冠肺炎疫情防控及时有效、疫苗接种范围不断扩大,推动了国内旅游业的有序复苏,国内出游人次快速反弹。据《中国互联网络发展状况统计报告》的数据,2021年12月我国在线旅游预订用户规模达3.97亿人,较2020年12月增长5466万人(具体见图2)。在新冠肺炎疫情暴发之前,我国在线旅游预订用户规模处于平稳增长状态,使用率在49%上下浮动,2020年疫情暴发,在线旅游预订用户规模和使用率明显下降,2020年12月分别降至3.42亿人和34.6%,在2021年疫情得到有效控制后,在线旅游预订用户规模和使用率出现反弹回升,对疫情的有效控制加大了对在线旅游平台的需求。文化和旅游部数据显示,2021年节假日成为国内游客出游的热门时间段,清明节、"五一"和国庆假期,全国国内旅游人次分别恢复至2019年同期的94.5%、103.2%和70.1%,国内旅游收入也有所增长。虽然受部分地区疫情反复的影响,在线旅游平台企业业绩略有波动，但是行业总体运行平稳，在线旅游预订平台的需求量明显高于市场预期。

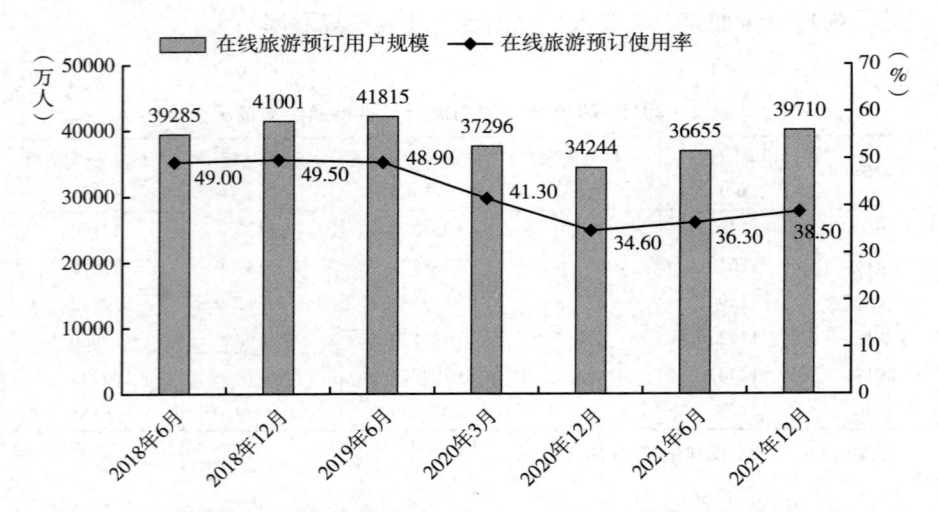

图2 2018年6月至2021年12月在线旅游预订用户规模和使用率

资料来源：《中国互联网络发展状况统计报告》。

2.在线旅游行业供给不断增加

随着在线旅游预订细分行业的发展，国内旅游产品的供给形式也越来越丰富，特色旅游产品不断增加。一方面，受新冠肺炎疫情的影响，远程旅游需求未能充分释放，短途、近距离的旅游预订成为热门，"周边游""轻旅游""微度假""宅酒店"成为市场热点，红色旅游、亲子游、研学游等特色旅游产品持续升温。另一方面，在数字化赋能旅游业的背景下，旅游预订新业态不断涌现，国内各地旅游景点、博物馆、文化馆创新消费模式和消费体验，推出了丰富多彩的线上、线下联动活动，通过"云旅游""云看展""云赏剧"等新形式对旅游场所进行宣传。与此同时，在线旅游预订企业也加速数字化转型，"旅游+直播"成为新的销售和推广方式，各平台不断推出丰富的、优质的内容满足用户需求，持续推动更加多元化的行业生态建设。还有的在线旅游预订企业推出"旅行盲盒"，将旅游的时间、目的地任意组合，给消费者带来新奇体验，不满意可退货降低了用户参与的心理负担，深受年轻人的喜爱和追捧。

3. 在线旅游行业的外部环境不断改善

从我国宏观经济发展大背景来看，我国经济发展基本面长期稳定向好，居民收入和人民生活水平不断提高。国家统计局发布的数据显示，2020年我国GDP增速为2.3%，为旅游业的发展提供了良好的基础。同时随着我国高速公路和高速铁路的大规模建设，人们的出行方式多样化、出行时间缩短、出行成本更低，交通体系的进一步完善让出游更便捷、更高频。从政策环境来看，疫情期间，文旅部、财政部和国家税务总局出台了多项扶持性政策，保障旅游行业相关经营主体的运营，涉及金融、税收等各个方面（具体见表3）。2020年10月1日，文旅部发布的《在线旅游经营服务管理暂行规定》开始施行，为保护旅游者合法权益、规范在线旅游市场环境和秩序、促进在线旅游行业可持续发展提供政策保障。互联网技术的发展和普及为在线旅游行业提供了用户群体和技术基础，主要表现为在线旅游企业积极与旅游景点合作，随着双方融合程度的不断提高，在线旅游企业的成本不断下降，相继推出性价比较高的旅游产品，人们对在线旅游的满意度和认可程度逐渐提高，营销平台不断发展壮大。

表3 疫情期间国家对旅游行业的主要扶持政策

发文部门	政策文件名称	主要内容
文化和旅游部	《关于暂退部分旅游服务质量保证金支持旅行社应对经营困难的通知》	暂退范围为全国所有已依法交纳保证金、领取旅行社业务经营许可证的旅行社，暂退标准为现有交纳数额的80%
财政部、国家税务总局	《关于支持新型冠状病毒感染的肺炎疫情防控有关税收政策的公告》	受疫情影响较大的困难行业企业于2020年度发生的亏损，最长结转年限由5年延长至8年。困难行业企业，包括交通运输、餐饮、住宿、旅游（指旅行社及相关服务、游览景区管理两类）四大类

资料来源：根据公开资料整理。

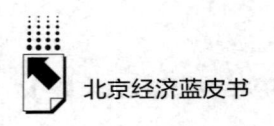

二　在线旅游平台面临的机遇与挑战

新冠肺炎疫情给旅游行业造成了重大冲击，游客数量和旅游业收入大幅下滑，这对于在线旅游平台来说是一项巨大挑战。但是随着数字技术的迅速发展，传统行业持续向智慧化、网络化、数字化转型，而且国家对"互联网+旅游"的政策支持力度进一步加大，在线旅游平台将迎来新的发展机遇。

（一）在线旅游平台的发展机遇

第一，疫情倒逼旅游业转型升级，推动旅游业智慧化发展，加速平台经济优势在旅游业的应用。随着"互联网+"与旅游业的融合发展，全国多地强化智能技术在旅游行业的应用，各景区大力推动"无人服务""智能导览""数据监测"等智慧化建设项目，不仅为游客提供可一站式获取预约、游览信息的网络平台，还能提供防疫信息，引导游客错峰出游，对景区和游客实现科学管控。与此同时，疫情倒逼数字化转型速度加快，这将加速在线旅游平台渗透下沉市场的速度，未来三、四线城市及农村乡镇地区的旅游消费将为旅游业的持续发展带来巨大增量，其价值将进一步凸显。在美团进军旅游业后，抖音、快手等短视频平台也纷纷涉足旅游业，利用平台优势，通过大数据算法发现消费者的潜在需求，进行精准推送，用内容激发使用者的消费需求，形成真正的需求。旅行社与短视频平台的合作模式，可能成为新的突破方向。

第二，疫情改变了消费者的在线旅游消费行为，推动在线旅游平台不断更新迭代产品，满足消费者多样化的消费需求，提高平台服务质量。传统的旅行社集体组织出游的方式发生改变，无接触度假、近郊游成为旅游热点，人们出游也以自驾游、自助游、自由行为主，在线旅游平台的优势进一步发挥，不断深耕休闲市场、度假市场，创新营销，开发都市休闲、乡村度假、研学旅游、康养旅游、团建拓展等多样化、体验型的产品和服务。同时，深化产业融合，融出更多的旅游生活业态、沉浸体验场景、休闲度假方式，以多样化的业态和场景，拉动大众旅游的综合消费。另外，传统的根据既定线路出游的方式发生改变，专业化、主题化、深度化、私人定制化的旅游产品层出不穷。虽然疫情导致团队游需求下滑，但是小众化、个性化的旅游需求将进一步扩大，如果在新一轮的竞争中在线旅游平台能够抓住机遇，将占据更大的市场份额。

第三，在线旅游平台行业的市场格局初现，头部企业的市场份额稳固，市场集中度高。华经产业研究院发布的数据显示，根据市场份额2021年中国在线旅游平台企业可分为三个梯队：第一梯队是携程旅行，多年来一直位居榜首，保持高位运行，2021年市场占比达36.3%；第二梯队为美团旅行、同程旅行、去哪儿旅行、飞猪，市场占有率分别为20.6%、14.8%、13.9%、7.3%；第三梯队为其他在线旅游平台。[1] 这样高集中度的行业竞争格局比较稳固，难以打破。在疫情冲击下一些市场份额较小、难以实现融资的小型平台有可能退出市场，而资金雄厚、业务广泛的大中型平台将进一步扩大市场份额，形成比较稳固的行业格局。与此同时，一些深耕细微领域的专业化平台在满足消费者喜好的基础上有可能脱颖而出，成为某一领域的翘楚。

（二）在线旅游平台面临的挑战

首先，旅游市场不景气，在线旅游受疫情冲击明显。在疫情的影响下，在线旅游产业遭受巨大冲击，为减少不必要的接触，采取了景区停业、航班停飞、酒店关闭等多项管控措施，在线旅游平台的用户规模和交易规模大幅下滑。从平台用户规模来看，截至2020年12月，我国在线旅游预订用户规模达3.42亿人，占网民整体的34.6%，较2018年和2019年下滑明显，2020年2月在线旅游月活用户规模仅为0.6亿人，跌至最低点。[2] 从平台市

---

[1] 数据来源于华经产业研究院。
[2] 中国互联网络信息中心（CNNIC）统计数据。

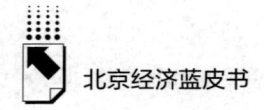

场交易规模来看，我国在线旅游市场交易规模在2020年首次出现负增长，2020年全年在线旅游市场交易规模约为6386亿元，同比下降36.52%[1]，甚至低于2017年交易规模，在线旅游市场承压严重。从平台经营情况来看，据不完全统计，2020年上半年有16家在线旅游平台"下线"[2]，存活平台的经营情况也令人担忧，根据携程和途牛的公司财报数据，2020年这两个在线旅游平台分别亏损32.47亿元和13.08亿元。

其次，在线旅游平台对上游供应商的黏性显著降低。一是随着社交媒体平台如雨后春笋般出现，在线旅游平台不再是旅游产品供给的集中地，也不再是上游产品供应商获客的唯一选择，短视频平台、社交平台、公众号、视频号等多个渠道的出现，使得在线旅游平台的流量被大大分散。二是在线旅游平台主要采用的是传统的佣金模式，上游供应商需要给平台方额外付费，而对消费者真正的吸引力不强，因此供应商逐渐开始改变销售方式，通过自建平台或社交媒体平台进行在线直销，这也增加了在线旅游平台的运营成本。三是消费者可选择的产品和服务增多，从初期的选择产品、比较价格转向选择服务、比较售后，消费者对旅游产品的选择开始转向新的平台，如抖音、小红书等。

最后，随着定制化、个性化旅游产品的加速迭代，在线旅游平台的服务质量提升和平台监管仍是一项重大挑战。随着消费的不断升级，旅游市场规模也不断增长，对于在线旅游平台来说，挑战和竞争也加倍升级，各大在线旅游平台不断推出"小而贵"的定制游产品，抢先占据旅游中高端市场，争取在新一轮的市场竞争中胜出。在提供定制化服务过程中，在线旅游平台提供的服务与约定不相符、相关风险和注意事项提示不到位、消费者投诉渠道不畅通等问题仍然层出不穷，在线旅游平台的服务质量仍然存在很大的提升空间。与此同时，北京阳光消费大数据研究院《2021年上半年在线旅游消费维权舆情分析报告》显示，退改纠纷、"大数据杀熟"、限制交易条件、

---

[1] 数据来源于网经社。
[2] 数据来源于网经社。

霸王条款、不合理低价游、捆绑搭售成为消费者投诉的主要内容，进一步加强平台监管，加大平台整治力度，是营造良好在线旅游消费市场环境和促进在线旅游平台规范发展的必要条件。

三 同程旅行平台转型之路

本部分将以同程旅行为例，分析其发展历程和运营现状，剖析其发展模式，并提出未来的发展趋势。2020年初暴发的新冠肺炎疫情对旅游行业造成重大影响，大多在线旅游平台上市企业2020年的财务数据不尽如人意，而同程旅行在加速渗透低线城市和品牌建设的战略下，成为国内主流在线旅游平台中唯一一家2020年四个季度净利润均为正的上市企业，对同程旅行的发展模式和运营经验进行分析和总结，对于在线旅游行业的转型探索具有借鉴和参考意义。

（一）同程旅行的发展历程与运营现状

1. 发展历程

2018年3月，同程旅游集团旗下的同程网络与艺龙旅行网两家公司正式合并为一家新公司，名为"同程艺龙"，整合两家酒店、交通及景点业务，构建一站式的旅游服务平台。同程艺龙于2018年11月26日正式在港交所挂牌，开盘后价格为10.78港元，相比发行价9.80港元上涨10%，同程艺龙开盘首日以开盘价计算，市值超过220亿港元。[①] 上市以后，同程艺龙逐渐向技术型公司升级，通过技术创新，逐步摆脱以往在线旅游预订平台发展初级阶段的模式，推动智能交通和智能住宿向一站式服务模式发展，并不断强化其陪伴式的"智能出行管家"角色。2021年12月9日，同程艺龙宣布成立艺龙酒店科技平台；15日，同程艺龙发布公告，更改公司名称、股份简称及公司Logo，将公司名称改为同程旅行控股有限公司（简称"同

---

① 数据来源于网易财经新闻，https：//www.163.com/money/article/E1JS8GPK00258105.html#。

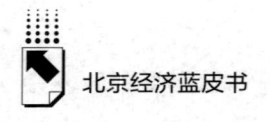

程旅行")。

2. 运营现状

同程、艺龙两家公司在合并之前都已经实现盈利,2017年净利润分别达到4.91亿元和1.94亿元,合并后的同程艺龙的盈利快速增长。2020年财报数据显示,全年总交易金额为1164亿元,实现营业收入59.33亿元,经调整净利润为9.54亿元,赢利能力处于在线旅游行业前列,成为国内主流在线旅游平台中唯一一家2020年四个季度净利润均为正的上市企业。

同程旅行于2022年3月22日发布的2021年财报显示,2021年全年营收为75.38亿元,同比增长27.1%;经调整净利润为12.96亿元,同比增长35.9%。同程旅行的收入增加主要来自住宿预订业务及交通票务业务,2021年住宿预订业务营收达24.09亿元,同比增长23.8%,占总收入的32.0%;交通票务业务营收则由2020年的34.71亿元增至2021年的44.58亿元,同比增长28.4%,占总收入的59.1%。2021年,同程旅行平均月活用户达2.6亿人,同比增长34.2%。年度付费用户从2020年的1.6亿人大幅增加28.2%,创历史新高。

(二)同程旅行的转型自救之策

1. 强化战略指引,横纵双向布局

同程旅行确立了"品牌强化战略"、"下沉市场战略"、"产业链赋能战略"、"酒店高增长战略"及"目的地战略"五大战略,持续推动平台向智能旅行助手转型升级,旨在为用户提供智能、方便、快捷的出行服务,助力中国旅游业实现数字化发展。与此同时,同程旅行将产品业务进行"一横一纵"双向布局:横向是消费端,以提升消费者的旅游体验为目的,拓展技术能力;纵向是产业端,以助推旅游业数字化升级为目的,深耕旅行产业链上下游,构筑竞争"护城河"。从横向布局来看,同程旅行通过产品、服务和技术创新,满足消费者在新形势下的多样化需求:一是在疫情期间提供创新服务,如"防疫同行程查询""核酸检测站点查询"等;二是在疫情发生后为满足用户的快速退改需求,提供自助退改、直播客服等服务;三是以

技术创新响应用户需求，率先研发推出"慧行系统"，为用户提供智能化服务，并成功自主研发客服智能机器人，有效提升了服务效率和质量。从纵向布局来看，不断深耕旅游产业链上下游，将自己多年积累的技术创新和实践经验持续输送给产业链上的合作伙伴，加快旅游企业数字化转型升级的步伐，提高整个行业的技术水平和服务效率，帮助行业快速稳健复苏，尽快走出疫情阴霾。

2. **深耕微信用户，在小程序打造销售平台，开辟新的服务赛道**

微信平台可以最大限度地触达群众，尤其是下沉市场的非一线消费者，同程旅行正是抓住了这一流量入口。同程旅行分别于2015年1月和2016年6月将火车票和机票、酒店预订入口接入微信钱包。2018年，又把火车票和机票、酒店预订入口从微信钱包迁移到微信小程序，用户登录步骤进一步简化。同程旅行在持续深耕微信服务场景的同时，还进行了服务场景多元化的尝试，与酒店、汽车运营商以及旅游景区合作，深耕从线下到线上的多场景服务。

一是于2019年7月推出"惠出发"小程序，在疫情影响下对其功能做了重新定位，打造"旅游+生活"精品好物一站式社交电商裂变销售平台，主营卫生防护用品、生活服务用品等紧缺物资，采用"自购省钱、分享赚钱"的模式，用户自购产品可以获得返现，分享产品还能赚取奖励，大大提高了分销积极性。二是推出社区团购平台同程生活，提供食材等生活用品和周边服务，疫情发生后，同程生活在微信小程序上特别开通"紧急物资，平价特供"频道，提供各种生活物资，一方面解决了消费者购买物资的问题，另一方面也解决了部分卖家因疫情导致的销售困难。

3. **深耕下沉市场和低线城市，多策略并行成复苏关键**

我国在线旅游业已从快速发展期逐渐步入成熟期，一、二线城市在线旅游渗透率较为稳定，用户增速趋缓，而三线及以下城市正处于初期发展阶段，在线旅游渗透率和用户数量有很大的提升空间。同程旅行较早布局下沉市场，拥有一定先发优势，其财报数据显示，2021年继续向乡镇、县城市场渗透，非一线城市用户占比高达86.7%，微信平台上超过60%的新付费用户来自中国的三线及以下城市，这给同程旅行带来了新的付费用户增量，重新刺激了企业的增长。疫情发生以来，同程旅行在低线城市的间夜销量表现持续强劲，财报数据显示，2020年1~4季度公司住宿业务收入同比增长-53%、-31%、-1%、4%，而低线城市间夜销量同比增长15%、30%、30%、70%，维持双位数强劲增长，下沉市场优势成为重要支撑之一。

除下沉市场外，同程旅行通过多样的营销方式来吸引消费者，提升市场占有率和品牌影响力。一是在法定节假日期间发起"机票目的地盲盒"活动，吸引超过2000万名用户的参与，极大地提升了品牌知名度。二是通过跨界合作推动平台转型，2020年同程艺龙与快手达成战略合作，将在线旅游与短视频平台的链路打通，打造"旅游+直播"新业态。此外，还和包图网合作举办旅行摄影大赛，和爱华仕联合推出"买出行箱包赢千元机票"活动，和WUCG联手打造电竞主题梦想航班。多种多样的营销方式，不仅吸引了大量用户和流量，也有助于提高品牌影响力。

（三）在线旅游平台发展展望

第一，同程和艺龙被赋予了新的使命和新的进化路标，同程旅行品牌将更加专注线上互联网平台的运营，已有20余年积淀的艺龙品牌，则向上游的住宿产业链赋能，未来继续与同程旅行品牌形成协同效应。一方面，同城下沉，探索普惠的优质旅游服务。同程旅行将继续服务中国大众旅游市场，让更多中国游客享受简单便捷的出行体验，而"更多中国游客"不限于下沉市场，2021年第三季度财报显示，同程旅行正在积极推进适老化和无障碍改造，并推出手语客服，帮助老年人和残障人士融入数字社会，实现智慧出行，未来将为消费者提供包容性更强、服务质量更高、对消费者保障更全面的出行服务。另一方面，艺龙上溯，寻找产业互联网解决方案。科技公司为旅游企业带来的不应只有订单，如何通过数字化手段提升旅游企业的经营效率，如何解决信息不对称，是整个在线旅游行业的新命题。艺龙酒店科技平台将致力于统筹酒店供应链资源，提升行业效率，持续为住宿产业的数字化做出贡献。艺龙已经开始对酒店管理公司、Saas平台、会员体系甚至设计公司进行数字化改造，让科技的力量从订单系统渗透酒店服务、管理、营销乃至日常经营的每个环节。

第二，从核心财务指标来看，2021年同程旅行的发展主基调已经从2020年的全行业"减灾模式"过渡到了"复苏模式"。财报显示，2021年度同程旅行的交易额为1502亿元，收入75.38亿元，同比增长27.1%，较2019年增长近2%，收入规模创上市以来的新高；经调整净利润恢复至2019年同期的83.9%，经调整净利润率由2020年的16.1%提升至17.2%。同程旅行良好业绩的取得可归结为四个因素：在低线城市的优势、多元化的流量来源、卓越的创新能力以及在组织架构的快速调整和业务端的深度整合等方面表现出的灵活性。在常态化疫情防控背景下，同程旅行创造出超过其他在线旅游平台的业绩，可通过场景及细分人群多元化持续贡献新增量。

第三，疫情带来的不确定性增强了行业对下沉市场的关注，对于在线旅游平台而言，对低线城市的市场份额之争也拉开了帷幕。下沉市场处于培育阶段，用户的成熟度和需求本身也更加多元化，抓住细分用户的需求是平台面临的一大痛点，也是未来行业竞争的关键，这将需要更多来自大数据方面的支撑。未来针对多场景和多细分人群的积极探索将对在线旅游平台经营业绩的提升具有重要价值。同程旅行在这方面具有先发优势，将获得更好的经营业绩和发展前景。

参考文献

［1］智研咨询：《2021年全球及中国在线旅游行业发展现状及行业发展趋势分析》，产业信息网，2022年3月30日，https：//www.chyxx.com/industry/1103174.html。

［2］艾瑞咨询：《2021年中国在线旅游行业研究报告》，2021年12月8日，https：//www.iresearch.com.cn/Detail/report?id=3889&isfree=0。

B.20
社交平台多途径赢利机制探析
——以新浪微博为例

支 晨[*]

摘　要： Web2.0时代催生出更具交互性的社交平台，这些平台在满足人们社交需求的同时积累了大量用户资源，具有重要的商业价值。探讨社交平台的赢利机制有助于其更好地开发和利用用户和信息资源优势，实现自身健康稳定发展。本报告首先简要介绍了社交平台的内涵、特征、发展历程以及各平台现阶段赢利机制的异同；接着以新浪微博为代表，在对其赢利机制构成要素、主要业务模式进行分析的基础上，着重探讨了新浪微博以广告收入、电商营销和增值服务为主的多途径赢利机制，认为新浪微博实现较高营收额的原因在于不断强化要素比较优势、创新业务模式和拓展赢利机制，并针对新浪微博赢利机制中存在的问题提出了解决建议；最后总结新浪微博运营经验，并对未来社交平台赢利机制可能出现的调整进行展望。

关键词： 社交平台　信息传播　平台赢利机制　新浪微博

社交是人们的基本需求，人们不断通过科技创新改进通信工具、丰富社交生活，互联网的发展给传统人际交往方式带来了极大的改变。随着互联网

---

[*] 支晨，对外经济贸易大学国家对外开放研究院国际经济研究院博士研究生，研究方向为世界经济、区域经济。

的广泛应用，社会关系网络和信息传播途径发生了翻天覆地的变化，尤其是在当前"互联网+"时代，手机、笔记本电脑等移动终端日益普及，以"互联网+社交"为模式的各类社交平台盛行，人们可以随时随地同身处天南海北的好友分享各种类型的信息，社交的边界和内容不断拓展。社交平台以服务人与人的交往需求为契机，深刻融入了人们的日常生活。2020年我国移动社交平台用户达到8.9亿人，较2019年增长8.0%[1]；2021年上半年我国34.9%的用户每天使用移动社交软件在2小时以内，42.5%的用户每天使用移动社交软件2~3小时[2]。平台用户数量和用户黏性增加的背后隐藏着巨大商机。对于各类社交平台而言，如何把握商机将巨额流量变现是可持续经营的关键，曾经连续七个季度实现盈利[3]的新浪微博是流量变现的成功范例，本报告以新浪微博的相关经验为切入点，对社交平台多途径赢利机制进行分析。

一 社交平台的发展现状

（一）社交平台的内涵和特征

社交平台是以互联网为载体向用户提供内容生产和信息传递服务的平台，用户不仅可以在社交平台将线下人际关系线上化，也可以构建网络虚拟社会关系。有别于传统线下社交方式易受时空约束、通信工具单一的特点，基于互联网的社交平台可以实现用户多样化信息内容的实时共享，体现在用户可以在任何时间、任何地点将文字、图片、音乐甚至视频等内容上传至平台进行分享，沟通方式也不再局限于拨打电话和发送短信，还可以在聊天界面进行视频、在对方个人主页发表评论，人际交往不再受到物理环境、社会

---

[1] 数据来源于艾瑞咨询。
[2] 数据来源于艾媒咨询。
[3] 数据来源于新浪微博2016年第二季度财报，报告显示，截至2016年6月30日，新浪微博已经连续七个季度实现盈利。

分工和国家文化的边界限制，相隔两地甚至互不相识的人们也能够在社交平台保持联络、分享生活、交流观点。总之，社交平台更加灵活、智能而且节约成本，对人际交往的促进作用明显，能够优化沟通方式，提供高效管理人际关系的途径，提高信息获取的速度和精准度。

（二）社交平台的发展历程

社交平台的发展与网络基础设施的升级以及信息技术的更新密不可分。20世纪末至2005年是Web1.0时期，社交平台处于萌芽阶段，互联网逐渐走向大众市场，聊天室、各类论坛以及OICQ（后更名为QQ）兴起并快速发展。在这个时期用户主要通过PC端接入互联网，上网地点受到电脑设备限制且用户多为各类信息的被动接收者。2006~2014年宽带网络普及促使Web2.0时代到来，社交平台进入起步期，网络社交由PC端向移动终端迁移，校内网（后更名为人人网）、微博、微信、陌陌、小红书、知乎、Bilibili等更具交互性的社交平台出现，去中心化、共享开放成为新趋势。2015~2018年移动互联时代正式到来，社交平台迎来了爆发式发展，对4G的运用、流量资费的下降以及直播形式的出现催生出快手、抖音等短视频内容分享平台，普通人的曝光度增加，社交平台的用户逐渐下沉。2019年以来互联网普及率不断提高，社交平台进入成熟期，产品内容和运作方式趋于稳定。

回顾社交平台的发展历程不难发现，随着技术的进步，产品不断迭代，社交平台的使用便利度提升，同时产品功能呈现多元化的发展趋势，包括即时通信、动态分享和网络直播等，用户之间的关系也演变出不同类型。根据用户间关系强弱的差异，社交平台可以分为强关系网络和弱关系网络两种，以当前使用最广泛的社交平台为例，用户关系和产品功能如表1所示。其中，弱关系网络以轻松开放的关系形式赋予各类平台更大的服务创新空间和更多样的社交互动方式，如抖音、小红书、知乎、豆瓣和Bilibili等平台基于核心功能衍生出社交属性，逐渐成长为社交平台的重要组成部分。

表1 常用社交平台用户关系及产品功能

平台名称	用户关系	产品功能
微信	强关系网络	以熟人关系为基础,主要功能为即时通信、朋友圈和公众号自媒体,集社交、购物、阅读、游戏、理财等服务于一体
QQ	强关系网络	主要功能为即时通信、动态分享和个人空间,集社交、游戏、网盘、理财、邮箱等服务于一体
微博	弱关系网络	核心功能是信息分享和兴趣社交,以垂直内容生态、媒体信息发布和泛娱乐话题讨论为特色
抖音	弱关系网络	主要功能是短视频分享,集视频发布、网络直播、电商销售等服务于一体
小红书	弱关系网络	主要功能是用户分享物品使用体验、进行电商导购以及分享美食、旅游和生活经验,将线上和线下相融合
知乎	弱关系网络	知识交流社区,主要功能有知识问答、小说阅读和读书会等
豆瓣	弱关系网络	主要功能是兴趣社交、影音评分等,集市集、同城、小组、友邻等服务于一体
Bilibili	弱关系网络	主要功能为视频创作推广,以弹幕社交为特色,集视频观看、游戏推广、周边销售等服务于一体,是众多社交网络热词的发源地

资料来源:根据网络公开资料整理。

(三)社交平台的赢利模式

社交的核心在于人们彼此间信息的传递,在移动互联时代社交平台赢利的关键在于积累大量用户以形成信息优势。当前,移动互联和智能终端的普及使互联网渗透率不断提高,为社交平台提供了稳定的用户基础。中国互联网络信息中心(CNNIC)发布的第49次《中国互联网络发展状况统计报告》显示,截至2021年12月,我国互联网普及率达73.0%,网民规模达10.32亿人,人均每周上网时长达到28.5个小时,其中即时通信、网络视频、短视频的用户使用率分别为97.5%、94.5%和90.5%,用户规模分别达10.07亿人、9.75亿人和9.34亿人。随着用户数量的激增,社交平台的商业价值逐渐凸显。2020年，移动社交平台市场规模达到1162亿元，较2019年增长29.7%。2015~2020年移动社交平台用户数量和市场规模持续增加，变化情况如图1所示。

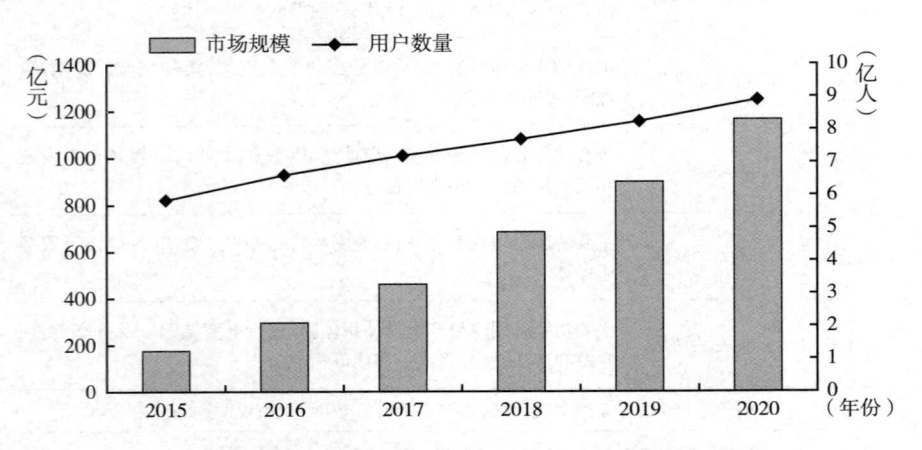

图1 2015~2020年移动社交平台用户数量及市场规模

资料来源：艾瑞咨询、前瞻产业研究院、华经产业研究院。

社交平台具有的马太效应有助于用户和信息在各头部平台集聚并不断扩大优势，而如何采用恰当的方式将巨额流量变现是平台赢利的关键，因此各社交平台对赢利模式的探索从未停止。由于不同的社交平台均具有社交功能和平台属性，因此赢利机制具有共同之处，比如依据算法向用户精准投放商业广告、拓展电子商务相关业务、提供付费会员等增值服务。

除此之外，各平台以核心服务内容差异化形成的比较优势为着力点，发掘出各自独特的赢利模式，比如腾讯利用微信、QQ的强关系网络成功推广游戏业务；新浪微博利用明星、网红的庞大"粉丝"数量深耕"粉丝"经济；抖音在疫情这一特殊冲击下凭借直播服务引入流量；豆瓣凭借在文艺领域的用户积累，深挖图书、影音产品的内容，豆瓣评分已经成为业内重要的评价参考；Bilibili依托动漫、舞蹈、音乐等领域的用户积累，成功组织会展、演出等线下活动，销售二次元周边产品。

二 新浪微博的赢利机制

（一）新浪微博简介

1. 发展历程

微博（Micro-Blog）全称为微型博客，是以Web2.0技术为支撑的即时信息发布、传播、获取平台，信息内容以140字为限，具有简短、灵活、迅速的特点。在产品功能上，微博兼具社交属性和媒体属性，本质是对信息资源的凝聚、整合和传递。2006年出现的Twitter是微博这种新型社交形式的首次面市，2009年新浪推出"新浪微博"内测版，是国内第一家推出微博服务的门户网站。

经过十数年的发展，新浪微博已然成为国内辐射范围最大、最有影响力的舆论平台。总结新浪微博的发展历程，主要分为两个时期，即成立之初的快速扩张期和站稳脚跟后的赢利探索期。自2009年面市到2014年"一枝独秀"，新浪微博经历了一段"跑马圈地"的扩张时期，凭借先发优势和名人效应，新浪微博积累起数量庞大的用户资源和信息内容，最终于2014年在同饭否、腾讯微博、网易微博等同类产品的激烈竞争中突出重围成为行业翘楚，并于同年将"新浪微博"更名为"微博"。2014年也是新浪微博探索赢利模式的关键之年，2014年前新浪微博的流量变现之路走得并不顺利，而阿里巴巴的入股打开了新浪微博开展电商合作、进行精准营销的大门，流量变现终于迎来转机。此外，新浪微博还尝试在垂直内容商业化等领域深耕细作，赢利模式逐渐进入成熟期。

2. 特点和作用

正如新浪微博的标语"随时随地发现新鲜事"所示，作为Web2.0背景下诞生的社交平台，新浪微博的内容重原创、强曝光且泛娱乐化，操作起来具有便捷、高效率的特点，逐渐成为网络世界和现实社会重要的信息源，在整个信息生态系统中具有重要作用。"六度分隔理论"揭示了社会中"弱纽

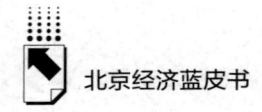

带"的存在性,即两个陌生人之间的间隔最多不超过六个人,而新浪微博则将这种"弱纽带"具象化,赋予了信息更大的传播力、渗透力和影响力,尤其值得关注的是,新浪微博搭建的这种弱关系网络式信息传播平台能够赋予具有"草根"属性的普通用户极高的曝光度,在建构舆论和社会动员方面爆发出巨大能量,是民众参与舆论监督的重要途径,已然成为中国最大的公共信息传播平台。

3. 经营现状

现阶段,新浪微博仍然具有较高的活跃度和营收额,热点话题的关注度、参与度很高,讨论量极大,其热搜榜早已发展成为反映网络舆情的风向标。新浪微博发布的2021年第四季度及全年财报数据显示,截至2021年底,新浪微博的月活跃用户数为5.73亿人,同比净增约5200万人,2021年全年微博实现营收22.6亿美元,同比增长34%。就热点话题讨论度而言,财报以冬奥会为例对相关数据进行展示,在冬奥会期间微博中相关话题的总阅读量超过4500亿次,全网讨论量近3亿次,互动量为11.1亿次,运动员共发布超过2500条博文,涨粉量近4500万人,新浪微博是运动员社交互动的第一平台。

分析新浪微博的用户画像,就用户构成而言,移动观象台的数据显示:使用微博的女性用户稍多于男性用户,约占53.28%;用户的年龄分布以年轻人为主,35岁及以下人群约占80.75%,其中一半以上为26~35岁。就地区分布和使用习惯而言,《2020年微博用户发展报告》显示,新浪微博的用户主要集中在京津冀、长三角、川渝、珠三角和闽三角地区,且互动时间多集中在12点、22点以及通勤过程中。

(二)新浪微博的赢利机制

新浪微博是微博类社交平台的典型代表,赢利机制既有社交平台的共性,也有其独到之处。当前,新浪微博仍具有较高的营收额,这与其不断强化要素比较优势、创新业务模式、拓展赢利机制密不可分。

1. 构成要素

分析新浪微博的赢利机制,首先要明确赢利机制的构成要素。亚德里安·斯莱沃斯基以价值创造为中心提出赢利模式的五要素理论,如表2所示。参照该理论"一个中心、五个基本点"的论述,新浪微博赢利机制可以概括为:以个体用户及企业用户为对象,提供信息制造、传递和获取服务,借助多元化内容矩阵向用户推送广告、开展电商营销和提供增值服务,并建立起舆论影响力等竞争优势。

表2 赢利模式五要素理论

要素	具体含义
赢利对象	企业服务的目标客户
赢利点	企业可以提供的产品,也是企业核心竞争力的来源
赢利源	企业获取收入的途径,如销售产品、提供服务等
赢利杠杆	企业吸引消费者的一系列活动,能够起到连接赢利对象和赢利点的作用
赢利屏障	赢利屏障是企业为了防止其他经营者掠夺自身利益采取的举措,体现了企业的比较优势

资料来源:根据网络公开资料整理。

2. 业务模式

了解新浪微博的业务模式,有助于理解其培育、选择赢利模式的思路,尤其是新浪微博特有的业务内容赋予了赢利机制创新和优化的可能。信息服务一直是新浪微博业务内容的核心,为此新浪微博持续发力进行信息服务的横向布局和纵深推进,不断发掘信息资源优势、尝试业务新可能。新浪微博改变了传统的信息传播模式,作为弱关系网络型社交平台,新浪微博允许用户单向关注其他用户而不需要对方同意,这种互动方式的创新将信息由大众传播转变为分众传播,使新浪微博在拓展内容生产、兴趣社区、电子商务等方面的业务时颇具优势。

在内容生产方面,新浪微博的图文编辑操作简单、容易上手,关注用户选项提示醒目,提供一键参与评论、点赞、转发等互动形式,这些功能共同培育出信息高效传播的沃土。在此基础上,新浪微博不断拓展新的内容:引入可视化媒体丰富微博内容,不仅于2017年上线"微博故事"功能,还在移动客户端内置"秒拍""一直播"等应用程序,满足年轻用户多样化的内容分享需求；基于对用户讨论、转发行为的计算，实时发现平台内热点内容并形成热搜榜单，该榜单现已成为反映民众舆论关注点的重要参照，部分事件甚至对政策制定、社会治理等产生深远影响；吸引传统媒体加入，尤其是与央视的合作极大地提高了新浪微博的知名度和曝光度，如央视开通相关新浪微博账号并发布各类新闻内容、新浪微博参与央视春晚短视频互动等。

在兴趣社区方面，新浪微博一直是泛娱乐领域讨论度和活跃度最高的平台，尤其是在游戏、影视领域具有极大的影响力，吸引了众多身份各异但兴趣相同的用户加入微博参与互动，其经营思路主要有发展垂直内容和利用明星效应。通过发展多领域垂直内容，新浪微博将信息分类整合为科技、美妆、音乐、萌宠、生活、影视、游戏等多种细分类别，实现对数量庞大的内容的分类管理以及对兴趣多样的用户的精准推送。基于垂直内容，新浪微博利用共同的兴趣爱好让用户连接、形成社群，通过"话题"和"超级话题"鼓励用户参与讨论，在促进用户自我认同和互相认同的同时，提高了用户对新浪微博的认可度和使用黏性。除了垂直内容，微博还具有得天独厚的明星KOL[①]和网红优势，这些具有广泛影响力的头部用户与微博"弱连接"式的社交模式相契合，进一步提高了相关"粉丝"群体的用户黏性并增加了话题内容，是新浪微博维持用户流量的独到之处。

在电子商务方面，和阿里巴巴开展合作以来，新浪微博不断发掘社会化电子商务的途径，依托平台积累的用户资源，将商品的宣传、购买和销售内化于用户的社交活动中。新浪微博提供了明星、企业、网红等进行产品宣传推广的平台，其庞大的兴趣社区有助于激发普通用户分享生活、交流爱好和学习模仿的热情，为第三方电商平台提供用户资源的同时也在客户端界面或者图文内容中插入平台跳转的接口，并相继上线"线上橱窗""U微计划""微博小店"等功能和活动，挖掘微博这一社交平台在商务领域应用的

---

① KOL一般指关键意见领袖（Key Opinion Leader），在营销学中被定义为拥有更多、更准确的产品信息，对某群体的购买行为有较大影响力的人。

潜能。

除了上述三大业务模式创新，新浪微博还在客户端引入移动支付、金融理财、在线游戏等功能，提供开放的API①，与其他应用程序开展流量、数据的合作，不断拓展业务模式，尝试流量变现的可能。

3. 多途径赢利机制

随着新浪微博业务模式的创新发展，其赢利机制也趋于多样化，主要包括广告投放、电商营销和增值服务。图2展示了2019年第一季度至2020年第一季度新浪微博主营业务收入情况，从图中可以看出2019年新浪微博在4个季度的净营收基本呈现稳定上升的趋势，其中广告及营销收入是最主要的营收方式，约占2019年全年营收总额的86.60%。由于广告及营销收入受到疫情冲击，2020年第一季度新浪微博净营收有所下降，而增值服务收入整体较为稳定。

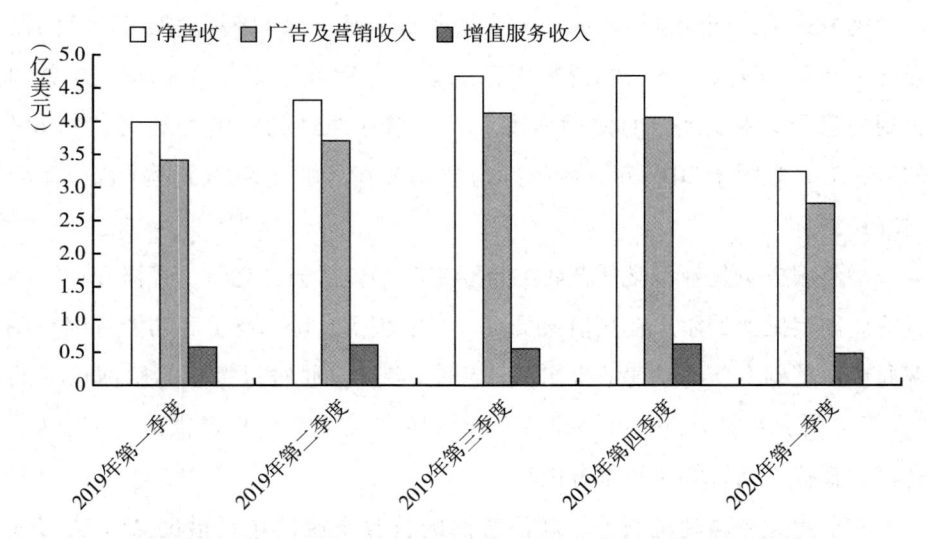

图2　2019年第一季度至2020年第一季度新浪微博主营业务收入

资料来源：新浪微博财报、艾媒数据中心。

---

① API（Application Programming Interface），一般指应用程序接口。

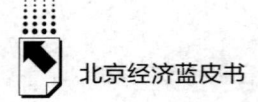

广告业务是新浪微博最原始的赢利方式，也是其经营收入的基础和核心。由于新浪微博具有弱关系属性和泛娱乐化特点，用户对广告的接受度相对较高，体现在广告的位置、形式和内容更具多样性。新浪微博中出现的广告类型有开机开屏广告、信息流广告、首页下拉框广告、热搜话题和关键词搜索结果中的推广等，针对明星、网红和"粉丝"群体，新浪微博推出了粉丝头条、超级粉丝通和聚宝盆等形式，针对电商、企业用户推出U微计划、品牌速递和超级品牌速递。通过运用大数据、云计算等信息技术，新浪微博可以根据用户的个人偏好采取精准营销策略，将内容创作、兴趣社区和各种广告形式有机结合，尽量降低用户对平台内广告的抵触。

随着移动电商的发展，电商营销对新浪微博的营收也产生了重要影响，主要表现为广告收入和销售提成。阿里巴巴是新浪微博合作的各类电商平台中最大的，2021年来自阿里巴巴的广告收入为1.4亿美元[1]。在微博各类电商营销方式中，网红群体发挥了不可忽视的作用，网红带货增加了产品的曝光度，同时其发布的图文和视频内容能够给"粉丝"群体和潜在受众更加直观的感受，激发人们的使用需求。为了增加网红的影响力和对"粉丝"的号召力，微博于2016年开始举办超级红人节，并与MCN机构[2]合作盘活网红经济。

增值服务也是新浪微博营收的重要来源，包括会员充值、直播和在线游戏等。新浪微博的用户在充值会员后，可以获得装扮、身份和功能特权，在普通会员基础上新浪微博还推出了"V+"会员，通过付费成为微博认证的"大V"用户专属会员，可解锁各专业领域"大V"用户提供的专属文章、视频、直播、问答等付费服务内容。

在上述主要赢利机制外，新浪微博的营收来源还包括借助API从第三方应用获取收入分成，上线付费问答、爱问医生、"V+付费"等知识付费内容，凭借平台在泛娱乐领域的强大影响力，打造"明星+粉丝"模式以获得

---

[1] 数据来源于新浪微博2021年第四季度以及全年未经审计的财务报告。
[2] MCN（Multi-Channel Network）机构，是指专业培养网红达人的经纪公司或机构。

经济效益。在各种赢利途径中，"粉丝"经济最能体现新浪微博的比较优势。如今，新浪微博已经成为艺人、影视作品和游戏的重要宣传阵地，艺人、影视作品的微博活跃度是其人气指标的重要反映，为此相关艺人背后的经纪公司及"粉丝"群体纷纷组织力量，利用新浪微博对互动行为的计算方式提高艺人知名度和参演剧目的曝光度。

（三）赢利机制存在的问题和挑战

通过对新浪微博赢利机制的分析可知，虽然赢利途径多样，但营收主要来源仍是广告收入，且在各类广告投入主体中新浪微博对阿里巴巴最为依赖，存在赢利方式较为单一的问题，风险抵抗能力不高。此外，由于新浪微博的信息内容和用户体量庞大增加了监管难度，近些年来微博相关的负面问题层出不穷，出现"粉丝"不理智追星、微博利用算法控制热搜等干扰网络信息传播秩序的行为，话题热搜榜屡次面临整改。2022年4月，上海新冠肺炎疫情期间发生的网络暴力事件，引起人们对新浪微博舆论风气的怀疑和担忧。隐私泄露事件频发、境外势力对微博平台舆论的渗透以及由此造成的数据安全问题不容忽视。此外，因限制数据访问，新浪微博遭到互联网大数据分析企业蚁坊公司的反垄断诉讼。这些负面现象不仅影响了用户的使用体验，导致新浪微博流量减少，也会降低广告主和品牌方对新浪微博平台的预期和信任。

新浪微博在追求发展的过程中，不仅自身存在亟待解决的问题，也面临着外部环境带来的挑战。一方面，网络社交平台对用户的竞争十分激烈，微信、抖音、小红书等社交平台如雨后春笋般涌现，各种新兴功能随着信息技术的发展层出不穷，新浪微博面临着用户分流和服务创新的双重压力。另一方面，宏观环境变化增加了新浪微博发展的不确定性。在监管政策方面，2022年1月4日，国家互联网信息办公室、工业和信息化部等多部门联合发布《互联网信息服务算法推荐管理规定》，制定算法服务管理规范，旨在解决"大数据杀熟""饭圈文化"等问题，给利用算法进行内容推送和广告精准投放的新浪微博带来冲击。在社会经济方面，突发的新冠肺炎疫情对实

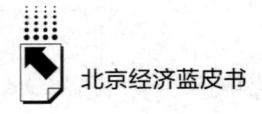

体经济和电商物流造成冲击，新浪微博的广告投放数量减少，广告收入下降，进而造成整体营收水平下降。

（四）赢利机制的改进建议

社交平台市场竞争激烈和外部环境不确定因素增加，给新浪微博带来挑战，同时也倒逼新浪微博创新产品内容、优化舆论环境、发掘新的赢利途径。

针对营收方式单一的问题，新浪微博可以在继续强化自身优势的同时，参考借鉴其他平台的赢利经验。新浪微博可以更加充分地利用数据要素和网红资源，与数据公司合作，向有需求的企业提供社交数据分析服务；加强与MCN机构的合作，改善网络生态；推出对内容原创者的激励活动，鼓励优质内容产出；继续深挖各垂直内容中医疗、教育、法律等领域头部用户的知识付费潜力；投资帮助文娱产业相关的优质影视、动画、游戏作品等孵化；采取与阿里巴巴错位发展的策略，开展集展示、推广与销售于一体的电商业务。

针对监管难度较大的问题，加强数据安全、维持舆论秩序是新浪微博不可推卸的责任，新浪微博应该以更积极的姿态主动尝试可能的措施，尽到企业社会责任。面对年轻用户占比较多这一客观事实，新浪微博应予以重点关注，引入监督机制并引导年轻用户理性思考。此外，新浪微博应该在社交平台加入舆情监督机制，在网络暴力、盲目追星等负面情况出现时，考虑适时介入，对事件进行调查、对当事人予以保护、对舆论乱象进行遏制，而非任由舆情在算法的推动下朝着失控方向发展。

三 对社交平台赢利机制的思考和展望

（一）总结经验

激烈的市场竞争、不确定的外部环境是所有社交平台共同面对的问题。

机遇与挑战、风险与收益并存，谁能保持产品、服务创新，迅速调整发展方向，谁就能在残酷的环境中生存并发展壮大。

总结新浪微博成功的经验，不难看出，用户资源是社交平台赖以生存的关键，丰富的用户资源给新浪微博带来了信息内容的集聚，形成用户创作内容、内容吸引用户的良性循环。为了实现可持续营收，各个社交平台需要找到平台赢利与用户体验的平衡点，提高用户主观满意度和使用黏性，保持当前用户存量和活跃度优势。对于弱关系网络平台而言，基于丰富的内容和用户类型，大力扶持头部优质用户，恰当进行内容和用户分类，有助于发挥平台精准营销的优势，对平台发展有促进作用。

反思新浪微博运营的不足，主要体现在营收方式单一，数据和舆情监管难度大，尤其是以年轻用户为主的"粉丝"群体是把"双刃剑"。社交平台不能任由舆情随着算法朝失控的方向发展，最终受损的还是平台自身的公信力。赢利不是社交平台的全部目标，作为大量信息资源的承载者，社交平台需要承担起保护数据安全、维持舆论秩序、保障社会稳定的责任。

此外，疫情、地震、洪水等突发事件对社交平台运营的影响也不容忽视，新浪微博也提供了在此情境下的运营思路。以新冠肺炎疫情发生初期为例，在这一特殊背景下，新浪微博的优势凸显，而弊端也被放大。疫情具有传播速度快、波及面广的特点，在疫情出现时人们往往有迅速获取防疫信息的要求。得益于用户基数庞大、影响力较强和内容更新迅速的特点，新浪微博成为最早被广为使用的实时疫情信息共享的社交平台之一，也是公众线上聚集讨论的重要载体。这不仅有助于公众迅速了解疫情相关信息，以采取应对措施减少生命财产损失，还有助于分享求助信息，开展精准支援，团结全国力量共同抗疫。在此期间，新浪微博的使用频率、使用时长不断增加，微博知名度和认可度不断提高，积累了可观的流量资源、内容数据和用户黏性。然而，热搜中也出现了一些虚假信息，消耗人们的信任，捐款诈骗事件频发，给新浪微博造成了许多负面影响。这启示各社交平台需要提高警惕，加强平台舆情监测和用户行为监督，对违规内容和虚假信息及时采取恰当措施加以处置。

北京经济蓝皮书

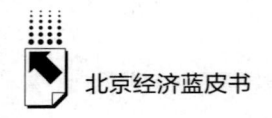

（二）未来展望

随着互联网的发展，社交平台已经由圈地扩张阶段逐渐迈向成熟运营阶段。在迅速扩张期，社交平台赖以生存的基石是庞大的用户数量，若无法吸引大量用户加入，平台就无法存续。进入成熟运营期后，各社交平台需要转变发展观念，考虑如何留住、盘活现有流量，基于核心竞争力创新赢利机制，在竞争常态化环境中实现可持续经营。展望社交平台的未来发展，技术进步、用户群体转变和监管政策调整是影响赢利机制的关键。

新一代信息技术和 Z 世代[①]用户将是社交平台未来创新赢利机制的关键。区块链、5G、人工智能、机器学习和虚拟现实等新技术的应用，将使信息传播方式更加安全、便捷、高效、多样，新技术的出现极有可能催生出新型移动终端载体，进而产生新的社交平台形式和新的赢利机制。各社交平台彼此之间合作和竞争共存，通过创新服务模式进行差异化竞争。在用户方面，崇尚个性、追求独立的 Z 世代逐渐成长，是社交平台创新服务模式、探索赢利机制可能的目标群体。比如，2016 年出现的社交平台 Soul 凭借兴趣图谱和游戏化玩法等产品功能的创新，成为 Z 世代用户渗透率最高的 App 之一，其中活跃用户的 73.9%是"90 后"[②]。此外，随着青壮年人口流动的增加，与子女分隔两地的中老年人数量增多，这类人群也有着强烈的社交和娱乐需求，具有较大市场潜力，但当前主流社交平台并不适合中老年人群快速上手操作，尤其是交互界面的设计和产品功能亟待改善。

除了技术和用户的变化，监管政策调整对社交平台的影响也不容忽视。当前，相关部门已着手规范算法推荐服务，预期未来算法方面的监管仍会不断完善和加强。考虑到匿名社交引起的诸多问题，部分社交平台开始显示 IP 地址，预期未来在规范用户社交行为方面相关部门会继续出台新的制度政策，并在法律层面完善网络暴力等问题的判断依据和相应处罚。

---

① Z 世代指 1995~2009 年出生的一代人，由于受数字技术、智能移动设备影响较大，又被称为"互联网土著"。
② 数据来源于 Soul 招股书。

未来，社交平台仍然具有重要的战略意义。一方面，这种战略上的价值体现在突发事件发生时，社交平台具有的更广泛的影响力和更快的信息传播速度，使其肩负着传递事件消息、了解舆论情况和宣传政府举措的使命。另一方面，社交平台的战略价值还在于社交平台的数据信息可以描绘出个人用户和区域用户的数字"画像"，对政府部门进行智慧城市建设、推进万物互联进程、优化个人生活体验具有重要价值。因此，社交平台不仅仅是企业赢利的工具，也承担着重要的社会责任。按照当前舆论的传播特点和发展趋势可以预见，一个积极承担社会责任的社交平台将赢得人们更多的口碑和尊重，并在与政府部门的合作中发现更多拓展业务范围和赢利途径的可能。

参考文献

［1］葛晗：《新浪微博的盈利模式及其绩效评价研究》，硕士学位论文，南京农业大学，2019。

［2］曾雪云、马添翼：《新浪微博业务模式和盈利机制创新及优化》，《财务与会计》2020年第12期。

［3］曹玖新、吴江林、石伟、刘波、郑啸、罗军舟：《新浪微博网信息传播分析与预测》，《计算机学报》2014年第4期。

［4］王晰巍、邢云菲、王楠阿雪、李师萌：《新媒体环境下突发事件网络舆情信息传播及实证研究——以新浪微博"南海仲裁案"话题为例》，《情报理论与实践》2017年第9期。

［5］张力、唐虹：《微博信息传播机制及其发展困境》，《新闻世界》2011年第1期。

［6］喻国明、欧亚、张佰明、王斌：《微博：从嵌套性机制到盈利模式——兼谈Twitter最受欢迎的十大应用》，《青年记者》2010年第21期。

B.21
物流平台如何融入科技与智慧
——以北京普田为例

杨露鑫*

摘　要： 随着中国数字化技术的飞速发展，数字经济应运而生，物流业作为中国重要的生产性服务业，由数字化催动的行业变革一触即发，物流企业如何顺应时代趋势，实现数字化和智能化转型成为亟待研究的重要问题。在新生态之下，物流平台要探索将大数据、物联网等数字技术应用于仓储、运输、配送等各个环节，从而提升物流效率、降低物流成本，并积极优化运力供应链，寻找新的价值，构建新时代的信用结构。本报告首先分析了物流平台的发展基础和发展现状，并以北京普田物流公司为例，聚焦物流平台企业的运营与技术创新，最后针对物流平台发展的现有问题提出相应的对策建议。

关键词： 物流平台　北京普田　智慧物流

随着中国数字经济的逐渐成熟，中国物流产业的发展规模持续扩大，与物流相关的新技术不断涌现，数字化与智能化的物流新理念逐渐获得人们的认可，智慧物流体系的构建成为物流行业发展的新方向。随着数字经济的发展，智慧物流体系将逐渐替代传统物流体系，然而，智慧物流体系的构建涉及体制机制、组织管理与运行等各个方面。北京物流业的发展也开始由传统

---

* 杨露鑫，南京信息工程大学江北新区发展研究院讲师，研究方向为世界经济、产业经济。

物流逐渐发展到智慧物流，进入智能物流体系构建的全新阶段。北京智慧物流体系的构建，不仅可以有效地降低物流产业的成本，提高物流效率，而且对于促进数字经济下北京传统产业的数字化转型升级也有着深远的现实意义。

平台经济是助推物流业转型发展的最佳手段，平台模式能够促进供需适配，降低交易成本，提高资源配置效率和企业运行效率，是传统产业转型升级的新动能。

一　物流平台的发展基础

（一）相关政策助推物流行业转向智慧化升级

随着传统物流业的转型升级，国家对智慧物流体系的构建日趋重视。近年来，中国政府出台了一系列降低物流产业成本、增加物流效益的政策措施，这些政策的出台推动了北京智慧物流体系的构建。总体来看，政策主要从物流基础设施、供应链建设、信息技术服务等多方面引导和促进物流行业的智慧化升级。

在物流基础设施方面，2018年，商务部、财政部联合发布《关于开展2018年流通领域现代供应链体系建设的通知》，提出要加强商业物流的基础设施建设改造，为商贸流通供应链体系建设提供基础支撑。2019年，国家发改委、交通运输部等24个部门联合发布《关于推动物流高质量发展促进形成强大国内市场的意见》，提出要加强数字物流基础设施建设，加快物流智能化改造。2020年，财政部和国家税务总局联合发布《关于继续实施物流企业大宗商品仓储设施用地城镇土地使用税收优惠政策的公告》，提出要给予物流企业大宗商品仓储设施用地优惠的税收政策，进一步促进物流业健康发展。

在供应链建设方面，2018年，商务部、国家发改委等十部门联合发布《关于推广标准托盘发展单元化物流的意见》，提出要加快推动物流实现降本增效，大幅度降低企业装卸成本和货损率，提高物流链信息化、智能化水平。2019年，交通运输部发布《数字交通发展规划纲要》，提出要加快实现物流活动全过程数字化，推进城市物流全链条信息共享。2020年，国家发改委、工业和信息化部等13个部门联合发布《推动物流业制造业深度融合创新发展的实施方案》，提出要加强物流业制造业协同联动和跨界融合，延伸产业链、稳定供应链、提升价值链。

在信息技术服务方面，2018年，国家发改委和交通运输部联合发布《国家物流枢纽布局和建设规划》，提出要推动国家物流枢纽全面创新，加强现代信息技术的应用和智能化转变，提高资源配置效率。2019年，国家发改委和国家市场监管总局联合发布《关于新时代服务业高质量发展的指导意见》，提出要鼓励业态和模式创新，推动智能物流加速发展。2020年，国家发改委和交通运输部联合发布《关于进一步降低物流成本实施意见的通知》，提出要推进新兴技术和智能化设备应用，提高物流环节的自动化和智能化水平。

（二）物流基础设施日趋完善

近几年，随着国家在基建方面的投入不断增加，物流产业信息化改造所需要的基础设施迅速发展起来。2021年，中国拥有96.6万辆铁路货车和198架航空货机，分别较上年同期增长5.92%和5.88%（见图1）。但是，许多企业为了提高货物运力，逐步从公路运输转为铁路运输或航空运输，导致2019年公路货车拥有量急剧下降。但总体而言，中国的物流基础设施正在逐步完善。

另外，为了降低物流运输成本，实现不同物流基础设施之间的高效衔接，如何加强多式联运的基础设施建设成为备受关注的重点。这就需要加大相关部门的资金投入力度，针对物流枢纽地区，完善对铁路、航空、港口的规范化设计。继续加快长江、三峡一体化运输体系建设，在强化长江内河航运能力的同时，还要提升大宗商品货物中长距离运力，特别是要提升"公转铁""公转水"的联运能力。为提升多式联运的运输效率，应大力发展

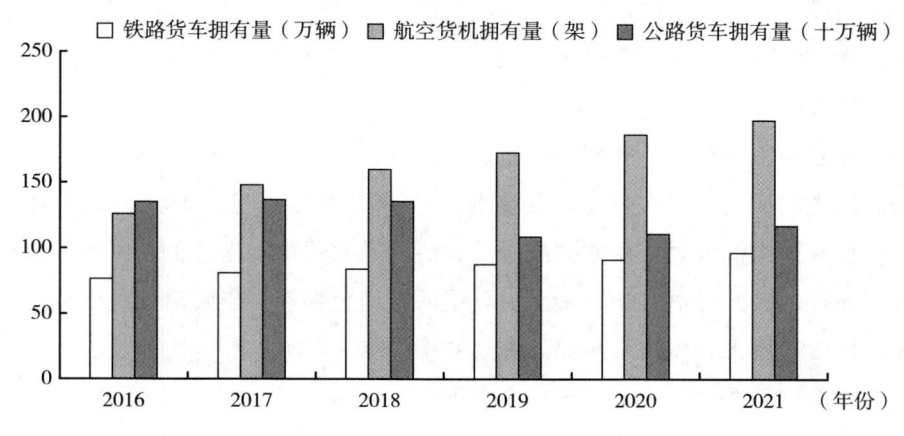

图 1 2016~2021年物流基础设施情况

资料来源：国家统计局和中国民用航空总局。

"一单制"联运服务，为其提供便利化条件。此外，要满足跨国界多式联运的发展需求，对接国际高标准，推广应用内陆集装箱。

（三）"互联网+"与物流业深度融合

随着网络时代的到来，物流业与网络的深度融合，将会使传统物流业的运营方式发生变化，从而催生出诸如车货匹配、众包运输、多式联运等新的物流方式。随着交通基础设施的不断完善和信息化的不断发展，物流产业迅速发展，新的运营模式正在形成，智能物流也随之迅速发展。这里，"互联网+"物流新运营模式主要表现为以下几方面。

一是"互联网+"模式下的运输高效化。在"互联网+"模式背景下，物流运输供需双方的信息能够在网络平台上实现及时对接，并能够实时共享，这样就可以按照具体需求调整运输方式，从而有利于整个物流业实现高效运营。

二是"互联网+"模式下的仓储智能化。在"互联网+"模式背景下，通过开发建立全自动化的仓储系统，配合智能仓储机器人，可实现仓储管理的智能化，进一步提高仓库的运营管理效率。同时，在智能化的仓储系统平

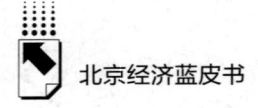

台上集成了大量的仓储信息，可以对其进行深度挖掘、实时跟踪并对各需求方实现实时共享，这样能够有效保证仓储系统各运营环节之间的无缝对接，提高精准处理订单的能力。

三是"互联网+"模式下的配送便捷化。在"互联网+"模式背景下，物流配送的形式可以多样化、创新化。例如，可以搭建一个城市配送运力池，这一运力池可以实现共同配送、智能配送和集中配送等创新型的配送模式。此外，在配送过程中，最后一公里的配送更加能够影响消费者的使用感受，可以采用无人机技术来提高配送效率。

四是"互联网+"模式下的终端智能化。在"互联网+"模式背景下，服务终端可能更加集成化和智能化。例如，物流智能终端具有整合末端人力资源、优化服务网络等功能，从而有利于提高资源的利用效率以及提升用户的服务体验。此外，还可以将智慧数据底盘分析技术应用在精准需求预测、仓储网络优化、设备维修预警等领域。

（四）智慧化物流市场规模持续扩大

中国物流与采购联合会发布的数据显示，目前，大多数物流企业希望能够在物流数据、物流云、物流设备三个层面掌握智能化技术的应用。据统计，2016~2021年，中国智慧物流市场规模每年都能保持两位数的增长。2021年中国智慧物流市场规模已经达到6477亿元，同比增长13.4%（见图2）。近年来，随着物联网、人工智能等技术的不断发展，一些新兴领域如新零售、智能制造等对物流的要求更为严格，因此，未来几年智慧物流的市场规模还将呈持续增长趋势。

从地区分布来看，2021年中国物流科技公司主要集中在北京、上海、深圳，这三大城市聚集的物流科技公司合计占比已高达64%。由此可见，在目前的智慧物流发展阶段中，各大物流科技公司多数还是集中在一线城市（见图3）。

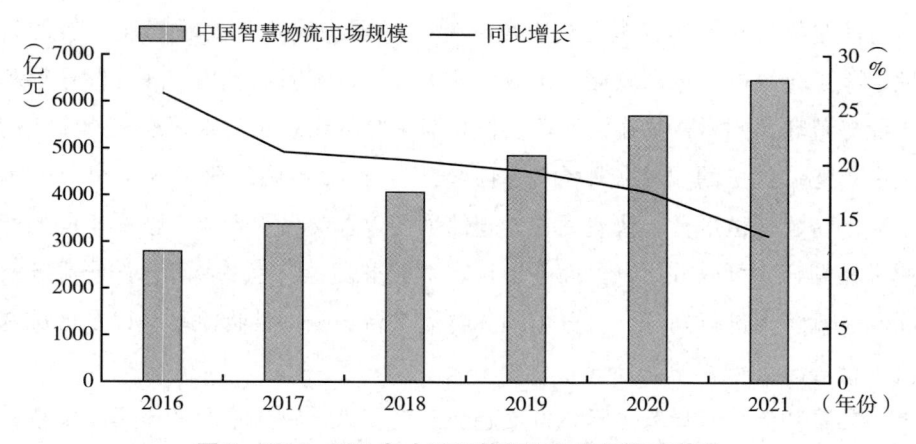

图 2　2016～2021 年中国智慧物流市场规模及增速

资料来源：中国物流与采购联合会。

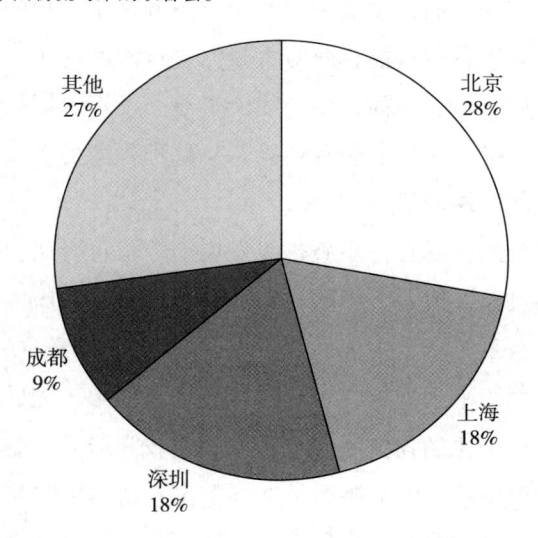

图 3　2021 年中国物流科技公司区域分布

资料来源：根据网上公开资料整理。

二　物流平台的发展特点

近年来，中国的物流平台发展迅猛，并呈现以下三个主要特点。

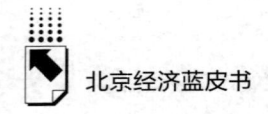

一是物流平台具有多元化发展趋势。中国物流业正处于高速发展的时期，除了传统的运输、仓储、邮政等业务外，还不断涌现出快递、配送等新兴业务范畴，同时，物流园区等实体物流平台的出现也反映了现代物流业的发展趋势。这里的"物流平台"内涵较广，按照不同的服务环节可以分为运输平台、配送平台、快递平台、仓储平台以及交易平台等；按照不同的产业进行划分，可以分为电子商务平台、工业平台、农业平台等；按照服务空间和运输距离进行划分，可分为国际物流平台、全国性物流平台以及区域物流平台等。

二是物流平台具有国际化发展趋势。近年来，物流平台的发展主要依托电子商务平台的快速发展，物流平台的技术创新都是为了更好地服务于电子商务平台的需求。一方面，物流平台对电子商务平台用户的电子面单、地址库进行管理，还利用各种智能算法对大数据进行深度挖掘，以促进整体物流调度的智能化发展；另一方面，整合物流资源，发挥同城、城乡、国际物流的空间协同效应，提升用户的服务体验。从某种程度上来说，中国的物流平台已呈现国际化的发展趋势。

三是物流平台的发展有待突破初级发展期。不可否认，近年来中国物流平台的发展较为迅猛，但是，中国的物流市场规模较为庞大，而物流企业数量以及物流平台数量较少，主要体现在占总体市场需求的份额较小。此外，这些物流企业和物流平台能够实现的资源整合也仅限于配送、快递、仓储等领域，与许多发达国家的物流平台相比发展还较为滞后，服务水平和服务能力还处于初级发展阶段，物流平台的业务范围有待进一步拓宽，服务能力有待进一步提升。

三 北京普田物流的智能化自动作业系统

北京普田物流有限公司是一家跨地区、以汽车物流为主的多产业运营一体化服务商。公司始终坚持以业务创新为动力、以信息化为手段，走科技创新、智慧物流之路，形成了整车物流、生产物流、市场供应链三大核心业务,营业收入快速稳步增长,已成为中国汽车物流产业的重要力量。随着人工成本的逐年递升,以及对物流质量、效率的日益关注,北京普田物流向数字化、信息化、智能化转型,并且取得了巨大的成效。从人工记录、手动入账到如今的扫码入库,TMS系统、WMS系统、LES系统的应用与更迭,让账务管理变得更加准确并且简单轻松。账务管理效率的提高,也在一定程度上带动了人员的优化,降低了人工成本。随着实现自动化作业的难度和成本的降低,自动化、智能化逐渐被世人青睐,其优势主要表现在如下几个方面。

（一）人机分流作业提供安全保障

人工作业虽然相对灵活可靠,但是存在安全隐患,智能化"货到人"设备可代替人工进行拣选作业,作业过程由AGV机器人按照既定的指令完成,完美实现人机分流,可以最大限度地避免人身事故的发生。

（二）"货到人"仓储系统存储高效

就传统的货物仓储而言,平地码放和高位货架存储是主流。平地码放浪费仓储面积,高位货架又涉及高位叉车作业和人与物的安全问题。既能合理利用仓储面积又能提高安全水平,一直都是仓储作业的主攻方向。智能化"货到人"仓储系统采用立体存储和密集存储方式,可以有效提高仓储面积的利用率,并且统一定制的标准制式货架摆放后整齐划一,更加美观。

（三）"货到人"拣选系统拣选高效

智能化"货到人"拣选系统最直观的表现就是,作业人员在工作台操作电脑发出指令,AGV机器人自动运行,按照既定的轨道来回穿梭,将需要的物料转运至拣选区,再由作业人员按需拣选。作业人员无须满仓储区寻找物料,无须等待高位叉车下架,只需发出指令,等待拣选即可。即使是人员更换,新员工上岗后也只需要简单学习即可快速上岗,省掉认件、记忆仓

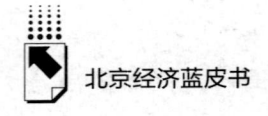

位的过程。智能化"货到人"拣选系统具有准确性,只要入库环节和拣选指令不出错,就能准确找到物料,效率之高可以预见。

(四)"货到人"拣选模式降低劳动强度

就传统的物料理货作业而言,由于仓储区域大,完成一个时区的作业往往需要拖拽器具走很长的路程,费时费力。智能化"货到人"拣选模式能够大幅降低作业人员的劳动强度,这也符合公司"人性化管理"的理念。"货到人"拣选作业不仅可以大幅减少人工搬运,而且几乎不需要行走,作业人员只需发出指令并且等待物料"上门",然后拣选即可。这不但能改善职工的工作条件,还可以为公司优化人员配置提供更大的空间。智能化"货到人"拣选模式的启用,是北京普田物流公司迈向智能化的关键,也将会是公司提质增效的重要一环。

四 总结与展望

(一)当前物流平台发展存在的一般问题

在互联网和大数据的技术支撑下,平台上用户交易和匹配的成本将大大降低,而且平台模式还打破了时间和空间的局限,连接起亿万企业和消费者,促进了企业和消费者之间的交流、匹配、交易、分工、合作和信任。平台经济作为城市经济发展的新引擎,有着很大的发展空间,对实体产业的发展也有很大的促进作用。然而,平台经济自身也有很多问题,这是毋庸置疑的。近年来,平台经济在快速发展的同时,也引发了市场摩擦以及恶性公共事件。

随着"互联网+"的迅速发展,物流平台在过去的数十年里迅速崛起。从信息平台到车货匹配平台,再到现在的电商平台,还有其他细分领域的物流平台,在平台经济发展浪潮中,物流平台也是勇立潮头。根据2019年的统计数据,目前国内的物流平台数量已超过1000个,而随着互联网的发展,这一数据也在不断被刷新。同时，物流平台的转型趋势也更加明显。物流平台在快速发展的同时，也遇到了很多问题和挑战，其中最突出的就是货车驾驶员与平台之间的矛盾。针对运价恶意降低、免费补贴到后期收费、司机与货主之间的交流障碍，公众舆论已经多次将矛头对准了物流平台。因此，必须强化对网络平台的管制，杜绝网络平台无序发展，让平台行业进入"强监管"的时代。

（二）物流平台未来建设要点

一是要提升资源整合能力。一方面，整合尽可能多的资源；另一方面，确保资源的质量，对资源进行分类分级管理。与此同时，平台要时刻关注增强资源的黏性，不能"掉粉"，要建立以物流平台为中心的物流生态圈。

二是要不断提升数字化能力。提升数字化能力是提升平台资源整合能力的前提，一个没有数字化能力的平台，很难形成资源整合能力，也就体现不出物流平台最终的自身价值。

三是在发展的同时，要提升平台自身以及上下游所有关联方的信用能力。信用是平台持久性的重要保障之一，也有助于源源不断地吸引众多资源向平台靠拢。物流平台在自身信用体系建设过程中，要加强自律，规范经营，诚信服务，让信用产生价值。同时，物流平台也要提升对上下游企业进行信用评价的能力，逐步建立会员企业信用档案，对违法失信的企业采取信用惩戒措施。

四是要提升供应链金融服务能力。通过互联网、大数据、区块链等技术，解决长期以来物流行业资金不足的问题。

（三）促进物流平台发展的对策建议

一是物流平台要以市场为核心。物流平台应充分尊重市场需求，准确进行市场定位，并据此进行物流平台的模块和功能设计。以提升用户的服务体验、解决行业痛点为发展初衷，并一以贯之。只有明确平台发展理念，才能设计好相应的运营规则、运作流程和功能模块，从而更好地体现其社会

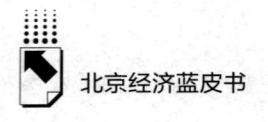

价值。

二是物流平台应不断提高服务的专业化水平。差异化策略是一种能够有效提升物流平台竞争力的方法。差异化的商品和服务既可以满足特定的消费者需求，又可以降低顾客对价格的敏感度，从而让顾客愿意为他们的商品付出额外的代价，能够有效避免同类平台之间的价格竞争。鉴于当前中国物流平台存在着严重的同质化问题，物流平台要明确其市场定位，聚焦细分市场，并根据自己的优势，为客户提供专业化、个性化的服务来满足差异化用户的需求。

三是物流平台应积极融入"互联网+"和"智能+"。要提升资源整合效率、提升物流服务水平，物流平台就要积极融入"互联网+"和"智能+"，让新一代信息技术为传统物流业赋能。特别是要运用云计算实现对大数据的深度挖掘，利用区块链技术加强物流平台应对数据风险的能力。在物流运营的各个环节应用新技术，实现全供应链的科技赋能，打造智慧物流与供应链管理平台。

四是物流平台应持续创新商业模式。中国的物流平台种类繁多，各有优势。如果一个物流平台盲目地效仿其他平台，那么，它将永远是跟风，很难形成自己的品牌。因此，物流平台必须不断进行商业模式创新。

五是物流平台应打造开放、共享、共生的生态体系。物流平台要把生产、流通等各个环节有机地结合起来，深入地挖掘和分析物流链和供应链中各个环节的数据，为不同的主体提供最大的价值，从而构建一个开放、共享、共生的生态体系。

附　录
Appendices

B.22
附录1　北京市平台经济领域相关政策梳理

序号	发布机构	发布时间	文件名称	类型
1	北京市经济和信息化局	2021-02-18	《推进国家服务业扩大开放综合示范区和中国（北京）自由贸易试验区建设工作方案》	工作方案
2	北京市市场监督管理局	2021-04-28	《北京市市场监督管理局优化营商环境更好服务市场主体工作方案》	工作方案
3	北京市海淀区市场监督管理局	2021-06-19	《服务新发展格局建设　助推"两区"新征程启航服务措施》	措施
4	北京市大兴区人民政府办公室	2021-07-09	《大兴区数字经济创新发展三年行动计划（2021~2023年）》	规划
5	北京市商务局	2021-08-12	《北京市"十四五"时期商业服务业发展规划》	规划
6	北京市人民政府	2021-08-18	《北京市"十四五"时期高精尖产业发展规划》	规划
7	中共北京市委办公厅、北京市人民政府办公厅	2021-09-06	《北京市关于进一步深化税收征管改革的实施方案》	实施方案

续表

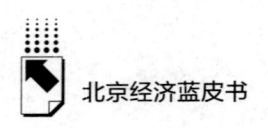

序号	发布机构	发布时间	文件名称	类型
8	北京市人力资源和社会保障局	2021-09-24	《关于促进新就业形态健康发展的若干措施》	通知
9	北京市门头沟区发展和改革委员会	2021-11-12	《北京市门头沟区国民经济和社会发展第十四个五年规划和二〇三五年远景目标纲要》	规划
10	北京市发展和改革委员会	2021-11-18	《北京市"十四五"时期现代服务业发展规划》	规划
11	北京市市场监管发展研究中心和中国政法大学竞争法研究中心联合课题组	2021-12-07	《北京市平台经济领域反垄断合规指引》(2021年版)	公告
12	北京市人民政府办公厅	2021-12-15	《北京市培育和激发市场主体活力持续优化营商环境实施方案》	实施方案
13	北京市通州区人民政府办公室	2022-01-29	《北京城市副中心推进数字经济标杆城市建设行动方案(2022~2024年)》	行动方案
14	北京市人民政府	2022-01-30	《北京市营商环境创新试点工作实施方案》	实施方案
15	中共北京市委办公厅、北京市人民政府办公厅	2022-02-11	《关于推进北京城市副中心高质量发展的实施方案》	实施方案
16	北京市市场监督管理局	2022-04-18	《助企惠企促进市场主体发展壮大的若干措施》	措施

B.23 附录2　2021年北京市平台经济领域十大事件

国家打出平台经济反垄断"组合拳"

2021年，国家打出平台经济反垄断"组合拳"，依法调查处置了涉嫌垄断的平台企业，平台经济领域反垄断的成效显著。2021年2月7日，国务院反垄断委员会正式发布《关于平台经济领域的反垄断指南》（国反垄发〔2021〕1号），明确互联网平台同样属于反垄断法的规制范畴。随后，相关部门对平台经济重点企业陆续开展联合约谈、行政指导，并对个别涉嫌垄断的平台企业进行立案调查、做出行政处罚。2021年11月18日，国家反垄断局正式挂牌成立，体现出国家对反垄断的关注趋于常态化，对反垄断的执法更加严明、规范。2021年国家在平台经济反垄断领域打出的"组合拳"对平台经济发展程度较高的北京影响深远。

《互联网平台分类分级指南（征求意见稿）》出台

为促进我国平台经济健康有序发展，国家市场监管总局于2021年10月29日发布关于对《互联网平台分类分级指南（征求意见稿）》（以下简称《分类分级指南》）公开征求意见的公告，根据用户规模、业务种类以及限制能力将互联网平台分为以下三级：超级平台在中国的上年度年活跃用户不低于5亿人，核心业务至少涉及两类平台业务，上年底市值（估值）不低于10000亿元人民币，具有超强的限制商户接触消费者（用户）的能力；大型

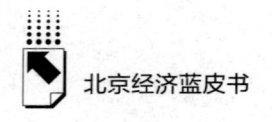

平台在中国的上年度年活跃用户不低于 5000 万人；中小平台在中国具有一定的年活跃用户。

《分类分级指南》将为科学规范地管理平台经济、维护主体权益提供支持，使得平台经济监管更加有的放矢，避免"一刀切"，意味着我国海量的互联网平台将进入分类分级管理的全新时代，对北京平台经济发展具有重要的指导作用。

《北京工业互联网发展行动计划（2021~2023年）》发布

2021 年 12 月 24 日，为推进北京市工业互联网创新发展，支持打造服务全国的信息技术产业，北京市经济和信息化局制定并发布了《北京工业互联网发展行动计划（2021~2023 年）》（京经信发〔2021〕102 号）（以下简称《行动计划》）。《行动计划》提出全面实施"3+3"行动工程，包括"实施供给质量提升三大行动"和"产业集群培育三大工程"。供给质量提升行动具体包括工业软件"突破行动"、工业互联网平台"增能行动"、工业互联网安全"铸盾行动"，产业集群培育工程具体包括市场主体壮大工程、新基建夯实工程、产业生态营造工程。

《行动计划》为北京平台的建设设立了目标，提出构建工业互联网平台发展基础，促进工业互联网新平台涌现。从中也可以看出，国家以及北京市对互联网行业的扶持政策有所收紧，政策上偏向工业互联网领域。

《中华人民共和国民法典》正式实施

《中华人民共和国民法典》（以下简称《民法典》）于 2020 年 5 月 28 日经第十三届全国人民代表大会第三次会议表决通过，并于 2021 年 1 月 1 日起正式施行。《民法典》的实施，不仅对法律领域影响深远，而且对社会主义市场经济发展意义重大。《民法典》是市场经济运行的法律基石，是我国第一部民法典,能更好地保护公民和法人的合法权益,维护正常经济秩序和社会稳定。

《民法典》中涉及了诸多与平台经济息息相关的话题,《民法典》的正式实施也会给平台经济的发展带来新的变化。首先,《民法典》对个人信息基本上建立了"全周期"的保护模块与链条,共同构成了更全面的保护体系。其次,《民法典》第一千一百九十四至一千一百九十七条对网络侵权责任进行了详细规定。再次,《民法典》第二十条、第一千零二十八条、第一千零一十四条、第一千零一十七条、第一千零一十九条、第一千零二十三条分别对保护未成年人网络权益,规制网络媒体侵犯名誉权行为,保护网上虚拟身份,防止"深度伪造"侵犯肖像权、声音权做出相关规定。最后,《民法典》在数据、虚拟财产、电子合同等方面进一步制定了相应规则,可以有效促进数字经济健康有序发展。在《民法典》的约束下,平台经济的发展边界、权利和义务都有了更明确的划分,平台经济将更加合法、合规、健康、有序地发展。

"双减"政策发布

在线教育和课外教育极大地挤压了学生和家长的时间,并且造成了"教育伪公平"的现状,学生和教培机构在资本控制下"内卷"越来越严重,并且呈现不受控制的状态。2021年7月24日,中共中央办公厅、国务院办公厅印发了《关于进一步减轻义务教育阶段学生作业负担和校外培训负担的意见》。2021年8月18日,北京市响应国家政策,发布"双减"政策具体实施措施。

对于教育资源集中、培训行业发达的北京,"双减"政策给本地教育企业带来了巨大冲击,众多教育机构纷纷裁员,市值缩水。对于在线教育平台经济来说,"双减"政策的发布给行业发展带来了显著的负面影响,教育培训行业的市场规模迅速下滑。并且,因不同类型教培机构之间的教学体系、课程体系以及师资培养体系等存在较大差距,转型较为艰难。

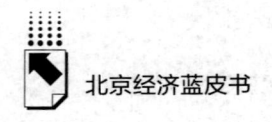

北京证券交易所正式开市

北京证券交易所(以下简称"北交所")于2021年9月3日注册成立,是经国务院批准设立的我国第一家公司制证券交易所。2021年11月15日,北交所正式开市。

北交所的成立对北京平台经济发展具有重要意义。尽管北交所现在上市的公司和规模还比较小,市场的影响力也比不上上交所和深交所,但北交所开市将对中国资本市场产生深远影响,北交所可以发挥后发优势,给予市场主体更多的选择,尤其是可以为中小微企业提供新的融资渠道。对于发展较成熟的中小微创新型平台经济企业,北交所是上市募股集资的新平台,能够为下一步扩大市场提供金融支持。北交所的开市将进一步增加北京平台经济的活力,有助于提高金融服务效率,丰富中国北方的金融生态,成为北方经济的加速器。在科创板与创业板增量与存量改革积累的经验加持下,北交所将和新三板基础层、创新层,以及沪深证券交易所、区域性股权市场等形成互联互通、错位发展的格局,补齐中小企业资本市场服务短板,提高直接融资比例,构筑规范、透明、开放、有活力、有韧性的社会主义资本市场体系。

平台经济头部企业"二选一"垄断案接受查处

2021年,两大平台经济头部企业接连因"二选一"垄断案接受调查和处罚,对平台经济行业运营起到重要警示作用。2021年4月,国家市场监管总局依据《中华人民共和国反垄断法》,对美团的垄断行为立案调查。2021年4月10日,国家市场监管总局因阿里巴巴集团实施"二选一"垄断行为对其处以182亿余元罚款。2021年10月8日,国家市场监管总局依法做出行政处罚决定,责令美团停止违法行为,全额退还独家合作保证金12.89亿元,并处以34.42亿元罚款,同时发出《行政指导书》,要求涉案企业全面整改，促使平台企业自觉规范经营行为。

此次处罚是国家市场监管总局在平台经济领域的又一次行动，体现了国家公平公正加强平台经济反垄断监管的决心，对防止平台垄断、规范竞争秩序具有重要意义和示范作用，平台商家特别是中小经营者获得更广阔的发展空间，进一步增强发展活力，取得了良好的法律效果和社会效果。

《"十四五"国家信息化规划》明确提出推动共享经济、平台经济健康发展

2021年12月，中共中央网络安全和信息化委员会精心组织、高标准编制完成《"十四五"国家信息化规划》（以下简称《规划》），对我国"十四五"时期信息化发展做出安排。《规划》紧抓信息化发展的历史机遇，部署了10项重大任务。为构建产业数字化转型发展体系，《规划》提出促进新业态、新模式发展，推进信息消费扩容提质工程，具体要求加快线上、线下消费有机融合，以及推动共享经济、平台经济健康发展。《规划》是"十四五"国家规划体系的重要组成部分，为各地区、各部门的信息化工作提供了行动指南。

滴滴公司接受网络安全审查

2021年7月2日，网络安全审查办公室发布《关于对"滴滴出行"启动网络安全审查的公告》，宣布按照《网络安全审查办法》对滴滴公司实施网络安全审查，要求审查期间滴滴出行停止新用户注册。2021年7月4日，滴滴出行App因严重违法违规收集使用个人信息问题，被通知在应用商店下架。2021年7月16日，国家网信办会同公安部、国家安全部、自然资源部、交通运输部、国家税务总局、国家市场监管总局等部门联合进驻滴滴出行科技有限公司，开展网络安全审查。

2021年6月30日，滴滴在纽交所挂牌上市，同年12月3日，滴滴出行

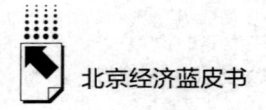

官方微博宣布,将启动在纽交所退市的工作,并启动在香港上市的准备工作。此次接受审查以及主要产品的下架对滴滴市值的影响显著,网约车平台的竞争对手伺机而动,高德、曹操出行等网约车平台纷纷加大营销力度,行业迎来新的变数与机遇。

字节跳动频繁并购电商业务

企查查数据显示,2021年字节跳动公开投资数量达56起,涉及短视频等核心业务以及游戏、医疗、房地产、金融、机器人等众多其他领域。

平台企业字节跳动2021年的频繁并购体现了其拓展市场的宏大目标。一方面,字节跳动对新闻资讯、文娱、社交、短视频及直播工具等相关内容领域进行投资,加强核心业务的竞争能力,并实现对目标市场的迅速扩张。另一方面,在核心业务之外,字节跳动对游戏、企业服务、医疗、房地产、金融、芯片、机器人等领域进行投资,试图寻找公司第二增长曲线。此外,字节跳动还兼具战略层面考量,对心理健康、MCN、新茶饮、咖啡、香水等新消费领域的品牌进行财务投资。在不断的并购中,字节跳动的边界不断扩大,试图从线上、线下筑高壁垒。在广撒网的布局思路下,字节跳动的试错时间有待缩短,亟须寻找继续增长的新动能。

Abstract

The annual theme of the "Beijing Platform Economy Development Report (2022)" is "Platform Economy 2.0 Era: Strong Supervision and Promoting Development". In recent years, with the rapid development of the platform economy, negative problems such as data and algorithm security, domain monopoly, and unfair competition have arisen, which have attracted widespread attention from all walks of life. On April 29, 2022, the Political Bureau of the Central Committee of the Communist Party of China clearly proposed to "promote the healthy development of the platform economy, complete the special rectification of the platform economy, implement normalized supervision, and introduce specific measures to support the standardized and healthy development of the platform economy", which means that the platform economy is about to enter a new stage of normative, healthy and sustainable development.

The "Beijing Platform Economy Development Report (2022)" conducts an all-round, multi-perspective and in-depth analysis of the overall development of Beijing's platform economy, in-depth analysis of the development trends of different types of platforms, and an analysis of domestic and foreign platform economies. The supervision and governance experience of the company has been systematically sorted out. The report believes that the current development of Beijing's platform economy is at the forefront in China, and it has taken the lead in paying attention to the regulatory issues existing in the development of the platform economy and actively taking measures, which has played a role in radiating, leading and demonstrating the development of platform economy in other cities in China. In terms of anti-monopoly supervision, the "Beijing Platform Economy Sector Anti-monopoly Compliance Guidelines" was released to provide a complete and systematic policy framework for the regulated development of the platform economy. The measures to supervise the anti-monopoly situation of the platform economy have laid a solid foundation for the standardized and healthy development of the platform economy in Beijing. In the future, Beijing's platform economic governance can be further developed from the establishment of an anti-monopoly system oriented by competition and innovation, strengthening the government's public service functions, and innovating platform supervision tools.

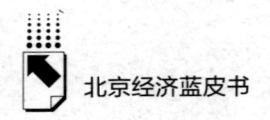

In the context of the vigorous development of the digital economy, the development of Beijing platform economy contains both important opportunities and multiple challenges. From an industry perspective, the degree of integration between Beijing's platform economy and various industries is deepening, injecting new development vitality and providing new development models for medical, pension, cultural tourism, logistics, education, Internet finance, industrial manufacturing and other industries, but also generates new regulatory issues. From the perspective of enterprises, Beijing platform enterprises occupy an important position in the industry, with excellent development environment and their own development characteristics, but there are also some common and individual problems in the industry. During the "14th Five-Year Plan" period, "anti-monopoly", "pre-supervision", and "continued regulation" will become the key words for the development of Beijing's platform economy. Driven by the favorable policy environment, the support of new infrastructure technology, the development of cloud consumption habits and the healthy development of industry norms, the development of Beijing's platform economy will usher in a new round of wind.

Keywords: Platform Economy; Platform Supervision; Platform Governance; Anti-monopoly; Industry Integration

Contents

I General Report

B.1 Review of Beijing Platform Economy Development
in 2021 and Outlook for 2022
Deng Huihui, Xue Yi, Lan Qingxin and Yang Luxin / 001

Abstract: As a new economy supported by "Internet +" and emerging information technology, platform economy has become a new engine to promote economic development. In 2021, under the complex international situation, the multi-point spread of domestic epidemic and many other challenges, the development of platform economy rose against the trend, and the number of platform enterprises and industry scale achieved rapid growth, becoming an important force to promote the digital transformation of the capital economy and enhance international competitiveness. During the 14th Five Year Plan period, "antitrust", "prior supervision" and "standardized, healthy and sustainable" will become the key words for the development of Beijing's platform economy, and Beijing's platform economy has entered the stage of normalized supervision. Driven by the favorable policy environment, the support of new infrastructure technology and the formation of cloud consumption habits, the development of platform economy in Beijing will usher in a new round of opportunities to promote standardized, healthy and sustainable development through fair competition.

Keywords: Platform Economy; Standardize Operation; Normalized Supervision

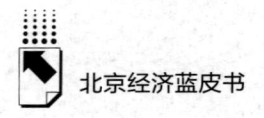

II Industry Reports

B.2 Development Opportunities and Supervision System Construction of Beijing Internet Financial Platform

Xue Yi, Guo Huixiao / 019

Abstract: As an important part of the platform economy, Internet financial platform plays an important role in reducing the transaction costs of market players, improving economic benefits, cultivating new economic development momentum and Realizing Inclusive Finance. Beijing has strong financial technology strength and prominent policy advantages; The level of supervision and the construction of financial infrastructure are leading in the country; The financial service platform has been effective in assisting the construction of Beijing's "Two Zones" and the development of Inclusive Finance. In view of the monopoly risks, ethical risks, systematic financial risks and other problems existing in the development of Internet Financial platforms, a systematic financial technology supervision system should be established; Strengthen platform governance and cultivate the supporting service system of Internet finance; Consolidate the foundation for the development of Internet Finance and escort the real industry; Adhere to the innovation driven development strategy and enhance core competitiveness.

Keywords: Beijing; Internet Financial Platform; Financial Supervision; Innovation-driven Development

B.3 The Road to the Transformation of Medical Platforms under the Normalization of the Epidemic: "Internet+Medical Health"

Zeng Qingge, Liu Yujia / 037

Abstract: The outbreak of COVID-19 has promoted the market demand for "Internet plus Healthcare", enhanced the public's awareness of Internet healthcare and smart healthcare, and the policy benefits of Internet plus healthcare in Beijing have also become increasingly apparent. On the one hand, "Internet plus Healthcare" in Beijing has a good development environment and optimistic development status. On the other hand, due to the limitations of the development stage, Beijing faces problems and challenges in the process of the transformation of the medical and health industry from information connectivity, data security and management, industrial policies and regulations, service supply level, talent team construction and other aspects. Therefore, in order to promote sustainable development, high quality "Internet plus Healthcare", Beijing should be high as a whole, may lessen the force, improving the quality of "Internet plus Healthcare" service supply, to speed up the building health and medica big data management system, consummate the "Internet plus Healthcare" service safeguard mechanism, to solve the problem of the people's medical treatment.

Keywords: "Internet+Healthcare"; Health and Medical Big Data; Smart Healthcare

B.4 New Format of Beijing Industrial Cloud Platform
—*Development Trend and Promotion Path of Industrial Internet Platform*　　　　　　*Xu Hao* / 052

Abstract: As an important part of computing application platform, industrial internet platform is not only the core driver to realize the connection between human and platform, but also the configuration hub to promote the industrial total factor connection. With the rapid development of China's industrial internet platform, it has become a new focus and new starting point for the deep integration of industry and the internet. It is urgent to further build a new industrial system based on the ecological development of the manufacturing industry of the industrial internet platform, and to speed up the formation and cultivation of new momentum for economic growth. Beijing has made great achievements in building a high-level dual-platform industrial internet, promoting the innovation and upgrading of the industrial internet platform, and applying the industrial internet platform to help prevent and control the COVID-19 epidemic and resume work and production. In view of the existing problems of environment, standards, security and ecological construction in the development of industrial internet platform, we should take "building platform", "using platform" and "building ecology" as the actual promotion path, strengthen the integration of "5G + industrial internet platform", build an innovative pilot demonstration platform base, continue to build a high-level industrial internet platform, strengthen platform governance and promote the credible development of industrial internet platform.

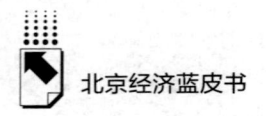

Keywords: Industrial Internet Platform; Platform Management; Innovation Upgrade

B.5 The Operation Mechanism, Model Innovation and Prospect of Beijing Smart Pension Platform　　*Zeng Qingge* / 067

Abstract: Population aging combined with urban development transformation has become the basic situation of Beijing. In recent years, the base of the elderly population in Beijing has been increasing, and the demand for elderly care services is characterized by diversification, individuation and specialization. The smart pension model has become a feasible way to solve the shortage of elderly care resources. With the support of the policy, various regions in Beijing have made active exploration in the industrial chain of smart elderly care, and built a number of smart elderly care platforms covering key service needs. This report discusses in detail the service objects, service interfaces, service function models and operation mechanisms of the Beijing smart pension platform, and the existing comprehensive, complex, fusion and expand endowment service mode, on the basis of four points out the exploration direction of the innovation of the smart pension platform model in Beijing, and finally put forward the following Suggestions: First, to improve the supply and management capacity of intelligent elderly care services; Second, to accelerate the improvement of the ability of smart elderly care groups to accept science and technology; Third, strengthen the construction of talent team and technical support in the smart elderly care industry.

Keywords: Beijing; Smart Pension Platform; Aging; Model Innovation

B.6 Research on the Integration and Innovation Development of Beijing Cultural Tourism Platform *Cheng Yujiao* / 081

Abstract: Platform economy deeply integrates the culture and tourism industry with information technology, promotes the transformation and upgrading of the culture and tourism industry, realizes a new generation of immersive and experiential consumption, and becomes a new driving force for the high-quality development of the culture and tourism industry. This report focuses on the integration of culture and tourism industry, introduces the development background of culture and tourism platform economy from three aspects of policy benefits, epidemic prevention and control and technology empowerment, and further combs the development status of Culture and tourism platform in China and the development model of Beijing culture and tourism platform. In view of the problems existing in the development of Beijing culture and tourism platform, such as insufficient technology application, the integration mode of online and offline needs to be deepened, and the design of service functions is simple, it is necessary to strengthen the top-level design, improve the digital level of culture and tourism platform, and build a standardized platform information system.

Keywords: Cultural Tourism Platform; Digital Text Brigade; Cultural and Tourism Integration

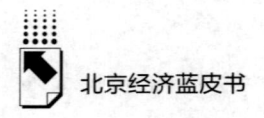

B.7 Beijing Platform Economy Empowers Modern Logistics Industry: Typical Platforms and Prospects *Zhou Mengwen* / 093

Abstract: Platform economy has become the main force in the development of China's digital economy. The breadth and depth of integration with traditional industries have been continuously strengthened, which is of great significance to promote the transformation and upgrading of the industry and improve the efficiency of resource allocation. This report focuses on the integrated development of Beijing's platform economy and logistics industry. First, it analyzes the development basis of Beijing's logistics industry platform economy under the background of the accelerated development of Internet technology and new retail e-commerce, mainly from the following aspects: the increasing demand for logistics and the continuous growth of total cargo transportation, the comprehensive upgrading of logistics driven by big data and artificial intelligence, the continuous improvement of the strategic positioning of the logistics industry in the national economy The policy of supporting the platformization of modern logistics industry is carried out in four aspects; Secondly, it focuses on the development status, operation mode and representative platform enterprises in Beijing of the three typical logistics platforms: network freight platform, Internet + warehousing platform and intra city freight platform; Finally, based on the above analysis, the future development direction of Beijing logistics platform is prospected.

Keywords: Logistics Platform; Internet Freight; Intra-city Freight; "Internet + Warehousing" Platform

B.8 The Transformation and Breakthrough of Beijing Online Education Platforms under the Background of "Double Reduction" *Zhi Chen* / 107

Abstract: This report combs the business model, main characteristics and existing problems of online education platforms, analyzes the impact of "double reduction" on online education platforms in combination with the content of the "double reduction" policy, and focuses on the transformation strategy of Beijing online education platform represented by New Oriental under the impact of the "double reduction" policy. Online education platforms have both platform advantages and educational functions, and have played a great role in replacing the traditional education model during the COVID − 19. However, the disorderly expansion of various platforms has worsened the learning and education environment and overburdened students and parents. In this context, the "double reduction" policy not only strictly governs the problems of online education platforms, but also guides the education industry to return to rationality. For example, New Oriental explores the transformation from quality education, adult education, online live broadcasting and other business directions, and announces the success of the transformation through bilingual live broadcasting. In the future, in the process of establishing a national public online education service system, online education platforms will have great prospects.

Keywords: "Double Reduction" Policy; "Internet + Education"; Online Education Platform; Platform Transformation

III Supervision Reports

B.9 Challenges and Countermeasures of Antitrust Regulation of Beijing Platform Economy　　*Deng Huihui*, *Zhao Xiaokun* / 124

Abstract: Platform economy is an important part of Beijing's digital economy. At present, Beijing has gathered a number of international and domestic leading platform enterprises in the same industry, covering life services, Internet media, intelligent manufacturing, medical care, culture and art. How to adhere to the simultaneous development and standardization, strengthen and optimize the platform economy, and create a model for the development of the digital economy have put forward new requirements for the regulatory capacity and mechanism of Beijing's platform economy. With the tightening of international anti-monopoly supervision and the strengthening of domestic anti-monopoly supervision, Beijing has focused on building a joint prevention and control mechanism, issued anti-monopoly compliance guidelines, vigorously promoted fair competition policies, and carried out actions to regulate platform enterprises. At present, there are still some problems in the anti-monopoly supervision of Beijing platform economy, such as imperfect policies and regulations, imperfect regulatory measures, and relatively backward regulatory models. Therefore, this report puts forward three suggestions for optimizing regulatory measures: adhering to the scientific, prudent and inclusive regulatory concept, improving the legal system related to anti-monopoly supervision, and strengthening digital supervision.

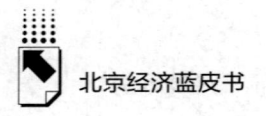

Keywords: Platform Economic; Antitrust Supervision; Digital Supervision

B.10 International Experience of Platform Economic Governance and Its Enlightenment to Beijing   *Zhao Xiaokun* / 137

Abstract: The vigorous development of platform economy is an important phenomenon of global economic development in recent years. The chronic diseases of platform enterprises such as infringement and counterfeiting, false publicity, illegal operation and so on have been further amplified in the era of platform economy. The abuse of market position by enterprises, disorderly expansion of capital, restriction of competition, "one out of two" and "killing" have become prominent problems. The interweaving and superposition of new and old problems further aggravates the complexity of platform governance. Throughout the world, major countries such as Europe and the United States have accumulated a lot of practical experience in the supervision and governance of platform economy. The experience and practice of anti-monopoly system construction, refined governance content and innovative regulatory tools have certain enlightenment significance for Beijing platform governance. Beijing Internet platform economic governance can be carried out from three aspects:

improving platform governance laws and regulations, strengthening government public functions and innovating and enriching regulatory tool.

Keywords: Platform Economy; Platform Governance; Digital Supervision

B.11 Platform Risk and the Construction of Supervision Information Interaction Platform　　　　　*Yang Luxin* / 153

Abstract: The online car Hailing industry has had a profound impact on the lifestyle of modern people. It can not only make full use of idle cars, greatly meet people's travel needs, but also increase people's work opportunities. However, in recent years, vicious events such as "jumping" and "returning" have frequently occurred in this field, which has aroused the public's high attention to the online car Hailing industry. Based on this, how to improve the management ability of online car Hailing has become an urgent problem to be solved. The establishment of the online car Hailing regulatory information interactive platform has promoted the innovation and standardized development of China's online car Hailing industry. However, from the compliance of the online car Hailing platform released by the national online car Hailing regulatory information interaction platform, the industry compliance still needs to be improved. Therefore, in order to accelerate the construction of the online car Hailing supervision information interaction platform, it is necessary to make overall planning at a high level and make efforts at multiple points, improve the data analysis ability of the online car Hailing supervision information interaction platform, effectively implement the self regulatory responsibilities of platform enterprises, improve the whole chain joint supervision in advance, in the process and after the event, organize the credit assessment of the online car Hailing service quality, and effectively improve the city's regulatory ability.

Keywords: Online Car Hailing; Platform Risk; Regulatory Information Interaction Platform

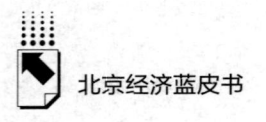

Ⅳ　Comparison Reports

B.12　Comparative Analysis of Beijing's Platform Economy
and Other Domestic Regions　　　　　　　*Li Ting* / 164

Abstract: As an innovative form of economic development based on the rapid development of electronic information, the platform economy is gradually forming a scale. The scale of platform economy in each city in China is growing and the market pattern is stabilizing. Beijing ranks among the top three cities in China in terms of overall platform economy, and there is still room for improvement in urban governance, policy initiatives are mainly oriented to the regulation of platform economy, and the number of platform enterprises is large, Beijing vigorously promotes the development of high-tech enterprise platforms. Based on the analysis of the current situation of Beijing's platform economy and its comparison with the top cities in China, Beijing should promote the development of platform economy in two aspects in the future. On the one hand, it should promote the digitalization of government governance and continue to promote the construction of urban governance platforms. On the other hand, it should promote the construction of ecological system in the context of industry integration and develop comprehensive platforms.

Keywords: Platform economy; Platform Supervision; Urban Governance

B.13　Comparative Analysis of Beijing Platform Enterprises
and Foreign Typical Platform Enterprises　　*Zhao Yuxin* / 177

Abstract: This paper compares and analyzes the business model, user distribution and income structure of Beijing platform and typical foreign platforms in different fields, and draws the following conclusions: Firstly, the users of

Beijing platform are mainly distributed in the first and second tier cities in China, while foreign platforms are more inclined to layout their business scope globally; Secondly, although the platform concept of Beijing platform is different from that of foreign typical platforms, its business model and development model are mostly similar to or expanded on the basis of foreign typical platforms; Finally, compared with Beijing platform enterprises, the business scope of foreign typical platforms is broader, and their income structure is more diversified. In this regard, this paper believes that Beijing platform enterprises should make full use of human resources, rely on talents, and give full play to the core advantages of enterprises; Actively go out, expand its market scope, and strive to improve its international competitiveness; Give full play to the leading role of leading enterprises and improve the overall development level of platform enterprises in Beijing.

Keywords: Platform Enterprise; Business Model; User Distribution; Income Structure

B.14 Beijing Platform Economy Service Model and International Comparison *Cheng Yujiao / 197*

Abstract: The Internet platform has the ability of resource agglomeration and redistribution, and the integration of industry and platform economy is conducive to giving play to their respective advantages and forming a benign industrial system. At present, the application of platform economy has permeated to the service industry, and gradually become the key component of enterprise competitiveness. Taking logistics industry, finance industry and medical industry as examples, this report compares and analyzes the service models of different industrial platform economies in Beijing and foreign platform economies, and draws the following conclusions: First, compared with Beijing platform enterprises, foreign enterprises have formed a more mature service development model through market segmentation; Second, the development of Beijing platform enterprises is mostly later than that of foreign platform enterprises, and the initial service mode of Beijing platform enterprises is mainly to imitate and follow foreign experience. Third, due to the differences in institutional environment at home and abroad, the successful development experience of foreign platforms is not applicable to Beijing platform enterprises. Meanwhile, with the support of the huge domestic market scale and economic volume, the service mode of Beijing platform enterprises has changed from reference and imitation to independent innovation in practice. The research of this report is of great significance for understanding the development model of Beijing's platform economy and clarifying the development direction of Beijing's service industry digitalization during the 14th Five-Year Plan period.

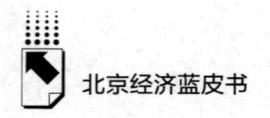

Keywords: Platform Economy; Logistics Platform; Online Finance; Medicine Platform; Service Mode

V Case Reports

B.15 The Operation Mode and Safety Precautions of Car Hailing Platform-the Example of Didi Travel *Zhi Chen* / 209

Abstract: Online car hailing platform is an important part of platform economy. With the rapid development of online car hailing platforms, online taxi, an emerging way of travel, has profoundly changed people's living habits. In the fierce competition among various online car hailing platform companies, Didi Travel finally stood out and successfully occupied the largest market share. This report selects Didi as a representative enterprise in the industry. Firstly, it combs the development process, operation status, operation mode and platform characteristics of Didi, and summarizes the advantages of Didi in information sharing, resource integration and technological innovation; Secondly, it analyzes the problems of Didi from four aspects: privacy disclosure, data ethics, enterprise monopoly and platform governance failure, and puts forward countermeasures and suggestions to solve various problems and promote the healthy development of the platform; Finally, it looks forward to the future development direction of online car Hailing platform from the perspective of Didi.

Keywords: Online Car Hailing Platform; Didi Travel; Platform Operation Mode; Platform Risk Prevention

B.16 A New Business Model for the "Micro Video+" Industry-Based on the Example of TikTok

Guo Lin, Pan Xueting / 224

Abstract: The last decade has been a golden era for the rapid development of China's micro video industry. China's micro video industry has now entered a stable stage, showing the development characteristics of further expansion of the industry scale, further expansion of the content boundary, and a prosperous development in the competition pattern. The development mode of the micro video industry tends to be diversified, and new forms such as "micro video+live", "micro video + e-commerce" and "micro video+fitness" have been derived, with promising development prospects. The operation mode of the short video platform represented by TikTok mainly includes the target group, marketing strategy, profit strategy and overseas strategy. Although the development of the micro video industry is stabilizing, there are still problems with content quality, regulatory mechanisms and privacy protection. For sustainable future development, platforms should pay more attention to data security, content safety and innovation efforts to create a safe, clear and credible platform environment for users. The government should also formulate corresponding regulations and step up supervision to promote the healthy development of the new industry of "micro video+".

Keywords: Micro Video Platforms; Platform Economy; "Micro video+"; TikTok

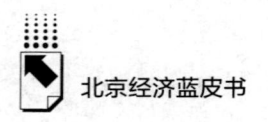

B.17 How does Real-time Logistics Platform Change
People's Lives?
—*Taking Shansong as an Example*   *Li Huirong* / 241

Abstract: With the increasingly use of the Internet and mobile terminals, the new concept of consumption have developed and transportation demand for efficient has increased significantly, therefore, real-time logistics came into being, developed rapidly and influenced people's life profoundly. Real time logistics platform Shansong focuses on real-time direct delivery by specially assigned personnel. Together with many other real-time logistics platforms, Shansong meets all-round business scenarios, cultivates new consumption needs to high-efficiency, and cooperates to solve the last mile distribution problem. On the one hand, Shansong is inseparable from the specification of government policies, on the other hand, it relies on the advantages of crowdsourcing mode and the support of digital technology. Because of the COVID-19, Shansong has met the rigid demand of residents for real-time logistics, and has also been greatly challenged by short-term flow restrictions and transport capacity shortages. Under the regular epidemic prevention and control, Shansong can reduce unnecessary flows and make an important contribution to epidemic prevention and control, but at the same time concentrate risks on couriers, which puts forward new requirements for platforms.

Keywords: Real-time Logistics; Platform Economy; Shansong

B.18 The Development Characteristics and Trends
of Food Delivery Platforms
—*Taking Meituan Food Delivery as an Example*

Zhang Yuan / 254

Abstract: The food delivery platform is the result of the deep integration of the catering industry and the Internet, which not only brings new development opportunities for merchants, but also provides great convenience for consumers. With the change of consumer consumption habits and the further popularization of the Internet, the development of food delivery platforms has also developed some new features and trends. This report studies the development characteristics and trends of food delivery platforms, and believes that the market of food delivery platforms is expanding, branding is developing significantly, and food delivery forms are diversified, but the Matthew effect in the industry is emerging, and the control over delivery staff is also increasing. In the future, food delivery platforms will show trends such as increasing value, increasing technological content, field expansion, and continuous improvement of industry norms. This report takes Meituan Takeaway as an example to introduce the development of Meituan Takeaway in recent years at last, and put forward the following suggestions for the healthy development of the takeaway industry: first, the platform should increase the supervision of merchants, abide by laws and regulations, and protect the rights and interests of users, merchants and riders; secondly, users should actively exercise their rights and supervise the food delivery industry; finally, the state should formulate relevant laws and regulations according to the demands of the times, and government departments should also implement relevant policies to promote the healthy development of the food delivery industry.

Keywords: Food Delivery Platform; Platform Features; Meituan

B.19 Transformation of Online Tourism Platform

—*Taking Tongcheng Travel as an Example*

Zhou Mengwen / 266

Abstract: Since the outbreak of the COVID-19, the number of tourists and tourism revenue in Beijing have fallen precipitously, star hotels, travel agencies and other tourism related business entities have suffered heavy losses, the tourism industry has suffered an unprecedented blow, and online tourism platforms are also facing new opportunities and challenges. This report takes Tongcheng travel, the only domestic mainstream online tourism platform with positive net profit in the four quarters of 2020, as an example, combs the development history and current operation status of the platform, and analyzes how the platform can transform itself and make profits against the trend in the case of the epidemic: First, strengthen strategic guidance and horizontal and vertical layout; Second, deeply cultivate WeChat users, build a sales platform in small programs, and open up new service tracks; Third, we should deeply cultivate the sinking market and low-level cities, and adopt various marketing strategies such as " blind box" and cross-border cooperation. Finally, its future development is prospected.

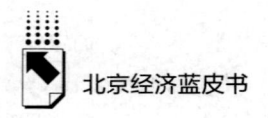

Keywords: Online Travel Platform; Tongcheng Travel; Sinking Market

B.20 Exploring the Multi-way Profit Mechanism of Social Platforms
—Taking Sina Weibo as an Example

Zhi Chen / 280

Abstract: The Web2.0 era has given rise to more interactive social platforms, which have accumulated a large number of user resources while meeting people's social needs and have important commercial value. Exploring the profit-making mechanism of social platforms can help them better develop and utilize the advantages of users and information resources, and achieve their healthy and stable development. This report first briefly introduces the meaning, characteristics, and development history of social platforms, as well as the similarities and differences of the profitability mechanisms of each platform at the present stage. Then, taking Sina Weibo as a representative, we analyze the components of its profitability mechanism and main business models, and focus on Sina Weibo's multiple profitability mechanisms, mainly advertising revenue, e-commerce marketing, and value-added services. We also suggest solutions to the problems of Sina Weibo's profitability mechanism. Finally, we conclude by summarizing Sina Weibo's operational experience and looking forward to the possible adjustments of the profitability mechanism of the social platform in the future.

Keywords: Social Platform; Information Dissemination; Platform Profit Mechanism; Sina Weibo

B.21 How Can the Logistics Platform Integrate Technology and Wisdom
—*Taking Beijing Putian as an Example*　　　Yang Luxin / 296

Abstract: With the rapid development of digital technology in China, the digital economy came into being. As an important producer service industry in China, the logistics industry is on the verge of industrial change caused by digitalization. How to comply with the trend of the times and realize the digitalization and intelligent transformation is an important problem faced by the logistics industry. Under the new ecology, the logistics platform should integrate digital technologies such as big data and the Internet of things to be applied to various links such as warehousing, transportation and distribution, so as to improve logistics efficiency, reduce logistics costs, actively optimize the transport capacity supply chain, look for new values and build a credit structure in the new era. This report first analyzes the development foundation and current situation of the logistics platform, and takes Beijing Putian logistics company as an example to focus on the operation and technological innovation of the logistics platform enterprises. Finally, it puts forward corresponding countermeasures and suggestions for the existing problems in the development of the logistics platform.

Keywords: Logistics Platform; Beijing Putian; Smart Logistics

社会科学文献出版社

皮 书

智库成果出版与传播平台

❖ 皮书定义 ❖

皮书是对中国与世界发展状况和热点问题进行年度监测，以专业的角度、专家的视野和实证研究方法，针对某一领域或区域现状与发展态势展开分析和预测，具备前沿性、原创性、实证性、连续性、时效性等特点的公开出版物，由一系列权威研究报告组成。

❖ 皮书作者 ❖

皮书系列报告作者以国内外一流研究机构、知名高校等重点智库的研究人员为主，多为相关领域一流专家学者，他们的观点代表了当下学界对中国与世界的现实和未来最高水平的解读与分析。截至2021年底，皮书研创机构逾千家，报告作者累计超过10万人。

❖ 皮书荣誉 ❖

皮书作为中国社会科学院基础理论研究与应用对策研究融合发展的代表性成果，不仅是哲学社会科学工作者服务中国特色社会主义现代化建设的重要成果，更是助力中国特色新型智库建设、构建中国特色哲学社会科学"三大体系"的重要平台。皮书系列先后被列入"十二五""十三五""十四五"时期国家重点出版物出版专项规划项目；2013~2022年，重点皮书列入中国社会科学院国家哲学社会科学创新工程项目。

权威报告·连续出版·独家资源

皮书数据库
ANNUAL REPORT(YEARBOOK) DATABASE

分析解读当下中国发展变迁的高端智库平台

所获荣誉
- 2020年，入选全国新闻出版深度融合发展创新案例
- 2019年，入选国家新闻出版署数字出版精品遴选推荐计划
- 2016年，入选"十三五"国家重点电子出版物出版规划骨干工程
- 2013年，荣获"中国出版政府奖·网络出版物奖"提名奖
- 连续多年荣获中国数字出版博览会"数字出版·优秀品牌"奖

皮书数据库　　"社科数托邦"微信公众号

成为会员

登录网址www.pishu.com.cn访问皮书数据库网站或下载皮书数据库APP，通过手机号码验证或邮箱验证即可成为皮书数据库会员。

会员福利

- 已注册用户购书后可免费获赠100元皮书数据库充值卡。刮开充值卡涂层获取充值密码，登录并进入"会员中心"—"在线充值"—"充值卡充值"，充值成功即可购买和查看数据库内容。
- 会员福利最终解释权归社会科学文献出版社所有。

数据库服务热线：400-008-6695
数据库服务QQ：2475522410
数据库服务邮箱：database@ssap.cn
图书销售热线：010-59367070/7028
图书服务QQ：1265056568
图书服务邮箱：duzhe@ssap.cn

社会科学文献出版社　皮书系列
卡号：465862914526
密码：

S 基本子库
SUB DATABASE

中国社会发展数据库（下设12个专题子库）

紧扣人口、政治、外交、法律、教育、医疗卫生、资源环境等12个社会发展领域的前沿和热点，全面整合专业著作、智库报告、学术资讯、调研数据等类型资源，帮助用户追踪中国社会发展动态、研究社会发展战略与政策、了解社会热点问题、分析社会发展趋势。

中国经济发展数据库（下设12专题子库）

内容涵盖宏观经济、产业经济、工业经济、农业经济、财政金融、房地产经济、城市经济、商业贸易等12个重点经济领域，为把握经济运行态势、洞察经济发展规律、研判经济发展趋势、进行经济调控决策提供参考和依据。

中国行业发展数据库（下设17个专题子库）

以中国国民经济行业分类为依据，覆盖金融业、旅游业、交通运输业、能源矿产业、制造业等100多个行业，跟踪分析国民经济相关行业市场运行状况和政策导向，汇集行业发展前沿资讯，为投资、从业及各种经济决策提供理论支撑和实践指导。

中国区域发展数据库（下设4个专题子库）

对中国特定区域内的经济、社会、文化等领域现状与发展情况进行深度分析和预测，涉及省级行政区、城市群、城市、农村等不同维度，研究层级至县及县以下行政区，为学者研究地方经济社会宏观态势、经验模式、发展案例提供支撑，为地方政府决策提供参考。

中国文化传媒数据库（下设18个专题子库）

内容覆盖文化产业、新闻传播、电影娱乐、文学艺术、群众文化、图书情报等18个重点研究领域，聚焦文化传媒领域发展前沿、热点话题、行业实践，服务用户的教学科研、文化投资、企业规划等需要。

世界经济与国际关系数据库（下设6个专题子库）

整合世界经济、国际政治、世界文化与科技、全球性问题、国际组织与国际法、区域研究6大领域研究成果，对世界经济形势、国际形势进行连续性深度分析，对年度热点问题进行专题解读，为研判全球发展趋势提供事实和数据支持。

法律声明

"皮书系列"(含蓝皮书、绿皮书、黄皮书)之品牌由社会科学文献出版社最早使用并持续至今,现已被中国图书行业所熟知。"皮书系列"的相关商标已在国家商标管理部门商标局注册,包括但不限于LOGO( )、皮书、Pishu、经济蓝皮书、社会蓝皮书等。"皮书系列"图书的注册商标专用权及封面设计、版式设计的著作权均为社会科学文献出版社所有。未经社会科学文献出版社书面授权许可,任何使用与"皮书系列"图书注册商标、封面设计、版式设计相同或者近似的文字、图形或其组合的行为均系侵权行为。

经作者授权,本书的专有出版权及信息网络传播权等为社会科学文献出版社享有。未经社会科学文献出版社书面授权许可,任何就本书内容的复制、发行或以数字形式进行网络传播的行为均系侵权行为。

社会科学文献出版社将通过法律途径追究上述侵权行为的法律责任,维护自身合法权益。

欢迎社会各界人士对侵犯社会科学文献出版社上述权利的侵权行为进行举报。电话:010-59367121,电子邮箱:fawubu@ssap.cn。

社会科学文献出版社